CREATURE FROM THE CK LAGOO

DARKSIDE

DADOS INTERNACIONAIS DE
CATALOGAÇÃO NA PUBLICAÇÃO (CIP)
Angélica Ilacqua CRB-8/7057

O'Meara, Mallory
A dama e a criatura / Mallory O'Meara; tradução de
Rebeca Puig. – Rio de Janeiro: DarkSide Books, 2022.
368 p.

ISBN: 978-65-5598-126-1
Título original: The Lady from the Black Lagoon

1. Patrick, Milicent, 1915-1998 – Biografia
2. Animadoras cinematográficas – Biografia
3. Mulheres na indústria cinematográfica
4. Designer – Monstros – Indústria cinematográfica
I. Título II. Puig, Rebeca

21-0824   CDD 777.7092

Índices para catálogo sistemático:
1. Indústria cinematográfica – Animadoras

A DAMA E A CRIATURA
THE LADY FROM THE BLACK LAGOON
Copyright © 2019 by Mallory O'Meara

Tradução para a língua portuguesa
© Rebeca Puig, 2022

Acervo de imagens: Alamy, © Bettmann/Corbis 1953, © John Kobal Foundation/Getty Images, © Dave Cockrum/Creature from the Black Lagoon. As demais imagens foram cedidas originalmente pela autora.
Impressão: Ipsis Gráfica.

A Fazenda Macabra celebra as vozes femininas que moldam a nossa realidade apoiadas por suas antecessoras, mulheres conquistadoras do próprio espaço e donas de personagens e aventuras inesquecíveis. A nova colheita honra as grandes mulheres que transformaram a nossa história, e estão em todos os lugares.

Fazenda Macabra
Reverendo Menezes
Pastora Moritz
Coveiro Assis
Caseiro Moraes

Leitura Sagrada
Aline TK Miguel
Luciana Sanches
Jessica Reinaldo
Talita Grass

Direção de Arte
Macabra

Coord. de Diagramação
Sergio Chaves

Colaboradores
Irmã Martins
Tinhoso & Ventura

A toda Família DarkSide

Todos os direitos desta edição reservados à
DarkSide® Entretenimento Ltda. • darksidebooks.com
Macabra™ Filmes Ltda. • macabra.tv

© 2022 MACABRA/ DARKSIDE

Para todas as garotas que gostam de monstros.
Mostrem seus dentes a eles.

CREATURE FROM THE BLACK LAGO[ON]

EM UM VESTIDO DE CREPE PRETO DECOTADO, JUSTO AO CORPO E USADO POR BAIXO DE UM CASACO BRANCO DE RENDA, COM UM COLAR EXTRAVAGANTE, BRINCOS E PULSEIRAS, MISS PATRICK, QUE É DE ASCENDÊNCIA ALEMÃ E ITALIANA, PARECIA ELA MESMA MAIS UMA ILUSTRAÇÃO DE MODA DO QUE A CRIADORA DE MONSTROS BIZARROS. SOLTEIRA, ELA ADMITE NÃO ESTAR EM NENHUM ROMANCE NO MOMENTO.

"POR QUE EU DEVERIA ME PREOCUPAR COM OS LOBOS DE HOLLYWOOD?", ELA MURMUROU. "EU ESTOU FELIZ COM OS MEUS MONSTROS."

Milicent Patrick, em uma entrevista com a jornalista Jane Corby para o Brooklyn Daily Eagle, Dia de São Valentim, 1954.

Durante toda a vida, Milicent Patrick adotou muitos nomes. Para simplificar as coisas tanto para mim, como escritora, quanto para você, leitor, vou chamá-la de Milicent no decorrer de todo o livro. Mesmo quando estiver falando de seus primeiros anos de vida, muito antes de ela ter decidido ser chamada de Milicent, me refiro a ela assim. Milicent foi o nome que ela escolheu para si mesma, portanto, é o nome que usarei para contar sua história.

CAMINHOS EM COMUM
INTRODUÇÃO

Em 1954, Milicent Patrick trabalhava na Califórnia como artista no departamento de efeitos especiais da Universal Studios, produtora de filmes de renome internacional famosa por seus monstros. Drácula, a Múmia, o Lobisomem e o Monstro de Frankenstein, todos eles foram projetados daqueles estúdios para as telonas e, assim, alcançaram o panteão das lendas do cinema. Naquele ano, a Universal se preparava para o lançamento mundial de sua produção de terror mais recente, *O Monstro da Lagoa Negra*, e Milicent Patrick acabara de entrar para a história por criá-lo. Nenhuma mulher havia sido responsável pelo design de um monstro para um longa-metragem até então.

Para promover o filme, a Universal fez Milicent viajar pelos Estados Unidos em uma turnê de divulgação que atravessou todo o país. Durante os meses em que ela esteve fora, uma onda de ressentimento e ciúmes ergueu-se dentro do estúdio. Bud Westmore, o diretor da oficina de maquiagem, cobiçava o reconhecimento que Milicent estava recebendo. Ainda que fosse o único nome indicado nos créditos do filme como responsável pela Criatura,* ele não suportava ver Milicent no centro das atenções enquanto ficava confinado à

---

* O filme em português se chama *O Monstro da Lagoa Negra*, mas, para não haver confusão, o monstro desse filme em específico será nomeado como "Criatura", com o intuito de facilitar a distinção entre ele e outros monstros. [Nota da Tradutora, daqui em diante NT]

Universal. Assim que retornou a Hollywood, Milicent perdeu seu emprego. Westmore a expulsara dos projetos nos quais ela já estava trabalhando e se recusou a contratá-la para trabalhos futuros.

Depois disso, Milicent nunca mais projetou outro monstro. Ela nunca mais trabalhou no design de qualquer coisa para o cinema. O nome dela se esvaiu na obscuridade, enquanto a Criatura se tornou uma das criações cinematográficas mais icônicas de todos os tempos.

Em 1950, os créditos cinematográficos não eram tão abrangentes como os de hoje, e o nome dela não aparece em nenhum lugar do filme. Em pouco tempo, a contribuição de Milicent para a história do cinema foi esquecida, como se seu próprio nome tivesse submergido nas águas turvas da Lagoa Negra. As únicas pessoas que ainda se lembravam dela eram os fãs de terror apaixonados por monstros. No entanto, mesmo eles não sabiam onde Milicent estava, não tinham ideia do que acontecera com ela.

É aí que eu entro.

Até eu começar a escrever este livro, as informações desses poucos parágrafos anteriores eram tudo que eu, ou qualquer outro colega fã de horror, sabia sobre Milicent Patrick. Ela ainda é, no momento em que escrevo estas palavras, no ano de 2018, a única mulher que criou o design de um monstro icônico do cinema. Sua ascensão, queda e subsequente desaparecimento nos bastidores de Hollywood representam o tipo de história de que os filmes são feitos, o tipo de história que precisa ser contada.

A princípio, a intenção era de que este livro fosse pura e simplesmente uma biografia — a história fascinante de uma pessoa fascinante. Entretanto, quanto mais eu falava sobre o projeto, mais as pessoas me perguntavam por que eu o estava escrevendo. Milicent era uma mulher que havia feito o design de um monstro de um filme antigo, da era do cinema em preto e branco. Por que, afinal, ela era importante?

Essa se tornou uma questão essencial para mim, ainda mais quando comecei a gastar todas as minhas economias e meu tempo livre investigando o que havia acontecido com essa mulher que eu nunca conhecera pessoalmente, com quem não tinha nenhuma relação. *Por que* eu estava me dedicando a essa tarefa? Por que aquilo era tão importante?

Quando ouvi a história de Milicent pela primeira vez, meu coração sentiu uma pontada de dor terrivelmente familiar. Ao saber que a carreira dela fora obstruída pelo sexismo, foi fácil me colocar em seu lugar. Eu ocupo o mesmo espaço que ela havia ocupado — toda mulher que trabalha com cinema já esteve nessa posição, que é, ao mesmo tempo, extremamente desconfortável e cotidiana. Como cineasta, sou confrontada quase que diariamente com os mesmos absurdos misóginos e enfurecedores que Milicent enfrentou em 1954, o que é intolerável. Não foi necessário imaginar como ela havia se sentido, pois eu constantemente me sinto da mesma forma.

Tantas mulheres compartilham dessa experiência, mulheres de todas as profissões. Nós somos ignoradas, assediadas sexualmente, desvalorizadas, plagiadas e insultadas dentro e fora do espaço de trabalho. Tais circunstâncias se tornam piores se você for uma mulher que integra uma minoria racial, uma mulher queer, uma mulher deficiente, uma mulher transexual ou, pior ainda, se você for uma combinação de algumas dessas características. Não conheço uma única mulher que atue no meu campo de trabalho, em qualquer campo criativo ou mesmo em quaisquer outras áreas que não consiga se identificar com Milicent Patrick. Esta não é apenas a história dela, é a minha também.

Esse ambiente tóxico dificultou o processo de desvendar boa parte da trajetória de Milicent. A triste verdade é que muitos dos colecionadores e historiadores homens com quem conversei e que tinham fotos e informações sobre ela estavam interessados apenas em sua beleza, e não no seu talento artístico. Alguns até zombaram abertamente do meu projeto e levantaram dúvidas sobre as contribuições dela para a história do cinema. Eu mesma, entretanto, nunca duvidei de Milicent. Desde a primeira vez que vi uma foto dela, soube que era excepcional.

Quando descobri Milicent Patrick, eu tinha 17 anos.

Eu tinha acabado de assistir *O Monstro da Lagoa Negra* pela primeira vez. Como milhões de espectadores antes de mim, fiquei fascinada. O filme é uma obra-prima. Sessenta anos se passaram desde o lançamento, e ele continua extraordinário. A trama, sobre um grupo de arqueólogos que viaja para a América do Sul com o intuito de investigar um misterioso fóssil de um híbrido de peixe e humano, é cativante. Ainda que seja um antigo filme de monstro, ele se sustenta. É uma delícia assistir ao elenco, com a protagonista, Julie Adams, resplandecendo na tela.

No entanto, como em todo grande filme de monstros, a verdadeira estrela é a própria Criatura. Ela ainda é um dos mais bem-projetados e reconhecidos monstros cinematográficos da história de Hollywood. A forma como ela se move nas profundezas lúgubres da lagoa, com sua mistura de poder primitivo e delicadeza, é assombrosa. É impossível não ficar hipnotizado pelo horror e pela beleza do desejo expresso pela Criatura ao nadar por baixo da heroína. A Criatura é uma verdadeira personificação da magia do cinema.

Assim como os melhores truques de mágica, eu precisava saber como aquilo havia sido feito.

Trata-se de algo normal para mim. Quando vejo um ótimo filme, acabo procurando tudo que há sobre ele na internet e aprendo todas as informações sobre as pessoas e as técnicas envolvidas na sua criação. Até aí, tudo bem, é o que nerds fazem. Desta vez, no entanto, era diferente.

Todos os artistas de efeitos especiais mais conhecidos são homens. O Lobisomem, o Monstro de Frankenstein,[1] Drácula, King Kong, Godzilla — os artistas que criaram todos esses monstros eram homens. Mesmo o mais nerd entre os nerds de filmes de monstros — uma categoria da qual, aos 17 anos, eu já fazia parte — teria dificuldade de citar uma mulher nessa área.

---

1 Um dos monstros mais icônicos de todos os tempos, criado por Mary Shelley, a mulher que inventou o gênero de ficção científica ao publicar *Frankenstein* em 1818. Ela começou a escrever o livro em 1816 quando tinha apenas 19 anos, tornando-se definitivamente a gótica mais durona. [Todas as notas são da autora, exceto quando sinalizadas.]

Esse fato não me parecia estranho, pois era o *status quo*. Todos os meus heróis entre os designers de monstros — Rick Baker (*Um Lobisomem Americano em Londres*), Tom Savini (*Despertar dos Mortos*), Dick Smith (*O Exorcista*), Jack Pierce (*O Lobisomem, Frankenstein*) — eram caras. Eu nunca me sentira representada no mundo da criação de filmes de horror, essa possibilidade nunca havia passado pela minha cabeça.

Então, eu me sentei em frente ao meu computador para ler sobre *O Monstro da Lagoa Negra*. Eu alegremente enchi meu cérebro com curiosidades sobre a produção. O filme havia sido dirigido por Jack Arnold, conhecido na década de 1950 como diretor de filmes de ficção científica, fora fotografado em 3D e inspirado em *A Bela e a Fera*; até aí, tudo legal. Rolei a página para baixo para analisar as fotos em preto e branco dos bastidores.

E lá estava ela.

Uma mulher linda e escultural, inclinada sobre a Criatura e segurando um pincel. A legenda da foto dizia: "Milicent Patrick, animadora e designer de criaturas". Ela demonstrava uma confiança tranquila e exibia um sorriso imenso enquanto trabalhava no traje do monstro. Onde quer que ela entrasse, cabeças virariam em sua direção. Vê-la daquela forma, entretanto, trabalhando naqueles incríveis efeitos especiais, tornou-a uma fonte de inspiração para mim.

Obviamente, a função dela não era levar café para alguém. Ela não era uma assistente. Não estava desamparada, sendo carregada nos braços da Criatura. Ela estava *criando* o monstro. Ver essa fotografia foi uma experiência eletrizante. Foi a primeira vez na minha vida que vi uma mulher como aquela.

Milicent abria uma porta para mim, uma porta que, até ali, eu não percebera ser possível atravessar. Vamos, ela dizia. Nós também pertencemos a este lugar.

Aceitei o convite. Agora, minha profissão é fazer filmes de monstros. Trabalho tanto na produção como no roteiro desses projetos. Ao longo dos anos, busquei mais informações sobre Milicent, qualquer coisa que pudesse me contar mais a respeito dela. No decorrer de toda a minha vida adulta e por toda a minha carreira no cinema, Milicent Patrick tem sido uma luz guia, uma amiga silenciosa, um farol me lembrando de que aqui é o meu lugar.

Ainda que Milicent tenha aberto a porta que me trouxe à produção de filmes de horror, a que me levaria à sua própria história seguia fechada. As informações sobre a vida dela eram escassas e, geralmente, contraditórias. Alguns chegavam ao ponto de alegar que ela sequer projetara o design da Criatura.

Enquanto perseverava dentro da indústria do entretenimento, eu tinha em mente todas as garotas do mundo, as jovens que gostam de monstros, as que amam filmes. Elas estão às margens da indústria, formam um público insatisfeito em apenas assistir sem participar, sentem-se frustradas por não poder colocar sua criatividade e seu talento em ação. Todas essas garotas são artistas, designers, cineastas em potencial. É tão difícil se tornar algo que você não consegue imaginar para si. É terrível não ver uma porta de entrada, enxergar o mundo que você ama povoado exclusivamente por pessoas diferentes de você.

Eu queria sussurrar no ouvido de todos aqueles milhares e milhares de garotas: sim, esse lugar é de vocês; sim, vocês podem trabalhar com isso. Vejam, vejam essa mulher, ela conseguiu, e conseguiu lá na década de 1950. Ver Milicent Patrick trabalhar na Criatura abriu a minha mente; por isso, quero amplificar essa força, imortalizá-la. Porque a dura verdade é que, sim, Milicent conseguiu há mais de sessenta anos, entretanto, desde então, poucas mulheres puderam fazer o mesmo. Na posição de uma mulher que trabalha no mesmo campo que ela atuava, eu percebo algumas melhoras, mas não são tantas assim. Definitivamente, a indústria não mudou o suficiente para a quantidade de décadas que transcorreram desde aquela época. Toda cineasta que conheço enfrentou e continua enfrentando os mesmos problemas pelos quais Milicent passou. Basta ver as estatísticas para compreender os motivos que fariam alguém ficar surpreso ao descobrir que uma mulher participou da criação de um dos monstros mais famosos do cinema.

Em 1981, a Academia de Artes e Ciências Cinematográficas (Academy of Motion Picture Arts and Sciences) finalmente criou uma categoria no Oscar para melhor maquiagem. Rick Baker recebeu o prêmio inaugural por sua lendária criação nos efeitos especiais de *Um Lobisomem Americano em Londres*. Desde então, no decorrer das estatuetas concedidas nessa categoria, o Oscar premiou mais ou menos o dobro de homens em relação ao número de mulheres, além de os homens terem sido indicados três vezes mais. Na verdade, essa é uma proporção bem impressionante quando consideramos que na categoria de melhores efeitos especiais (efeitos digitais integrados às imagens filmadas *live action*) as mulheres foram indicadas apenas três vezes desde 1939 e apenas uma ganhou (Sara Bennett por *Ex-Machina*). Essas mulheres também são, em geral, brancas. Os dois prêmios Oscar honorários concedidos nessa categoria foram dados a homens.

Eu gostaria de citar fontes para esses dados, mas não encontrei nenhuma. Tive que checar as listas de todos os indicados e vencedores das duas categorias, fazer os cálculos por conta própria. Tais estatísticas, tão deprimentes, não afetam apenas as mulheres que trabalham no mundo dos efeitos especiais. Felizmente, tanto para as minhas habilidades matemáticas como para o bolso do garçom do bar mais próximo (que recebe as minhas gorjetas), a triste realidade das mulheres em outros setores da indústria cinematográfica norte-americana é bem documentada pelo Centro Para Estudo de Mulheres na Televisão e no Cinema (Center for the Study of Women in Television and Film).

Dos filmes norte-americanos de mais sucesso de 1954, o mesmo ano em que *O Monstro da Lagoa Negra* foi lançado, 100% foram dirigidos por homens; dos filmes norte-americanos mais bem-sucedidos de 2016, o ano em que comecei a escrever este livro, 96% foram dirigidos por homens; ou seja, passados 62 anos, a igualdade de gênero na direção de filmes norte-americanos melhorou em apenas 4%. Nessa velocidade, a colonização de Marte irá acontecer antes que exista um número igualitário de diretoras.[2] Entre as equipes de filmagem, seguindo a hierarquia de diretor para baixo, os números também são terríveis. Até o momento, apenas uma diretora de fotografia foi indicada ao Oscar; 81% dos filmes não têm diretoras de arte; 99% dos filmes não possuem *gaffers* [técnicos cinematográficos] ou *grippers* [técnicos de iluminação] mulheres.[3*]

Tudo isso... e as mulheres são 55% do público dos cinemas. Nós vemos mais filmes, mas nos vemos menos representadas naqueles que os fazem. É por isso que Milicent foi um milagre tão imenso para mim.

Desde sempre, as mulheres são a parte mais importante dos filmes de monstros. Certa noite, voltando para casa sozinha, eu percebi os motivos disso. Por todo o percurso até a minha casa, pelas ruas escuras até chegar ao meu apartamento no Brooklyn, eu estava alerta e inquieta. Meu olhar sondava figuras suspeitas, homens que podiam ser estupradores, assaltantes ou assassinos. Eu me sentia como Laurie Strode em *Halloween: A Noite do Terror*.

O horror é uma válvula de escape para os medos e as preocupações da sociedade: monstros querem controlar nosso corpo, vilões tentam nos atacar na escuridão, a doença e o terror resultantes de uma vida sexual ativa, a morte. Esses temas são marcas registradas de filmes de horror.

---

2   Isso não é um exagero. Em 1983, Sally Ride se tornou a primeira mulher norte-americana no espaço. Em 2010, Kathryn Bigelow se tornou a primeira mulher a ganhar um Oscar de melhor direção. Sessenta mulheres já estiveram no espaço. É mais difícil para nós, mulheres, entrar em Hollywood *do que ir para o espaço*.

3   Diretores de arte são encarregados do departamento de arte e trabalham em colaboração com o fotógrafo e o figurinista para criar a estética geral do filme. Chefes de *grippers* supervisionam outros *grippers*, os técnicos responsáveis por movimentar equipamentos de luz no set. *Gaffers* chefiam o departamento de eletrônica nos filmes.

*   Nos Estados Unidos, diretores de arte são conhecidos como *production designers*. Lá, o cargo de *art director* corresponde ao de assistente de arte no Brasil. Também utilizamos *gaffer* e *gripper* para nomear parte da equipe técnica de luz e fotografia do filme, visto que não há uma versão em português para o título. *Gaffers* são, essencialmente, os eletricistas dos filmes. [NT]

Há pessoas que entram em contato com esses problemas apenas por meio de filmes assustadores. A maioria da população, no entanto, vê na tela algo que é uma versão exagerada do seu dia a dia. Tais forças são algo com que as mulheres precisam lidar diariamente. Assistir a Nancy Thompson escapar dos pervertidos ataques de Freddy Krueger em *A Hora do Pesadelo* me lembra o fato de que todos os dias tenho de me afastar de homens bizarros no metrô, que insistem em pedir que eu sorria para eles. As mulheres são o elemento fundamental do horror, já que, na maioria, elas são as vítimas do horror. Mulheres precisam suportar, lutar e sobreviver — tanto nos filmes como na vida real. São elas que vivem sob o risco de serem atacadas pelos monstros do mundo real. Nos Estados Unidos, a cada nove segundos, uma mulher é vítima de violência.

Filmes de horror nos ajudam a explorar esses medos, a imaginar como seria dominá-los. Mulheres precisam se ver lutando contra monstros. Isso é parte de como nós lidamos com as nossas próprias histórias. Mas também precisamos nos ver atrás das câmeras, criando, escrevendo e dirigindo. Precisamos *contar* as nossas histórias também.

Infelizmente, assim como no resto do universo do cinema, as estatísticas sobre mulheres trabalhando no gênero horror são aterradoras. Em 2016, de todos os gêneros do cinema, era nos filmes de horror que as mulheres tinham menos oportunidade de trabalhar. Diante de tais números, Milicent deveria ser aclamada como uma heroína. Ela não é apenas a "rainha dos monstros", ela é a própria Joana d'Arc. Quando dirijo pelo Hollywood Boulevard, eu deveria ser obrigada a buzinar para abrir caminho por entre um grupo de turistas bêbados incorrigíveis que estivessem tirando selfies com uma estátua da Milicent. A vida incrível de Milicent Patrick deveria ter lhe garantido um lugar de honra na história do cinema. No entanto, poucos sequer reconhecem o nome dela.

Ainda dá tempo de mudar isso.

No começo Deus criou o céu e a terra. A terra era vazia e sem forma.
Veio então o planeta Terra, recém-nascido e esfriando rapidamente.
A temperatura de 3.300 graus cai para algumas centenas em menos
de 5 bilhões de anos. O calor se eleva, encontra a atmosfera,
formam-se as nuvens, e a chuva desaba sobre a endurecida superfície
durante incontáveis séculos. Surgem os mares revoltos, encontram
obstáculos, são contidos. Agora, nas profundezas quentes, começa
o milagre da vida. Em sua infinita variedade, surgem seres
vivos que se transformam e chegam à terra, deixando o registro
de sua passagem, de seu esforço para sobreviver, e de seu fim.

— Abertura de *O Monstro da Lagoa Negra* [1954]

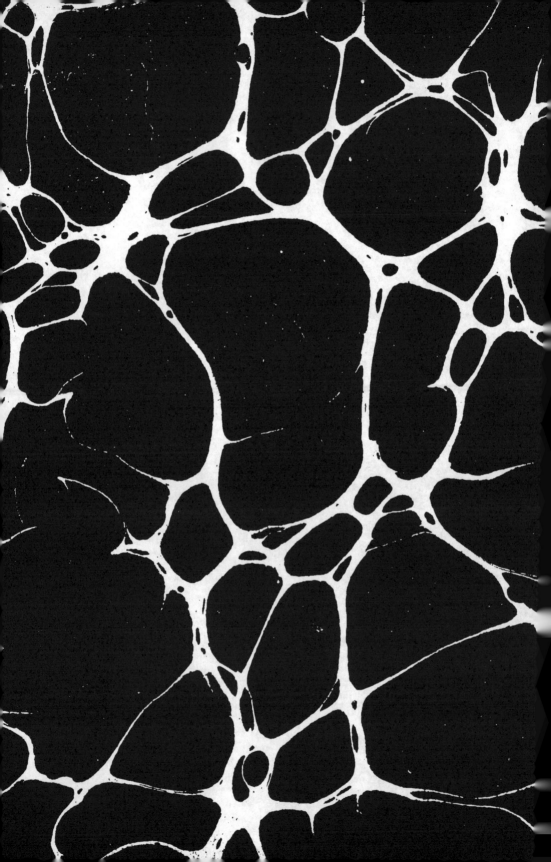

NO RASTRO DE MILICENT

Ter uma tatuagem nova é um saco.

Fazer uma tatuagem também não é lá a coisa mais agradável, a não ser que você curta ser espetada repetidamente por uma agulha coberta de tinta. Olha, quem sou eu para julgar. Entretanto, sempre achei o que vem depois de fazer a tatuagem em si a parte mais difícil. Após algumas semanas, sua tatuagem se transforma de uma ferida aberta em carne viva para uma coceira infinita e, então, torna-se uma bagunça de pele rachada, escamosa. Depois o inchaço diminui e você para de querer coçá-la. A irritação passa. Agora, ela é parte de você, da sua pele. Todo aquele sofrimento e você nem consegue sentir que sua tatuagem está ali. Mesmo assim, as semanas de desconforto valem a pena. Dali em diante, você passa a dedicar um pedaço do próprio corpo a uma ideia na qual acredita, uma arte que considera bonita ou algo que ama.

Entrei naquela festa tentando não coçar a tatuagem cujo significado compreendia essas três coisas.

Tratava-se do retrato de Milicent Patrick sendo abraçada pela Criatura da Lagoa Negra. Fazia poucas semanas que eu tinha feito essa tatuagem, por isso ela ainda me causava um pouco de desconforto. A tatuagem dá a volta ao redor da parte inferior do meu antebraço, por isso, eu segurava meu próprio braço de uma forma estranha, parecida com o jeito que normalmente empregamos para segurar bebês de outras pessoas.

A festa aconteceu na sede da Sociedade dos Ilustradores, que fica a algumas quadras do Central Park, no Upper East Side, em Nova York. Da minha casa, que ficava no Brooklyn, era um longo caminho de metrô para chegar até ali; ao entrar na festa, eu estava entusiasmada por sair do ar congelante de dezembro. Nova York pode ser linda no inverno, mas sua beleza não a torna menos miseravelmente gelada.

Milicent era minha 18ª tatuagem, e eu não vinha planejando tatuá-la. Não que meu intuito fosse parar no número dezessete. Àquela altura, eu tinha 25 anos, vinha acumulando tatuagens gradualmente desde que me tornara uma adulta que poderia tê-las legalmente, aos 18 anos. Graças ao fato de que trabalhava em tempo integral como produtora de filmes, eu nunca precisei parar de fazer novas tatuagens. Ter "aparência profissional" ganha uma definição bem diferente quando seu trabalho é fazer filmes de horror e ficção científica. Dito isso, o motivo para eu não ter planejado antecipadamente fazer uma tatuagem de Milicent era porque sempre me esquivara de me tatuar com retratos de pessoas reais. É difícil encontrar um artista talentoso o suficiente para fazer um retrato na pele que não fique parecendo um desenho de pesadelo infantil.

A sugestão havia surgido alguns meses antes, enquanto eu estava sendo tatuada pelo artista que sempre faz as minhas tatuagens, Matt Buck. Matt e eu temos gostos similares e, durante as longas e desconfortáveis horas que passamos juntos, horas que lhe pago para me espetar, acabamos conversando sobre coisas que amamos: horror e monstros. Durante essa sessão específica, mencionou-se *O Monstro da Lagoa Negra*. Como uma verdadeira nerd fiel, comecei a discorrer sobre Milicent. Até ali, eu estava acostumada com as pessoas me dizendo: "Uau, nunca soube que a Criatura havia sido criada por uma mulher!".

Como um autêntico artista, Matt quis ver uma foto dela. Eu lhe mostrei uma no meu iPhone, e ele assoviou.

"Nossa, eu ia amar tatuar ela em você. Ela é incrível."

"Não sei, cara. Eu não curto retratos."

"Deixa eu rascunhar alguma coisa. Juro que vai ficar legal."

"Ok... Mas só se você der um jeito de colocar a Criatura também."

Festas de fim de ano sempre me deixam desconfortável. Eu não celebro nenhum feriado, exceto o Dia das Bruxas. Geralmente, só uso roupas pretas, então é difícil escolher algo do meu armário que seja festivo.

Além disso, todo mundo quer trocar beijos nas bochechas, e eu nunca encontrei uma forma de fazer isso sem parecer que estou tentando comer a orelha de alguém. Todas essas coisas juntas me fazem querer encontrar um duto de ventilação para me esconder.[1] Ainda assim, levando em consideração como geralmente são as festas de fim de ano, essa em especial foi bem tranquila. Como estávamos no prédio da Sociedade dos Ilustradores, havia um monte de artes maravilhosas para ver. Fora que muitos dos meus amigos estavam lá. E também tinha comida de graça.

Era meu segundo fim de ano em Nova York. Dois anos antes, eu havia me mudado de Rhode Island para o Brooklyn, para morar com meu namorado. Foi esse mesmo namorado a razão pela qual saí da minha cama quentinha, deixei minha pilha de livros em casa e fui para a festa naquela noite.

O ar no ambiente estava abafado com conversas, vinho e luzes quentes combinando para fazer todo mundo brilhar. Enquanto eu serpenteava pelos grupos de convidados cada vez mais bêbados, o retrato de Milicent me causava incômodo no antebraço. Coçar uma tatuagem nova pode danificá-la, então eu me contentava em dar umas sutis batidinhas com a mão na área ao redor dela enquanto fingia não ser uma percussionista esquisitona.

O carrossel social da festa foi girando; a certa altura, estava conversando com Sam Morgan, um amigo que é agente literário. Sam é uma pessoa ótima para encontrar em festas, porque ele é extremamente engraçado e, o mais importante, bem alto e fácil de achar no meio da multidão. Nós trocamos algumas palavras, e ele me perguntou sobre minha nova tatuagem, porque eu tinha postado uma foto dela no Facebook havia poucos dias. Todo mundo que vira o retrato tinha ficado impressionado. Ela havia deixado muitas pessoas curiosas, inclusive o próprio Sam. Ele queria saber mais sobre Milicent.

Quando entrei no estúdio de tatuagem e olhei para a mesa de Matt, eu me apaixonei pelo que vi. O rosto de Milicent chama a atenção, não importa o meio no qual ela esteja retratada. Matt tinha mantido a

---

1 Se você curte *Duro de Matar*, isso conta como uma atividade natalina.

palavra, era um rascunho maravilhoso. Ele desenhara um retrato impressionante de Milicent, adornada com pérolas, e a Criatura olhando por cima do ombro dela, o longo e escamoso braço do monstro a envolvendo em um abraço protetor. Fiquei impressionada, assim como na primeira vez em que a vira, com o tanto de confiança e competência que Milicent exalava.

Alguns meses antes, o primeiro filme de monstro no qual trabalhei fora lançado; Milicent Patrick tinha sido uma inspiração durante todo o nosso processo. Se era para ter algum rosto permanentemente pintado na minha pele, seria o dela. Ela sempre fora um talismã que eu havia carregado, e agora isso não era só algo metafórico.

Entusiasmada com a minha segunda taça de vinho branco, terminei contando de uma vez só para Sam sobre todo o trabalho, a vida e o mistério de Milicent. Ele olhou mais uma vez para a minha tatuagem.

"Cara, essa história daria um ótimo livro."

"Caramba, daria mesmo!"

"Você deveria escrevê-lo."

Eu ri.

"Não, estou falando sério. Você deveria. É uma ótima história."

Graças àquela famigerada taça de vinho branco, tive que ir até o banheiro. Enquanto entrava na cabine, minha cabeça girava — e não era só por causa da embriaguez. Eu estava presa nas palavras de Sam. Circundada por todas aquelas artes fantásticas de ilustradores famosos, era impossível não pensar sobre como Milicent também pertencia àquele lugar.[2] Por que eu não podia contar a história dela?

A ideia era tão animadora que, finalmente, eu perdera a vontade de coçar a tatuagem.

---

2   Talvez não àquela cabine do banheiro. Apesar de que, sendo
    bem honesta, tinha algumas obras de arte incríveis ali.

Alguns dias depois, encontrei Sam em outro evento. Desta vez, ele estava acompanhado de Brady McReynolds, que trabalhava na mesma agência literária de Sam. Brady é uma das pessoas mais amáveis e serenas que já conheci. Ele é o tipo de pessoa que você espera consultar caso algum dia precise comprar um utensílio complexo e caro. Nós três começamos a conversar sobre a tatuagem de Milicent e o conceito de um livro a respeito da vida dela. Brady se mostrou bem entusiasmado com a ideia. Ele me encorajou a pensar a respeito de escrever a obra e se ofereceu para me enviar informações sobre como criar um projeto de livro de não ficção.

Obviamente, eu queria contar a história de Milicent. Só que, antes disso, eu precisava achá-la. Eu não sou detetive, não tinha a menor ideia de como começar a rastreá-la. A verdade é que, na maior parte do tempo, sou incapaz até mesmo de encontrar meus óculos de sol. Milicent viveu em uma época anterior ao milagre da internet. Como se pode encontrar alguém sem Facebook?

Ser tatuada requer bastante dedicação. São horas e horas sendo espetada por pequenas agulhas para que, espera-se, algo bonito e significativo seja impresso em você. É diferente da escrita. Se eu podia fazer uma tatuagem para ela, também podia escrever por ela.

Milicent Patrick nasceu Mildred Elisabeth Fulvia Rossi, em 11 de novembro de 1915. Encontrei a certidão de nascimento dela listada nos registros de genealogia oficiais como Mildred Elisabeth Tuloia Rossi, que é o equivalente burocrático de errarem seu nome no copo do Starbucks. Essa confusão de nomes certamente foi a maneira perfeita de determinar o início de uma vida marcada por múltiplas mudanças de identidade. A propensão de Milicent de fluir de uma persona a outra fez bastante sentido quando descobri de onde ela veio. A verdade é que a vida dela estava em fluxo constante desde o princípio.

Milicent foi a segunda criança de três filhos do casal Camille Charles Rossi e Elise Albertina Bill. Eles se conheceram no começo do século XX, em São Francisco, Califórnia, onde Elise cresceu.

Elise nasceu em São Francisco, era a filha loira de olhos azuis de imigrantes alemães. Os pais dela, Conrad Bill e Elisabeth Krausgill, haviam nascido em Nieder-Weisel, na Alemanha. Os dois migraram para os Estados Unidos em momentos diferentes, conheceram-se em São Francisco e se casaram em 1872, treze anos antes de Elisabeth dar à luz Elise, em 1885.

Elise era uma garota da alta sociedade amante das artes, especialmente de teatro e atuação. Sua família a considerava infeliz, e ela carregou essa descrição até a vida adulta. Aos 11 anos, Elise passou pelo que a família chamou de "colapso nervoso", termo que hoje poderia significar diferentes tipos de problemas psicológicos: depressão, ansiedade, ataques de pânico, uma variedade de doenças. Essa imprecisão de termos torna impossível saber contra qual problema Elise estava lutando, além de seus demônios internos. Milicent descrevia a mãe como uma "mulher frustrada". Tais infelicidades e frustrações foram herdadas por Milicent, assim como o amor por todas as formas de arte.

Por outro lado, veio de Camille a força que moldou a vida de Milicent — e que força. O modo como o pai lidava com os empregados e as mulheres da vida dele afetou profundamente a maneira como Milicent passou a interagir com o mundo ao redor, para o bem e para o mal. Eis a profunda sombra da qual ela nunca conseguiu escapar por completo.

A vida de Camille começou em Nápoles, na Itália, em 1885. Ele nasceu Camillo John Chris Vincent Chas Rossi, filho de Mario Rossi e Anna Lauria de Palombara. Quando Camille tinha 11 anos, a família dele emigrou para Nova York, onde os pais ficaram pelo resto da vida. Camille era um homem alto, de cabelos escuros e olhos cor de avelã. Era dotado de um rosto escultural: um nariz robusto e reto, bochechas proeminentes e sobrancelhas grandes, que ecoaram no rosto de Milicent. Desde jovem, ele tinha senso de propósito, desejava que a vida fosse além da mera diversão. Milicent costumava descrever o pai como um homem sedento por poder. Camille buscava influência e autoridade. Além de forte senso de ética profissional, ele tinha uma alma rebelde e ambiciosa, por isso foi parar na Costa Oeste dos

Estados Unidos. Apesar de ter iniciado os estudos como autodidata, Camille acabou se formando em arquitetura na Mark Hopkins School of Design, em São Francisco, na Califórnia.

Na época, São Francisco era a principal cidade daquele lado do país. A população inflara desde a Corrida do Ouro de 1849, ocasionando sua integração à vanguarda do urbanismo norte-americano. Lá, a arquitetura era uma indústria em pleno crescimento, por isso, Camille, um jovem engenheiro estrutural, deparou-se com o lugar perfeito para dar início à vida. Mansões e hotéis a ponto de rivalizar com os de Manhattan surgiam por toda a cidade.

Além do mercado da arquitetura, Camille deve ter se sentido atraído pela cultura de São Francisco. Marcada pela condição de cidade mais nova — foi fundada apenas em 1847 —, era um lugar onde as tradições não se mostravam tão fortes. O clima da sociedade era um pouco mais diverso, tanto étnica como religiosamente.[3] Tratava-se de um terreno fértil para movimentos sociais e reformas políticas. Foi ali que se criou a primeira organização estatal dedicada ao avanço do sufrágio feminino, em 1869. Podia-se alcançar status e prestígio baseando-se apenas em conquistas individuais, independentemente de suas origens ou de ser membro de determinados grupos privilegiados. Não eram apenas caubóis e zés-ninguéns caçando fama e fortuna, havia também um forte elemento no ar de individualismo aventureiro, desdenhoso das tradições, cujas raízes eram a Corrida do Ouro de São Francisco. Muitos jovens escritores e pensadores de vanguarda — entre eles, Mark Twain — correram para lá. A cidade era um lugar de reinvenção. A Califórnia sempre foi o lugar para onde se vai a fim de mudar quem você é, algo que Camille buscava desesperadamente fazer.

Ao chegar à Califórnia, Camille começou a se passar como cidadão norte-americano nascido nos Estados Unidos. Ele afirmava em documentos oficiais ter nascido em 1886, em São Francisco, e ser filho de Andrew e Anna Rossi, além de dizer que seu nome era Camille Charles Rossi. A cidade tinha uma perspectiva mais aberta sobre

---

3 Ainda assim, não era exatamente um lugar ótimo. O racismo e outras formas de discriminação eram praticados abertamente.

imigração; na época, 90% da população era formada por imigrantes europeus-americanos e seus descendentes. Camille, por sua vez, também era um homem inteligente e ambicioso, por isso, não seria difícil para ele entender que teria mais chances de sucesso nesse país caso se apresentasse como norte-americano, e não como imigrante italiano. A linda Elise, norte-americana e parte da alta sociedade, deve ter lhe parecido o par perfeito. Os dois se apaixonaram.

Em 1906, quando Elise estava com 19 anos e Camille, 20, um desastre interrompeu o progresso de São Francisco. No dia 18 de abril, o Grande Terremoto de São Francisco atingiu a cidade. Mais de 3 mil pessoas morreram, a cidade ficou devastada. Ruíram prédios, infraestruturas, sonhos. A até então efervescente vida cultural de São Francisco nunca se recuperou totalmente desse incidente, e a chama criativa e artística do Oeste foi transferida para Los Angeles, uma cidade situada longe de falhas geológicas. Até o momento, Los Angeles ainda não foi assolada por um grande terremoto.[4]

Elise ficou na cidade com a família, mas, em 1907, Camille deixou São Francisco para trás com o intuito de fazer fortuna. A faculdade dele havia sido um dos prédios destruídos pelo terremoto. Considerando que ele era um homem astuto, deve ter lhe parecido infrutífero buscar seu caminho profissional entre os escombros de uma cidade devastada. Camille foi até a Cidade do México, planejando retornar para São Francisco e se casar com Elise assim que tivesse uma situação financeira estável. No México, ele foi contratado como engenheiro júnior por Adamo Boari, arquiteto italiano incumbido de criar o Palácio de Belas Artes.

A Cidade do México também era uma região propensa a terremotos, e os talentos de Camille se provaram bastante necessários. Cumprindo a função de engenheiro estrutural, e não de arquiteto, Camille não projetava. Sua responsabilidade era garantir que os projetos fossem funcionais. Engenheiros estruturais trabalham lado a lado com arquitetos, aplicando princípios de engenharia tanto nas construções como no planejamento e design das obras.

---

4 Só de digitar isso já fico nervosa.

Tratava-se de uma profissão relativamente nova, que emergiu no século XX, em razão do rápido avanço tecnológico da Revolução Industrial. A partir do momento em que arranha-céus começaram a despontar nas cidades, engenheiros estruturais se tornaram extremamente necessários, assim como o uso de concreto reforçado e a demanda por esgotos sanitários. Não havia muitos processos de certificação oficial, e foi fácil para Camille, com seu talento e ambição, avançar nesse campo.

A Cidade do México também se provou uma ótima oportunidade para explorar seu lado aventureiro. Camille passava as horas de folga envolvido com touradas, corridas de motos e carros esportivos, além de esgrima e montanhismo. Sim, havia carros de corrida naquela época, e eles não eram Modelos T tunados. Alguns desses carros ultrapassavam a velocidade de 120 milhas por hora. Uma ausência importante, entretanto, eram alguns elementos vitais de segurança, como para-brisa. Portanto, era uma atividade ainda mais corajosa e um pouco mais doida também. Camille seguia em busca de aclamação, mesmo ao praticar atividades de lazer. Uma expedição da qual fez parte, para subir o monte Popocatépetl, chegou a ser relatada na edição de setembro de 1910 da *National Geographic*.[5]

Se por um lado Camille se divertia bastante em seu tempo livre, por outro, as horas de trabalho eram repletas de frustração. A Cidade do México foi construída em cima de um lago subterrâneo, por isso, o solo macio sobre o qual o Palácio de Belas Artes estava sendo levantado era um pesadelo para o projeto. Camille discutia abertamente sobre suas divergências acerca da integridade estrutural do prédio em questão. Ele insistia que o solo debaixo da construção não seria capaz de suportar o palácio, mas suas afirmações foram rejeitadas pelos engenheiros mais velhos. O peso do prédio fez com que ele começasse a afundar antes mesmo do término da obra.

---

5 Estou radiante por finalmente poder justificar o fato de que tenho uma assinatura da *National Geographic*. Vasculhei os arquivos digitais da revista por dias, procurando entre edições de mais de um século atrás, até encontrar esse artigo. Nele, deparei-me com diversas fotos, entre elas, uma que supostamente retratava Camille; mas a imagem estava tão borrada que, a princípio, pensei que se tratava de uma colorização malfeita.

Em virtude tanto dos problemas estruturais como da instabilidade política — a Revolução Mexicana estava a caminho —, a construção do Palácio de Belas Artes parou em 1913 e ficou intocada por vinte anos. Assim como na famosa piada do Monty Python sobre construir um castelo em cima de um pântano, o palácio, com sua base submersa no solo, acabou se tornando um símbolo clássico do que evitar na engenharia estrutural de um projeto, algo que com certeza deve ter causado alguma satisfação a Camille.

Em 1910, Camille abandonou o projeto e se realocou para La Boquilla, onde aceitou o trabalho de ajudar a levantar uma barragem na região de Chihuahua. A barragem de La Boquilla, situada no rio Conchos, a quase 3.000 km ao norte da Cidade do México, provia eletricidade e controle de enchentes, além de ter criado o lago Toronto durante a construção. Era, até aquele momento, declarada uma das maiores do mundo. Quase todos os projetos aos quais Camille se dedicou carregavam algum elemento de prestígio e história.

Elise, nesse meio-tempo, ainda esperava por ele na Califórnia com a família. Após dois anos trabalhando na barragem, em 1912, Camille tirou uma licença e viajou de volta aos Estados Unidos com o intuito de se casar com ela. Ao retornar, deparou-se com uma cidade que rapidamente se recuperava dos danos causados pelo terremoto. São Francisco estava sendo construída e reconstruída de forma grandiosa. Entretanto, a barragem de La Boquilla ainda estava longe de ser terminada, e Camille tinha intenção de continuar com seu trabalho por lá. Juntos, ele e Elise viajaram para o México, o que se provou uma péssima ideia. Em 1912, a Revolução Mexicana atingiu o ápice. Rebeliões armadas estouravam por toda a nação, o que tornava inseguro viajar pelo país. Por fim, Camille deixou Elise na casa de um amigo, Juan Brittingham, que vivia perto da fronteira mexicana com o Texas, e seguiu viagem até o local da construção da barragem, em Chihuahua.

Assim, Elise passou a maior parte do ano seguinte com a família de Juan. Ele era um pioneiro na indústria de azulejos decorativos, filho de uma proeminente família de magnatas do sabão e do cimento, o que, convenhamos, infelizmente para Juan, deve ser um dos tipos menos impressionantes de magnata. Juan, nascido em Los Angeles, tinha dupla cidadania, tanto do México como dos Estados Unidos. Em 1910, com a Guerra de Fronteira entre os dois países, as pessoas com dupla cidadania foram obrigadas a declarar fidelidade a um dos lados. Juan se declarou cidadão mexicano e viajou até o país para construir seu negócio de azulejos. O negócio se expandiu, desta forma, Elise tinha um lar confortável onde podia esperar por seu marido.

A família de Milicent gostava de contar uma história curiosa, diziam que ao longo do trajeto até a barragem, Camille havia sido capturado por Pancho Villa, o infame revolucionário mexicano. A princípio, Villa só queria usar o carro de Camille. Entretanto, assim que soube ter capturado um engenheiro, Villa o manteve preso por um tempo a fim de aproveitar suas habilidades profissionais. Aparentemente, Pancho acreditava que um engenheiro como Camille deveria ser um expert em artilharia. Assim que percebeu que esse não era o caso, soltou Camille.[6]

No decorrer do próximo ano, Camille trabalhou na barragem e realizou visitas periódicas ao norte do México, para visitar Elise. Em setembro de 1913, ela descobriu que estava grávida. Assim que soube da notícia, Camille decidiu voltar para os Estados Unidos. A escalada crescente de violência e as greves de trabalhadores fizeram do México da época um ambiente de trabalho instável para os profissionais da construção civil, e não havia nenhum sinal de que a revolução estava próxima do fim. A barragem estava incompleta (a construção só terminaria em 1915), mas agora Camille tinha uma esposa grávida com quem se preocupar e sua família no horizonte. O casal deixou o México e chegou de volta a São Francisco pouco antes do nascimento do primeiro filho, Ulrich Conrad Marion Rossi, em 30 de maio de 1914.

Em pouco tempo, entretanto, a vontade de Camille de trabalhar e buscar aventura retornou. Dentro de um ano, em 1915, a família se mudou para El Paso, no Texas. Camille tinha amigos e colegas de negócios

---

6   Não consegui confirmar essa história, mas, de
     qualquer forma, é um relato bem bacana.

naquele lado do continente e se manteve o mais perto possível do México sem de fato entrar no país. E foi ali, em 11 de novembro de 1915, que a família celebrou o nascimento da segunda criança, Mildred Elisabeth Fulvia Rossi. Alguns dias depois, na tarde do dia 17, ocorreu a maior celebração que o Sudeste norte-americano já vira. Vinte e cinco mil pessoas se aglomeraram nas ruas para ter um vislumbre do Sino da Liberdade em sua viagem de retorno a Filadélfia, na Exposição Internacional do Panamá-Pacífico, uma feira mundial em São Francisco. O timing foi uma coincidência, mas espero que a pequena Milicent tenha acreditado que aquela festa toda estava acontecendo por sua causa.

Em 1917, Camille foi contratado como engenheiro de mineração da Cerro de Pasco Copper Corporation, o que fez com que a família inteira se mudasse para a América do Sul, indo morar em La Oroya, no Peru. Naquela época, a Cerro de Pasco era a maior companhia de mineração de bronze do mundo. Tenho a impressão de que todos os empregos de Camille tinham algo de superlativo relacionado a eles. La Oroya fica bem no centro do Peru, em um planalto na cordilheira dos Andes. Milicent, com menos de dois anos, e o resto da família tiveram de se adaptar à altitude, ao ar seco e ao clima frio. Eles moraram lá por três anos.

A experiência de se mudar do calor do Texas para uma temperatura média de 6°C deve ter sido um choque; ainda assim, Elise se mostrava devota ao marido e o seguia para qualquer lugar. Mesmo se ela estivesse infeliz na nova casa, não diria nada a ele. Todo o brilhantismo, a ambição e a ética profissional de Camille traziam consigo um lado sombrio, que despontava tanto no ambiente de trabalho como em casa. Seu desejo era lei na casa dos Rossi. Mais tarde, Milicent viria a descrever quão rigoroso o pai era com Elise. Ele não tolerava ouvir um "não" e tinha reputação de ser um homem que esperava submissão de todas as mulheres ao redor, não apenas da esposa e dos filhos. Esse comportamento acabaria trazendo problemas a ele. Infelizmente, também acabou atingindo Milicent.

Em La Oroya, Camille se tornou o encarregado de operações de mineração, posição que se adequava ao seu comportamento. Elise encontrou conforto no novo lar, dedicando-se a cuidar de Ulrich e Milicent e, no verão de 1919, ficou grávida novamente. Camille se manteve ocupado não apenas com suas funções na mineradora, como também em outras atividades na cidade. Trabalhando com a supervisão da equipe de construção de minas, Camille ajudou a levantar o primeiro hospital moderno de La Oroya. Por sorte, ou conveniência, o hospital ficou pronto a tempo de Ruth Rose nascer, em 8 de fevereiro de 1920. Ruth foi o último bebê de Camille e Elise. Aos 4 anos, Milicent se tornava a filha do meio.

La Oroya não deixou marcas notáveis na vida de Milicent. Ela não tinha fluência ou compreensão da língua espanhola. Além disso, Milicent nunca contou publicamente nenhum detalhe sobre esse período da vida, fora algumas menções ocasionais ao fato de ter passado um breve período da infância no Peru. Meu palpite é que ela não guardava muitas lembranças dessa época da vida, o que é bem compreensível, eu mesma não tenho muitas memórias de quando era uma criança pequena.

Alguns meses após o nascimento de Ruth, Elise ficou sabendo da morte da mãe. Como Elise queria estar próxima de sua família, Camille decidiu que estava na hora de dizer adeus ao Peru e retornar à Califórnia. Milicent só tinha 4 anos e já estava embarcando em sua segunda viagem continental.

Camille, Elise, Ulrich, Milicent e Ruth enfrentaram uma longa jornada rumo a São Francisco. Eles atravessaram a Argentina antes de partir do porto marítimo de Valparaíso, no Chile, no dia 12 de junho de 1920. Após duas semanas e meia no mar, eles aportaram em Nova York, onde se depararam com um calor escaldante de verão.

Em Nova York, é muito provável que a família tenha visitado a mãe de Camille, Anna, que naquela época morava no Brooklyn. O pai de Camille, Mario — ou Andrew, dependendo de quem você era e de quando perguntava — falecera dois anos antes, em 1918. Camille não visitava sua família com frequência, por isso, Anna deve ter ficado encantada com a chance de se encontrar com os netos.

Elise, entretanto, estava ansiosa para ficar próxima de sua família, que enfrentava o período de luto. Portanto, os Rossi não ficaram mais do que uma semana em Nova York antes de dar início à parte final da jornada. Uma viagem de trem atravessando os Estados Unidos pode soar como algo glamoroso, mas esta foi bem antes de existirem os luxos de viagem que hoje consideramos banais. Se você alguma vez já olhou com pena para uma mãe consolando uma criança em um avião, imagine Elise viajando de carro, trem e navio, passando por quatro países diferentes, com um bebê de colo e duas crianças pequenas, sem fraldas descartáveis ou ar-condicionado.

Após vários dias, a família finalmente chegou a São Francisco. O clima ameno do norte da Califórnia deve ter sido um alívio e tanto. A família de Elise estava felicíssima de tê-la de volta depois de tantos anos longe. Consternado pelo peso da perda da esposa, Conrad, o pai de Elise, pediu que Camille tentasse encontrar um trabalho mais perto dali. Os Bills — a família estendida de Elise — eram um núcleo familiar próspero e muito bem estabelecido em São Francisco. Conrad desejava que a filha permanecesse próxima a essa rede de apoio, com o que Camille concordou, passando a procurar um emprego naquela área. Finalmente, Conrad conseguiu o que queria quando Camille recebeu uma oferta de trabalho daquelas que só surgem uma vez na vida.

Certo, eu queria descobrir mais sobre Milicent. Mas por onde começar? Eu não achei que teria como pagar um investigador particular, mas não custava tentar. Minha imaginação dizia que teria de entrar em algum escritório sujo de Nova York e conversar com um cara desgrenhado, vestido com um chapéu fedora. O detetive estaria fumando um cigarro e se referiria a mim como uma dama. Depois de balbuciar umas piadas e brincadeiras, ele pegaria o meu dinheiro e sairia em missão, determinado a encontrar Milicent, enquanto eu me inclinaria sobre sua mesa calçando sapatos de salto alto muito elegantes.[7]

Sentindo-me um tanto boba, mas sem saber exatamente por onde começar, decidi pesquisar por "investigadores particulares em Nova York". A primeira página de resultados foi o bastante para destruir

---

7   Imaginar a mim mesma de pé e usando salto alto, mesmo que por
     alguns segundos, é a parte mais improvável dessa fantasia.

todas as minhas esperanças vindas dos filmes *noir*. Todas as empresas que apareceram eram geridas por homens que pareciam pais de classe média. Não dava para a minha fantasia acontecer em um jardim bem-cuidado, com um cara usando bermuda bege e virando hambúrgueres em uma grelha. Também tinha um detalhe mais prático: todos eles eram muito caros. O salário de quem faz filmes independentes de gênero não é o mesmo de quem produz *blockbusters* de Hollywood. Portanto, eu estava sozinha nessa.

A única parte pública da vida de Milicent era o trabalho dela em *O Monstro da Lagoa Negra*, por isso, este se tornou meu ponto inicial. Tinha que haver algumas pistas sobre de onde ela viera, onde fora parar depois do filme. Sentada na minha mesa no Brooklyn, comecei a pesquisar na internet.

Havia um punhado de blogs com posts sobre ela, mas nenhum tinha fontes e todos traziam informações totalmente divergentes. Alguns diziam que ela não tinha nada a ver com o design da Criatura, outros afirmavam que ela havia feito tudo sozinha. Nenhum desses textos me trazia alguma informação nova.

Havia apenas um único artigo sobre ela em um site notadamente especulativo, mas o texto era muito prolixo e falava mais sobre os filmes de ficção científica de Hollywood nos quais ela havia trabalhado. Os trechos do artigo que eram realmente sobre ela não traziam nenhuma fonte, e os poucos fatos acerca de sua vida eram questionados na seção de comentários. Nem mesmo a abelha-rainha da informação infundada, a Wikipédia, possuía um artigo sobre Milicent.[8*] A internet falhara comigo. Eu precisava de ajuda.

Por sorte, ainda havia um ás na minha manga. Na verdade, vários deles.

---

8   Enquanto eu estava escrevendo este livro, alguém criou uma página na Wikipedia dedicada a Milicent, mas não constam muitas informações por lá, e muitas delas estão incorretas.

*   A página de conteúdo referente a Milicent Patrick na Wikipedia brasileira foi criada por Amanda Mendes, do blog Momentum Saga, após ler este livro que está em suas mãos. [Nota da Editora, daqui em diante NE]

Ainda que não tenha nenhum investigador particular na minha lista de contatos, eu com certeza conheço um monte de nerds apaixonados por monstros. Uma das melhores coisas de fazer filmes de horror: as pessoas que você acaba conhecendo. Até aquele momento, fazia alguns anos que eu trabalhava na indústria, por isso, tinha uma excelente rede de amigos e colegas que adoravam monstros tanto quanto eu. Meu entusiasmo descarado pela Criatura era compartilhado por muitos. Assim, mandei uma leva de e-mails para escritores, historiadores e cineastas. *Claro que eles vão querer me ajudar a encontrar Milicent Patrick*, eu pensei.

A verdade é que não tinha ideia de onde estava me metendo.

Eu estava tão animada em encontrar pessoas para me ajudar com este projeto, com a perspectiva de trazer a história de Milicent para o mundo, que foi ainda mais decepcionante quando comecei a receber os e-mails de resposta. Meu desapontamento logo se transformou em frustração e, então, raiva. A maioria das pessoas se dizia hesitante sobre o livro. Muitas expressavam dúvidas se a vida de Milicent renderia mais do que um artigo, muito menos um livro inteiro. Algumas chegaram a me dizer que Milicent não havia feito nada de interessante o suficiente para merecer que sua trajetória fosse revisitada, deixando implícito que era esse o motivo para ninguém ter se debruçado sobre a história dela até então. Eu não preciso lhes dizer que cada uma dessas respostas insuportáveis vieram de homens. Esse desprezo casual me fez querer jogar uns móveis pela janela — móveis chiques e pesados, por janelas imensas e caras. Um desses homens chegou ao ponto de sugerir que eu não perdesse meu tempo com Milicent, pois a única razão de ela estar no set de *O Monstro da Lagoa Negra* é porque devia ser namorada de alguém.

Uma onda de raiva borbulhava dentro do meu peito. Se pudesse disparar lasers de ódio dos meus olhos, teria derretido meus óculos na hora. Imediatamente, comecei a elaborar uma resposta que justificava tanto o trabalho de Milicent como sua contribuição para o filme. Já estava na metade desse meu e-mail mordaz quando me dei conta do verdadeiro motivo pelo qual eu ficara chateada.[9] Não era

---

9 Nunca cheguei a enviar aquele e-mail. Eu o deletei antes que ele botasse fogo no meu computador.

só porque um homem velho e rabugento insultara a minha heroína. Na verdade, a razão da minha raiva era que a necessidade de justificar e validar a presença feminina dentro de um espaço dominado por homens, àquela altura, tinha se tornado um reflexo automático.

Dois anos antes, eu ajudara a produzir um longa-metragem chamado *Kids vs Monsters*, uma comédia brega, cheia de efeitos especiais, entre eles — sim, você acertou —, monstros. Ninguém da equipe tinha a ilusão de que o filme iria concorrer ao Oscar, mas eu estava radiante. Imagine, eu estava fazendo um filme de monstro! Em Los Angeles! Ao meu redor, havia homens e mulheres usando roupas de monstro, marionetes monstruosas, artistas aplicando maquiagens de efeitos especiais incríveis. Se você me espetasse com um alfinete, eu provavelmente sairia voando de felicidade pela sala.

Na época, estava com 23 anos, era apenas uma produtora associada no filme. Minha posição, bem precária dentro do set, era o degrau mais baixo da hierarquia de produção. A empresa produtora, Dark Dunes Productions, tinha me contratado apenas sete meses antes. *Kids vs Monsters* não era o primeiro filme dessa empresa no qual eu tinha um cargo na equipe de produção, mas era o primeiro a rodar e acabaria sendo meu primeiro filme a ser completado. Eu estava ciente de que aquela era a minha porta de entrada na indústria dos filmes de horror, por isso, não deixaria de mostrar competência. Por vezes, cheguei a trabalhar mais de sessenta horas por semana, sentada diante do meu computador e monitorando minhas caixas de e-mail como uma águia.

Um produtor é responsável por supervisionar a criação do filme desde o começo do desenvolvimento, seja partindo de uma ideia ou de um roteiro, até o marketing e a distribuição do filme finalizado. Existem diversos tipos de produtor na indústria: produtores executivos, produtores de set, produtores supervisores etc. Ainda assim, um produtor tradicional é aquele que se envolve em cada detalhe do filme durante todos os estágios do processo. Você é gerente de projeto, empresário, administrador de pessoal, quebra-galho de problemas, vendedor, mago da logística, guia criativo, coordenador financeiro e supervisor. Você se torna um produtor porque adora cinema, é ótimo com organização e consegue segurar aquela vontade constante de sair gritando. Um produtor associado é, basicamente, um assistente de produção. Minhas tarefas incluíam todo tipo de tarefas, desde buscar um manequim de mão falsa no estúdio de efeitos especiais a opinar sobre as escolhas de guarda-roupa, passando por coordenar as redes sociais e contratar um agente de vendas. Minha principal função, entretanto, como a de todo produtor, era estar estressada o tempo inteiro. Ainda assim, eu amava tudo aquilo. Acordava para cada diária muito cedo, mas com uma alegria irrefreável.

Sultan Saeed al Darmaki, meu chefe na Dark Dunes Productions, também era o diretor do filme. Ele era e ainda é como um irmão mais velho para mim. Naquela época, eu morava na Nova Inglaterra. Sultan me trouxera até Los Angeles para que eu pudesse ajudar tanto na preparação como na filmagem de *Kids vs Monsters*. Com a sensação de que era incrivelmente sortuda, e desesperada para mostrar que merecia estar ali, eu me dediquei a cada uma das tarefas que me foram designadas com a mesma energia e determinação de uma gaivota que se depara com um pacote de Cheetos caído no chão.

Enquanto corria pelo set, garantindo que nada estivesse pegando fogo, seja literal ou metaforicamente, eu tinha consciência de ser a produtora mais nova e com menos experiência. Todo mundo sofre da síndrome do impostor de vez em quando. É o sentimento de que você não é qualificada o suficiente e, a qualquer momento, alguém vai descobrir esse seu segredo e te chutar dali. Minha vontade era comprar um boné escrito "ESTÁ TUDO BEM, ESTE É O MEU LUGAR", principalmente para fazer com que eu mesma acreditasse nisso.

As filmagens duraram quatro semanas; quase no fim do mês de produção, fui até nosso escritório para buscar as camisetas personalizadas que encomendamos para o projeto. Todo mundo do elenco e da equipe ganharia uma. Eu mexia feliz nas caixas cheias de camisetas pretas, estampadas com o nome do filme escrito em verde, em uma tipografia com tema de raios. Eu tinha conseguido! Tinha sobrevivido à minha primeira filmagem! Eu literalmente tinha a camiseta para provar!

Um dos gerentes de produção do escritório se aproximou para ver as camisetas.

"Ei, Mallory, tem uma coisa que eu queria te perguntar."

Eu olhei para cima.

"Com que frequência você precisa dormir com o Sultan para manter o seu cargo?"

Eu o encarei por um instante. Gostaria de dizer a você que disparei uma resposta feroz e brilhante. Em vez disso, só consegui gaguejar. Toda a felicidade acumulada no meu peito se esvaziou, como um balão furado.

"Eu, hm, eu não durmo com ele."

Foi tudo que eu consegui dizer.

"Sério? Entendi."

Ele deu de ombros e foi embora. Já eu estava chocada demais para ficar brava, tão chocada que não pude falar mais nada. Imediatamente, pensei nas milhões de razões que provavam que eu pertencia àquele lugar, centenas de coisas que tinha feito nos últimos meses para ajudar o filme a sair, incontáveis justificativas para a minha presença naquele escritório de produção.

Mas elas não saíram da minha boca. Elas congelaram no meu estômago enquanto eu carregava as camisetas para o meu carro alugado, calculando se eu caberia dentro de uma das caixas, para me fechar ali dentro. Um produtor homem, mesmo se tivesse 23 anos como eu, não seria questionado daquela maneira; ele não seria pressionado a justificar sua presença em um set de filmagem. Como eu era a única produtora mulher e era jovem, a suposição imediata era de que estava garantindo meu lugar em troca de sexo. "Ela deve estar transando com o chefe", em vez de "nossa, ela deve ser muito boa no trabalho", óbvio.

Agora, anos depois, eu me encontrava reagindo a essas mesmas suposições, exceto que desta vez não eram sobre mim mesma.

Afinal, era isso. Era exatamente isso que estava sendo dito nas entrelinhas dos e-mails de resposta que eu recebi sobre Milicent Patrick. Ninguém havia prestando atenção à sua história porque ela era uma mulher. Milicent era a única de nós em um espaço dominado por homens. Em vez de assumir que ela estava lá para trabalhar em decorrência de ser uma pessoa talentosa, aqueles trogloditas deduziram que Milicent estava em um set de filmagem pelo mesmo motivo que os homens assumem ser a razão de mulheres existirem: o prazer masculino. Para que sua suposição fosse invalidada, eles precisavam que as contribuições artísticas de Milicent fossem comprovadas para além de qualquer sombra de dúvida.

Outro artista também trabalhou na Criatura, um homem chamado Chris Mueller. Mueller era escultor. Assim como Milicent, há fotos dele trabalhando na roupa do monstro, apesar de seu nome também ter sido excluído dos créditos. Naquela época, geralmente não se incluíam créditos individuais para quem trabalhava nos efeitos especiais. O único nome creditado no filme foi o do diretor do departamento de maquiagem. Mesmo assim, Chris Mueller era citado em quase todos os artigos sobre *O Monstro da Lagoa Negra*. Não se levantavam dúvidas acerca do trabalho dele na Criatura. A contribuição dele não era sequer uma questão.[10]

Tornava-se cada vez mais evidente, a cada e-mail recebido sobre o projeto, que eu teria de ir até Los Angeles. Minha correspondência não estava me levando a lugar nenhum. Quase todo historiador de cinema com quem falei morava lá, além de ser onde fica a maioria dos arquivos de filmes e estúdios. Eu acreditava piamente que encontraria evidências para comprovar que Milicent fizera o design da Criatura, além de ter esperanças de que também acharia alguma pista sobre o paradeiro dela. Eu teria que descobrir por mim mesma.

Eu sempre ficava feliz de ir até Los Angeles. Os anos de viagens, indo para lá trabalhar com a Dark Dunes Productions, fizeram da cidade minha segunda casa. Talvez fosse o sol constante e o calor. Talvez a onipresente agitação causada pela criatividade. Talvez os restaurantes de tacos. Seja qual fosse a causa, eu estava profundamente apaixonada pela Califórnia. A verdade é que viver no Brooklyn não combinava

---

10 Eu me certifiquei disso. Não pude encontrar nenhum material ou texto em que a contribuição de Mueller tenha sido questionada.

comigo. Eu era incapaz de entender o motivo de as pessoas amarem tanto Nova York. Tudo é caro, todo mundo está com pressa, todos os lugares são lotados. Los Angeles era a minha fuga.

Meu plano original era passar duas semanas hospedada na casa de amigos enquanto entrevistava historiadores e investigava os arquivos. Eu reservei um voo, aluguei um carro e comprei um estoque de protetor solar.

Uma semana antes da data da viagem, no entanto, o namorado que me convencera a mudar para o Brooklyn me deu um pé na bunda. Foi como se tivessem puxado o tapete debaixo dos meus pés. Entretanto, no meio de um choro embriagado, percebi que minha vida ficaria muito melhor sem aquele tapete. Eu não precisava mais morar no Brooklyn! Agora podia me mudar para a Califórnia! Eu já tinha até a passagem de avião!

Meus queridos amigos, que originalmente tinham me oferecido o quarto de hóspedes por algumas semanas, disseram que eu poderia ficar com eles enquanto procurava um lugar para morar. Eu não tinha um apartamento específico à vista; sequer sabia como faria para mover todas as minhas coisas do minúsculo estúdio do meu agora ex-namorado para minha nova casa. Naquele momento, minha busca por Milicent era a única coisa certa em minha vida. No meio de tanta agitação, mudanças e tristezas, era tranquilizador estar tão comprometida com este projeto — ter a meta de encontrar Milicent.

Assim como antes, ela se mantinha lá, estendendo a mão para mim. Ela pertencia a Los Angeles, trabalhando em filmes. Eu também pertencia àquele lugar. Eu a seguira para encontrar a minha carreira. Portanto, ser conduzida por ela até o meu novo lar me parecia ser a coisa certa a fazer. No fim das contas, ela me levou exatamente para onde eu precisava ir.

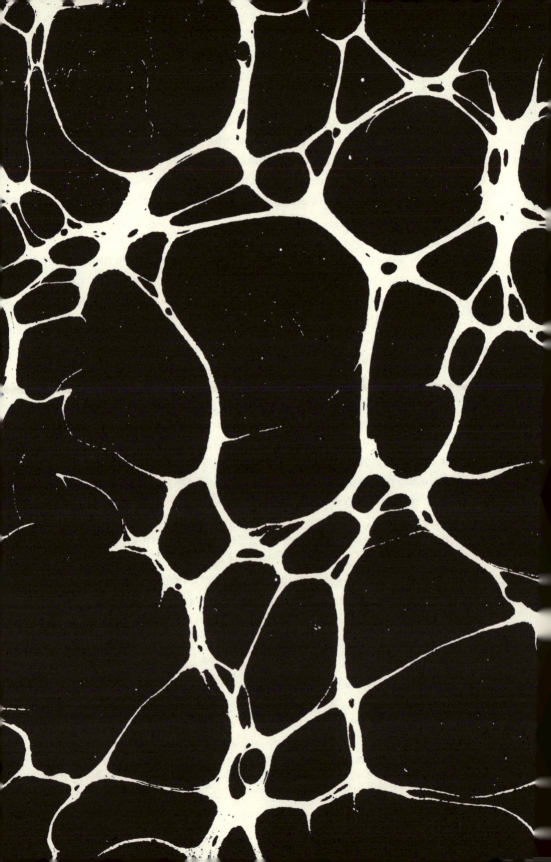

A CONSTRUÇÃO DE UM SONHO

Em 1921, quando Milicent tinha 6 anos, algo maravilhoso estava em construção.

Com o fim da Primeira Guerra Mundial, a década de 1920 despontava, e São Francisco usufruía de seu renascimento. Quinze anos tinham se passado desde o terremoto, e a cidade para qual a família Rossi retornava era uma linda metrópole.

Enquanto Camille procurava trabalho, ele se deparou com o anúncio de uma firma de arquitetura que estava em busca de um engenheiro estrutural e superintendente de construção disponível para trabalhar em San Simeon, na Califórnia. San Simeon ficava ao sul de São Francisco, a um dia de trem de distância; não foi isso, entretanto, que atraiu a atenção de Camille pela vaga. O anúncio fora pago por Julia Morgan, uma famosa arquiteta que estava encarregada de construir uma nova casa de verão para William Randolph Hearst, o primeiro grande magnata da mídia norte-americana. Talvez você não reconheça o nome de Hearst, mas provavelmente já viu o filme livremente baseado na vida dele: o clássico *Cidadão Kane*, dirigido por Orson Welles. Hearst foi um dos homens mais ricos e influentes de seu tempo, portanto, não se tratava de uma casa de verão qualquer. O plano era levantar uma residência opulenta, situada numa imensa propriedade de 127 acres conhecida como La Cuesta Encantada [A Costa Encantada], o que combinava com o estilo de vida exagerado e ostentador do empresário. Camille, eternamente atraído por prestígio, foi fisgado por esse projeto como uma mariposa pela luz. Ele se candidatou ao cargo e foi escolhido. A figura de Hearst, sua extravagante casa de proporções colossais e a experiência de Milicent de crescer naquele ambiente se tornaram algumas das forças que deram forma à vida dela.

Hearst nasceu em São Francisco, no ano de 1893; era o único filho de um milionário que enriquecera durante a Corrida do Ouro,[1] George Hearst.[2] Após ser expulso de Harvard por mau comportamento — ele sempre foi festeiro —, Hearst retornou a São Francisco. Enquanto estivera na faculdade, o pai dele havia adquirido o jornal *San Francisco Examiner* em uma aposta. Ao voltar à Costa Oeste dos Estados Unidos, em 1887, ele implorou ao pai que lhe desse permissão para assumir o jornal. Por fim, George concordou, e o filho começou a trabalhar na redação imediatamente.

Logo de início, Hearst investiu muito dinheiro no *Examiner*, atualizando todos os equipamentos de impressão. Ele também teve a sabedoria de investir no melhor equipamento de todos: os escritores. Por isso, contratou grandes talentos, muitos dos quais se tornariam lendas da literatura norte-americana, como Mark Twain, Ambrose Bierce e Jack London.

Além da qualidade de escrita, como editor, Hearst incentivou uma vertente sensacionalista de reportagem. O *Examiner* empregava muitas iscas de cliques arcaicas: manchetes lúgubres, histórias malucas, descrições exageradas. Apesar de ter sido expulso de Harvard, Hearst era um homem de negócios inteligente. Sua intenção ao implorar ao pai pelo *Examiner* não era ter um hobby com o qual se ocupar; ele buscava dinheiro e influência. Hearst tinha plena noção de que, quanto mais sensacionalistas fossem as manchetes do jornal, mais exemplares seriam vendidos.

O *Examiner* se tornou um sucesso, levando Hearst a pensar em expandir para a Costa Leste norte-americana. Com os lucros, ele adquiriu o *New York Morning Journal* e, um ano depois, passou a

---

1 Lembre-se, esse é um milionário dos anos 1860, no nível-eu-posso-mijar-em-um-pinico-de-ouro.

2 George tinha muitas propriedades, entre elas, por um período, a mina Cerro de Pasco, supervisionada por Camille no Peru. Se Camille estava ciente e conhecia George, é mera especulação. Não encontrei evidências que confirmem ou neguem o fato. Que mundo pequeno!

publicar o *Evening Journal*. Ambas as publicações traziam o mesmo estilo de jornalismo sensacionalista que fizera sua fama. Em pouco tempo, Hearst começou a competir de modo acirrado com Joseph Pulitzer, editor do *New York World*, que até então era o rei dos jornais de Nova York.

Para aumentar a circulação dos jornais, Hearst aplicou sua riqueza para atrair os funcionários do *New York World*, oferecendo-lhes posições melhores e salários mais altos. O termo *jornalismo amarelo** nasceu dessa batalha. O *New York World* publicava uma tirinha muito popular, desenhada por George Luks, chamada *The Yellow Kid* [O Garoto Amarelo]. Quando Hearst conseguiu trazer Luks para o próprio jornal, pagando-lhe uma quantidade imensa de dinheiro,[3] Pulitzer ficou furioso. A batalha se tornou ainda mais intensa quando Pulitzer contratou outro cartunista com o intuito de criar uma cópia malsucedida de *The Yellow Kid*. Pulitzer e Hearst se dedicaram avidamente a essa batalha de sensacionalismo, cada um deles tentando vender mais do que o outro e, para isso, usando títulos cada vez mais polêmicos nas matérias. A princípio chamado de *Yellow Kid journalism*, esse tipo de jornalismo teve o nome então reduzido para jornalismo amarelo.

Em 1897, Hearst por fim vencera a disputa. Os jornais dele tinham números de circulação mais altos do que os de Pulitzer. A partir daí, ele passou a comprar outras publicações em cidades ao redor dos Estados Unidos, incluindo Chicago, Boston e Los Angeles. No ápice da carreira, Hearst era dono de mais de duas dúzias de jornais; um em cada quatro cidadãos norte-americanos recebia as notícias vindo dele.

Hearst também teve uma breve carreira política em Nova York. Durante quatro anos, ele trabalhou na Câmara dos Representantes dos Estados Unidos. No entanto, provou-se impossível equilibrar as

---

* No Brasil, jornalismo amarelo é conhecido como imprensa marrom, a imprensa sensacionalista. [NT]

3 Não consegui descobrir a quantia exata de dinheiro que foi oferecida a Luks, mas gosto de imaginar Hearst abrindo a porta de um quarto, e Luks mergulhando em uma pilha imensa de dinheiro, no melhor estilo Tio Patinhas.

responsabilidades de ser um parlamentar e gerenciar o crescimento de seu império midiático simultaneamente. Por isso, ele decidiu voltar a se dedicar exclusivamente ao jornalismo em 1907.

Nos últimos anos da década de 1920, Hearst estava expandindo ainda mais seu império. O alcance da mídia havia aumentado, e Hearst fora esperto o suficiente para perceber isso. Era dele uma das primeiras companhias de mídia impressa a entrar no rádio, e ele se tornou um dos maiores produtores de rolos de notícias exibidos antes dos filmes, além de filmes propriamente ditos. No decorrer da vida, Hearst acabou produzindo mais de cem.

Ao contratar Morgan para construir sua casa de verão, Hearst tinha 57 anos, sua riqueza e sua influência eram enormes. A mãe de Hearst falecera no ano anterior, deixando-lhe de herança a propriedade em San Simeon. Em 1866, quando George comprara aquelas terras, cuja extensão original era de 40 mil acres, fazia apenas dezesseis anos que a Califórnia havia sido anexada aos Estados Unidos. O terreno pertencia a uma renomada família hispano-californiana, os Estrada. Naqueles tempos, o sítio era um rancho de gado chamado Piedra Blanca Ranch [rancho Pedra Branca], e a região era conhecida como *Piedra Blancas*.[4] Em 1865, após uma série de desastres, a família colocou a propriedade à venda. Uma enchente imensa destruiu o plantio, seguida de uma seca, que devastou o gado.[5] As famílias da região estavam se arruinando financeiramente em função do aumento de impostos e das despesas litigiosas envolvendo direitos e concessão de terra no novíssimo estado da Califórnia. Bem-vindos aos Estados Unidos!

Ao longo dos anos, George comprou mais e mais terras, chegando a acumular um total de 168 mil acres, ou aproximadamente 680 km². Era uma extensa área cheia de pitorescas pradarias costeiras, acomodada

---

4   Alguns livros, especialmente aqueles que se posicionam a favor do legado de Hearst, citam uma explicação diferente para esse título: a inspiração para o nome foram as belas ondas brancas do Oceano Pacífico estourando nas rochas. No entanto, o nome da fazenda veio do fato de que essas pedras se tornaram brancas em função das fezes das aves marinhas. Estratégia de marketing!
5   Tipo, muito gado morreu. Não que o gado estivesse arrasado pelo fato de estar seco.

entre o Pacífico e os pés da cadeia de montanhas de Santa Lucia. As vistas de lá são belas e dramáticas, mas o solo é de difícil manejo. Terremotos e deslizamentos de terra são comuns, além de não haver água em abundância. A região ao redor continua bem pouco desenvolvida. O clima parece o da Europa Mediterrânea — invernos frios e úmidos, verões quentes e secos. Caso você seja um rancheiro pobre, isso tudo significa isolamento. Mas se for um empresário rico, daí o significado é outro: paz.

Como integrava o grupo dos empresários ricos, George se apaixonou pela região. Ele construiu uma sede feita de madeira de pau-brasil que se tornaria a base de operação da fazenda. A intenção era manter a propriedade funcionando como uma fazenda, então ele contratou um dos membros da família Estrada, o filho do antigo dono, para ajudá-lo a tocar a empreitada e se encarregar dos funcionários. A sede também serviria de pouso nos dias em que ele levasse o filho para acampar nas colinas.

Hearst rapidamente herdou o amor do pai pelo lugar e manteve o hábito de acampar em San Simeon durante a vida adulta. Esse costume era sua fuga para o estresse da vida agitada em Nova York. Hearst nunca se apaixonou pela Costa Leste dos Estados Unidos e, conforme o império de mídia dele se expandia, também crescia sua atração pelas colinas tranquilas da Califórnia. Quando ele e a esposa, Millicent Hearst, começaram a ter filhos, o magnata deu continuidade à tradição do pai, também levando as crianças para acampar em San Simeon.

Então, quando herdou as terras, em 1919, Hearst teve a ideia de construir uma casa no topo das colinas que tanto amava. Ele mandou uma carta para Julia Morgan, que trabalhara para ele muitos anos antes na construção da sede de seu jornal em Los Angeles (cujo nome também era *Examiner*). "Gostaria de construir uma coisinha", ele disse. Esse pequeno projeto acabou se tornando o que hoje se conhece como Hearst Castle.

Morgan aceitou o projeto e deu início aos planos em seu próprio escritório, situado em São Francisco, marcando o princípio de uma colaboração que duraria 28 anos. Quase de imediato, Hearst decidiu expandir o tamanho do plano original, fazendo com que as plantas logo começassem a exibir o desenho de uma mansão imensa. Organizar um projeto dessa magnitude custou bastante tempo e muito dinheiro, duas coisas que Hearst estava mais do que disposto a gastar em abundância.

Em 1921, Morgan publicou o anúncio procurando um engenheiro estrutural, e Camille respondeu. Ele começou a trabalhar no escritório dela naquele mesmo ano, lidando com os planos que se multiplicavam rapidamente. O escritório de Morgan ficava no 13º andar do Edifício The Merchants Exchange, um arranha-céu de quinze andares localizado no distrito financeiro de São Francisco, próximo ao mar. Em 1906, o prédio havia sido bastante danificado no terremoto, e Morgan ajudara a planejar os reparos. O próprio escritório dela na casa dos pais havia sido destruído pelo terremoto, por isso ela o deslocou para o recém-repaginado The Merchants Exchange, onde permaneceu até o fim da carreira. Tratava-se de um escritório bonito, dotado de um teto de madeira entalhada, colunas de mármore, pinturas a óleo de 2 m por 2 m representando navios e uma biblioteca que continha mais de quinhentos livros sobre arquitetura. Após anos trabalhando em uma remota cidade de mineração no Peru, imagino o impacto que Camille deve ter sentido ao passar a trabalhar num espaço imponente desses.

Hearst era um homem com propensão a pensar grande, característica que casava muito bem com a personalidade ambiciosa de Camille. Futuramente, os dois viriam a se tornar amigos de uma vida inteira. Durante o início do projeto, entretanto, Camille não trabalhava diariamente próximo a Hearst. Na verdade, ele respondia a Morgan. Foi a primeira vez na carreira de Camille que ele tinha de se reportar a uma mulher.

Morgan foi a primeira arquiteta licenciada da Califórnia. Ao longo da vida, ela projetou quase oitocentos prédios por todo o estado. Nascida em São Francisco, em 1872, ela cursou engenharia civil na Universidade da Califórnia, em Berkeley, e depois deu prosseguimento aos estudos na École des Beaux-Arts, uma das escolas de arte mais influentes da França.

Inicialmente, a escola recusara a admissão de Morgan, em virtude de ela ser mulher. Após dois anos e múltiplas tentativas, ela finalmente foi aceita. No entanto, isso não ocorreu porque aqueles nobres franceses metidos à besta repentinamente perceberam que machismo é algo ruim, e sim porque Morgan era muito talentosa. Apesar de a instituição ter cedido, permitindo a Morgan frequentá-la, a administração continuou a tornar as coisas difíceis para ela. Suas primeiras tentativas de conseguir seu certificado foram negadas sem quaisquer explicações. Finalmente, em 1902, após ter arrasado por cinco anos, Morgan se tornou a primeira mulher a receber um certificado de arquitetura da École des Beaux-Arts.

Ao retornar aos Estados Unidos, ela passou a trabalhar para uma empresa de arquitetura em São Francisco. Para ela, era de suma importância o trabalho de desenhar prédios na sua cidade natal, e o uso de materiais encontrados nos arredores dos projetos se tornou parte de sua marca. Infelizmente, as dificuldades encontradas por Morgan em função da misoginia não ficaram para trás, na França. Seu primeiro chefe, John Green Howard, gostava de se gabar aos amigos que, por ela ser mulher, ele não tinha de lhe pagar o mesmo salário dos homens.

Por sorte, a empresa para a qual ela trabalhava foi contratada para diversos projetos por Phoebe Hearst, a mãe de William Randolph Hearst. Morgan trabalhou nesses projetos, e a família Hearst se impressionou com ela. Então, eles se tornaram os clientes que ela levou consigo ao abrir o próprio escritório, em 1904. Engole essa, John Green Howard.

O primeiro grande trabalho solo de Morgan foi a reconstrução pós-terremoto do Fairmont Hotel em São Francisco. Durante a inauguração, enquanto todos elogiavam a beleza do novo design do prédio, um repórter se aproximou de Morgan. Ele perguntou a ela sobre a decoração do lugar, assumindo que esta havia sido a sua função. Morgan ficou furiosa. Daquele dia em diante, evitou a imprensa e nunca mais deu nenhuma entrevista.

Não é necessário dizer que, a essa altura, Morgan já estava calejada em lidar com homens que menosprezavam mulheres, uma habilidade que se tornaria problemática para Camille.

Os desenhos dos prédios em San Simeon deviam ser baseados em uma combinação dos estilos europeu e neocolonial hispânico. O gosto de Hearst era inspirado por suas viagens pela Europa durante a juventude. Ele desejava recriar a grandeza que presenciara nos castelos e catedrais europeus, um ímpeto que duraria pela vida inteira. A sede da propriedade, inclusive, teve como modelo uma catedral espanhola.

Hearst juntara uma vasta, e um tanto heterogênea, coleção de arte. Após a Primeira Guerra Mundial, as taxas de importação de arte europeia para os Estados Unidos foram reduzidas. Essa baixa, em combinação com a alta dos impostos europeus sobre propriedades, criou o ambiente perfeito para os compradores de arte norte-americanos. Hearst adquiriu a maior parte da sua coleção em leilões e galerias em Nova York. Ele tinha ampla variedade de pinturas, estátuas e móveis, provenientes de todas as partes da Europa. Uma das tarefas de Morgan era integrar essas peças ao design da casa, algo bem difícil de fazer, já que ela precisava misturar, combinar e harmonizar um conjunto de arte e arquitetura que se espalhava por um período de mil anos de produção artística. Enfim, Hearst era a versão riquíssima de uma tia que quer combinar a poltrona de estampa de leopardo com a coleção de bonecas de porcelana.

As plantas da obra foram criadas por Morgan e seu time no escritório de São Francisco. Até o fim do projeto, seriam mais de 9 mil desenhos arquitetônicos. Ao fim de toda sexta-feira, Morgan pegava o trem para San Luis Obispo, a cidade mais próxima do canteiro de obras, e de lá um homem chamado Steve Zegar a levava de carro até o castelo.[6] Todo domingo à noite, ela fazia a viagem reversa e retornava para São Francisco com o intuito de estar no escritório na segunda pela manhã.

O pagamento mensal que Hearst enviava para Morgan começou em 500 dólares e chegou a 60 mil durante o período mais pesado da construção (aproximadamente, 837 mil dólares na cotação de 2017). Pode parecer um monte de dinheiro, mas a quantia constantemente acabava sendo insuficiente para a magnitude do projeto, causando-lhe muita frustração. Esses eram os fundos de que Morgan dispunha para pagar

---

6   Futuramente, Steve compraria uma frota inteira de táxis com todo o dinheiro que fez levando os visitantes até o topo das colinas. É de se presumir que seu serviço de táxi era o único das redondezas. Ainda hoje, não se trata de um lugar em que você possa chamar um Uber. No decorrer dos quase trinta anos que Steve conduziu Julia Morgan até o Hearst Castle, eles se tornaram amigos, e ela chegou a desenhar uma casa de bonecas para a filha do motorista.

por tudo: salários dos trabalhadores, materiais, equipamentos, transporte, paisagismo e o próprio salário. Durante os 28 anos nos quais ela trabalhou no Hearst Castle, o salário dela variou de 6% a 8% do total do orçamento, quantia considerada por muitos como pequena, especialmente quando levamos em consideração o escopo do trabalho.

Os deveres de Morgan eram bem maiores do que os da maioria dos arquitetos daquela época, maiores até do que os de hoje. Por intermédio de sua firma, ela contratava todos os trabalhadores, organizava as folhas de pagamento, solicitava os pedidos, supervisionava o envio de obras de arte e materiais, chegando até mesmo a cuidar dos detalhes de paisagismo e da economia doméstica da casa. Ela realizava tudo isso mesmo no pico de sua impressionante carreira, aos quarenta e tantos anos de vida. É difícil não imaginar que ter de pedir frequentemente mais dinheiro para um dos homens mais ricos do país deve ter sido profundamente irritante.

Ainda assim, Morgan adorava trabalhar com Hearst, sobretudo nessa casa fantástica. Eles eram dois sonhadores, viciados em trabalho, e ambos realmente se entendiam.

Julia Morgan era uma mulher prática, dedicada ao trabalho e sem nenhum pingo de ego artístico. Uma mulher de pequena estatura, ela se mantinha basicamente movida a café preto e barras de chocolate. Estava sempre de óculos e com a maquiagem malfeita. Morgan se recusava a carregar bolsa, mas, até onde pude conferir pelas fotos, tinha uma coleção impressionante de chapéus de feltro maleáveis. Ela colocava o trabalho em primeiro lugar e esperava o mesmo de todos que trabalhavam com ela. A maior parte do tempo dela era gasta no escritório, e os membros da equipe se tornaram uma espécie de família estendida. Ela fazia questão de contratar mulheres, tanto artistas quanto desenhistas. Em outras palavras, ela era muito foda.

A manutenção das estradas entre San Simeon e São Francisco era péssima, e o caminho, cheio de voltas, tornando difícil e custoso o envio de materiais por terra. Por isso, os materiais de construção eram despachados a San Simeon por mar. Em 1878, o pai de William Randolph Hearst mandou construir um cais na baía de San Simeon; assim que a construção do castelo tomou ritmo, Hearst decidiu aumentar ainda mais o porto. Sob suas ordens, Julia Morgan criou o projeto de armazéns à beira-mar nos quais era possível estocar quaisquer materiais de construção ou obras de arte inestimáveis.

A fundação já havia avançado para o alto da colina em 1920, ano em que Camille se juntou ao time de Morgan. A obra se iniciou com a construção dos três chalés de hóspedes, levantados antes de a casa principal ser erguida. Hearst tinha gosto por receber seus convidados em grande estilo, por isso, os chalés estavam mais para uma suntuosa mansão do que para cabanas. O primeiro chalé, a Casa del Mar, ficava de frente para o mar, enquanto a Casa del Monte se situava diante das montanhas, e a Casa del Sol, de frente para o pôr do sol.

No começo de 1922, requisitou-se que Camille assumisse a superintendência de construção da obra. A família Rossi preparou as malas e se mudou para San Simeon em junho. Infelizmente, o pai de Elise não pôde aproveitar por muito tempo a proximidade da filha em São Francisco, já que faleceu pouco depois de a família se estabelecer em San Simeon. Camille, Elise, Ulrich, Milicent e Ruth viveriam os dez anos seguintes morando na propriedade de Hearst.

Com isso, Milicent passaria seus anos de formação vivendo como Alice no País das Maravilhas.

Antes mesmo de me recuperar do jet lag ou me acostumar ao fuso horário, eu me dediquei a procurar por Milicent. Todas as reuniões que havia agendado antes de me mudar de Nova York se revelaram inúteis, as investigações que havia começado se mostraram um beco sem saída. Poucos historiadores de cinema tinham ouvido falar dela, e os que a conheciam por nome não se importavam com ela ou não tinham nenhuma informação para compartilhar. Era como se Milicent tivesse desparecido depois de *O Monstro da Lagoa Negra*.

Eu teria ficado frustrada se não estivesse um tanto entorpecida com o barato que os nativos da Costa Leste dos Estados Unidos sentem quando estão no sul da Califórnia. Seu corpo simplesmente não está acostumado com tanta vitamina D. Isso, combinado ao fato de que, de onde quer que estivesse, era possível ver o Oceano Pacífico, tornou tolerável viver com uma mala a tiracolo, tentando colar de volta os pedaços da minha vida.

O estresse desse processo de me desenraizar foi facilitado pelo apoio que recebi de Chuck e Belinda, os amigos donos do quarto de hóspedes no qual eu larguei tudo que consegui trazer comigo no avião para Los Angeles. Os dois não apenas me receberam como hóspede temporária, como também emprestaram seus conhecimentos e talentos para a minha pesquisa. Belinda e Chuck são melhores amigos e parceiros de negócios; tendo trabalhado por décadas como produtores na indústria do entretenimento, eles conhecem todo mundo. Os dois vinham quebrando a cabeça, pensando em pessoas que pudessem me ajudar.

Certa manhã, durante uma refeição na qual provavelmente comemos abacates — esse estereótipo californiano é absolutamente real —, eu conversava sobre o projeto com Belinda. Ela é uma mulher solar e sábia, do tipo que se encaixaria perfeitamente em uma floresta encantada, bebendo orvalho enquanto o longo cabelo loiro é trançado por pássaros. Para a nossa sorte, no entanto, ela dedica seu tempo para desenvolver projetos criativos e preparar tortas.

Belinda sugeriu que eu desse uma olhada nos arquivos do *Los Angeles Times* e procurasse por artigos que mencionassem Milicent, então nós duas pegamos nossos laptops. Se houvesse algum jornal no país no qual encontraríamos um pedacinho perdido da vida de Milicent, teria de ser esse.

"Ei! Olha isso!", ela falou.

Eu me aproximei dela e li a chamada da notícia na tela.

"Filha Detalha o Papel do Pai Construtor na Obra do Hearst Castle", caralho!

Era um artigo de 1986, uma entrevista com uma tal Milicent Patrick *Trent*. Quase caí da cadeira. Esse era o motivo pelo qual eu tivera tanta dificuldade para encontrá-la, ela devia ter se casado e passado a usar um nome diferente daí em diante! Eu li o nome do pai dela, Camille Rossi. Rossi. Portanto, ela havia nascido com outro sobrenome, e Patrick deveria ser um pseudônimo de trabalho. Aquilo aumentara em três a quantidade de nomes pelos quais eu teria de procurar. Também era o início da minha compreensão dos motivos que faziam Milicent ser uma mulher cujos rastros eram tão difíceis de encontrar.

A entrevista em si não era sobre Milicent, e sim sobre o pai dela e o papel dele como superintendente de construção do Hearst Castle. Falava-se também sobre a frustração de Milicent de não ver o nome de Camille mencionado nas histórias redigidas sobre o castelo.

"Hearst Castle, isso é incrível!", Belinda exclamou.

Eu nunca havia ouvido falar do lugar. Belinda me explicou que era um famoso marco na Califórnia; por causa das conexões de trabalho de seu pai, ela visitara o castelo durante a infância, chegando a conseguir fazer um passeio especial pela propriedade. Enquanto ela me falava daquele lugar com admiração, eu me perguntava sobre os anos que Milicent havia descrito como o período que seu pai trabalhara no castelo.

"Deve ser onde ela cresceu!"

"Mallory, você tem que ir lá!"

Ao me sentar para agendar minha visita, eu não tinha noção da vastidão do Hearst Castle. Não dá para simplesmente comprar o ingresso e assunto resolvido. O lugar é tão grande que existem diversos passeios guiados, cada um com duração de três horas. Seria impossível ver o castelo todo em uma única viagem. Acabei escolhendo dois passeios: um tour pelos ambientes principais e outro contemplando os destaques arquitetônicos. Eu esperava que, se fosse para descobrir algo sobre o pai de Milicent, era nesses passeios que ele seria mencionado. Então, aluguei um carro para uma viagem de quatro horas em direção ao norte de onde estava, de Los Angeles para San Simeon. (A minha forma de dirigir pode ser descrita como "cautela geriátrica", ou seja, nos meus cálculos, precisaria de cerca de cinco horas na estrada.)

Fazendo jus ao fato de que sou uma mulher que assiste a muitos filmes de horror, eu odeio viajar sozinha durante a noite. Por mais que eu saiba que as colinas provavelmente não estão cheias de canibais sedentos por sangue, prefiro não me arriscar. Para minha sorte, eu não era a única amiga que Chuck e Belinda estavam hospedando. A mulher que estava no quarto em frente ao meu, Kate, concordou em me acompanhar.

Além de ser uma atriz e diretora talentosa, Kate é uma pessoa muito prática, abençoada com um tato e uma determinação que geralmente só se encontram nos detetives de filmes *noir*. Levando em consideração que meu plano consistia basicamente em chegar ao Hearst Castle e perguntar para as pessoas se elas já haviam ouvido falar de Milicent Patrick ou Camille Rossi, eu estava feliz de ter a companhia de Kate.

A "coisinha" que William Randolph Hearst dissera a Julian Morgan que desejava construir acabou se espalhando por 128 acres. Só para colocar em perspectiva, a Disneylândia tem apenas 85 acres, e a maioria dos visitantes precisa de diversos dias para ver o parque temático inteiro, embora o Hearst Castle[7] tenha um tráfego consideravelmente menor.

O castelo fica no topo de uma colina com vista para a baía de San Simeon. A fazenda original dos Hearst ficava aos pés dessa mesma elevação. Posicionando-se lá embaixo, com os pés na planície coberta de grama, dá para ver com certa dificuldade o prédio branco do castelo, envolto por uma névoa. A sensação é de olhar para um conto de fadas.

No entanto, não foi nessa edificação que a família Rossi morou enquanto esteve em San Simeon; Camille foi contratado para supervisionar a construção dessa casa incrível, mas não morou nela. Os funcionários da mansão ficavam na ala sul da residência, enquanto a equipe de construção foi hospedada em barracões de madeira no lado sul da colina. A equipe de apoio, basicamente constituída por Camille, morava ou em San Simeon ou em Cambria, cidade próxima dali.

Por volta de 1922, o vilarejo de San Simeon havia se tornado uma próspera vila, com cerca de mil residentes. Localizada a 11 km ao sul da fazenda Hearst, era formada pelas famílias dos trabalhadores da fazenda e pela equipe de apoio às obras do castelo. Caso isso faça você imaginar uma daquelas cidades pseudo-europeias de um filme

---

7 Ninguém de fato chamava a propriedade de Hearst Castle. Pelo menos não a família e as pessoas que trabalhavam lá. O nome oficial da casa era "La Cuesta Encantada". Os funcionários se referiam a ela como "o topo da colina" e William Randolph Hearst a chamava de "a Fazenda" ou apenas "San Simeon". Hoje em dia é chamada de Hearst Castle porque este se tornou o nome oficial quando a casa e a terra foram doadas para o estado da Califórnia.

da década de 1950 onde todas as manhãs os moradores cantam uma música feliz para o senhor que vive no grande castelo, bem, você não está muito errado.

O deslocamento para San Simeon seria outra mudança drástica para Milicent, assim como provavelmente a primeira de que ela conseguiria se lembrar. A família Rossi deixou para trás a vida agitada de São Francisco, com a proximidade dos parentes prósperos de Elise, para residir em uma peculiar e isolada vila situada perto de um rancho. No lugar dos bondes de São Francisco, agora a vista era dominada por caubóis que cotidianamente passavam com rebanhos de gado bem no centro de San Simeon.

Para acentuar ainda mais o contraste, eles se mudaram para uma velha casa de dois quartos, cujas acomodações, a princípio, eram inadequadas para receber a família. O lugar tinha água corrente, assim como água quente, mas não possuía nenhum banheiro interno. Foram adicionados um banheiro apenas para banho, a cozinha, um quarto e uma varanda fechada, para tornar a casa habitável. A residência era aquecida por uma lareira situada na sala e, na cozinha, por um fogão a lenha e carvão.

Para uma situação na qual eles se viam obrigados a depender de um banheiro localizado na área externa da casa, até que não era o pior dos mundos. Sempre que os Rossi botavam os pés para fora, eram agraciados com vistas realmente espetaculares. Nuvens baixas e suaves pairam na costa pela manhã até que o sol as dissipe. As colinas são sempre banhadas pelo sol dourado da Califórnia, enquanto as pradarias lá embaixo estão cobertas por uma névoa cinza. Há uma abundância de "carvalhos vivos",[8] os galhos retorcidos bloqueando o sol e criando uma sombra muito bem-vinda. Hearst amava essas árvores e tinha regras muito restritas contra machucá-las ou cortá-las.

A chegada dos Rossi foi celebrada pelas outras famílias que já residiam em San Simeon: a esposa e os filhos do jardineiro-chefe, do eletricista-chefe, do carpinteiro-chefe e outros empregados e trabalhadores da fazenda. Era um modo de vida bem particular. Havia um

---

8 O "carvalho vivo" é, na verdade, um tipo de carvalho, e não significa que todos os outros carvalhos que você já viu estejam mortos.

armazém e uma pequena escola de um só cômodo, chamada Pacific Grammar School, onde todos os oito anos escolares eram ensinados em uma sala. Milicent frequentou essa escola por cinco anos, até completar 11 anos e ser transferida para a Cambria Union High School, próxima dali. Todos os dias, acompanhada pelos outros alunos, ela pegava um ônibus dirigido pelo estudante que tivesse uma carteira de motorista e morasse mais longe da escola.

Milicent era boa aluna, recebendo notas entre A e B no boletim em quase todas as matérias. Ela participava do coral e da orquestra, destacando-se em ambos. Elise havia sido excelente pianista durante a juventude e transmitira esse entusiasmo para a filha. Milicent demonstrou os próprios talentos na cerimônia de formatura, em que apresentou um dueto com o irmão, Ulrich. Além disso, representou uma cena; desde pequena, Milicent demonstrava interesse por atuação. Ela se manteria ativa nessas duas paixões até quase o fim da vida, ainda que nunca tenha tocado piano profissionalmente.

A família de Milicent era bastante conservadora. Camille mantinha regras rígidas sobre o comportamento e a aparência dos filhos, e as crianças eram obrigadas a se vestir com roupas formais, sóbrias. Todos os dias, Milicent pegava o ônibus escolar trajando um vestido pesado, cuja aparência era muito similar às cortinas de decoração de uma funerária. Mesmo esse visual fúnebre, entretanto, não era o bastante para mascarar o fato de que Milicent estava crescendo e se tornando uma pessoa extremamente bela. Ela herdara os traços fortes de Camille, e eles ficavam mais perceptíveis conforme ela se aproximava da adolescência. Desde criança, seus lábios cheios, nariz reto e sobrancelhas volumosas chamavam a atenção. Milicent demonstrava interesse por garotos, mas os pais a proibiram de namorar. Essas regras não mudaram quando ela entrou no colegial. Milicent tinha uma queda por um dos colegas de sala — um garoto chamado Billy Lyons — e estava descontente com a determinação dos pais. É de se imaginar que Billy também não estivesse feliz com a situação, já que, entre os dezesseis estudantes que se formaram naquela turma, havia apenas cinco garotas.

Diariamente, um ônibus vinha para San Simeon de Cambria, trazendo a correspondência e suprimentos, além de fornecer os produtos do açougue mais próximo dali. Camille tinha um secretário pessoal, um homem chamado Ray, que tinha a responsabilidade de fazer entregas diárias de gelo e do correio para a casa da família Rossi. A vida na vila era peculiar, mas Hearst se preocupava em mantê-la o mais confortável possível.

Conforme a construção no alto da colina se acelerava, San Simeon passava por um processo de constante crescimento. O isolamento da região era de tamanha extensão que os planos grandiosos de Hearst forçaram a vila a passar por inúmeras obras. A verdade é que o magnata não precisava apenas de uma casa de verão, e sim de uma cidade inteira ao redor dela. Julia Morgan terminou planejando leiterias, estábulos, celeiros para estocar feno, pomares, pontes, reservatórios, muralhas de pedra, pistas de pouso, garagens, armazéns e centenas de quilômetros de estradas. Em pouco tempo, novas casas foram construídas para os funcionários, e logo a família Rossi se mudou para uma grande e linda residência de estilo espanhol localizada perto da costa.[9]

Assim que Camille chegou, além do trabalho nos três chalés de hóspedes, a construção finalmente começara na residência principal, chamada La Casa Grande. Cimento e aço desembarcaram de navio no cais de San Simeon, sendo então carregados em carroças movidas a cavalo, que seguiam até o castelo. A água era extraída de uma reserva natural. A equipe de Rossi começou a despejar concreto no verão de 1922 e assim continuou até o fim do ano, para terminar não só a fundação, como também os dois primeiros andares inteiros.

O escopo imenso do projeto e a constante falta de fundos tornaram o ambiente bem pouco calmo para Julia Morgan e Camille. Conforme o projeto avançava, a tensão entre os dois começou a aumentar. Morgan costumava fazer uma parada na casa dos Rossi no seu trajeto até o topo da colina, trazendo consigo uma edição da *Cosmopolitan*, que ela lia durante a viagem de trem, pois sabia que

---

9 Nenhuma atualização sobre a situação do banheiro, no entanto.

Elise gostava da revista. Camille começou a ficar ressentido dessas visitas, já que Morgan geralmente trazia também novos e desafiadores planos, tanto para o trabalho daquele momento como para as próximas etapas. As preferências arquitetônicas de Hearst sempre foram hiperbólicas, mas difíceis do ponto de vista da engenharia. Para um amador, Hearst era bem-educado em arquitetura e costumava trazer exemplos específicos de elementos para Morgan criar no castelo. Caso encontrasse algo que lhe causasse admiração em um livro de arquitetura, ele comprava duas cópias da publicação, uma para ele e outra para Morgan.

Camille estava frustrado com esses desafios. A frustração, entretanto, não era com Hearst, e sim com Morgan. Na verdade, o que lhe irritava era ter de responder a ela. Na sua relação com Hearst, Camille se mostrava compreensível, apesar de ser o magnata quem sempre surgia com novas ideias exageradas. Já ao lidar com Morgan, Camille era teimoso. Em vez de confrontá-la abertamente com os problemas de engenharia surgidos nos projetos e então lhe propor soluções, Camille com frequência passava por cima de Morgan e escrevia diretamente para Hearst. Dessa forma, Camille ao mesmo tempo desrespeitava Morgan e exibia sua ingenuidade a Hearst. A ambição de Camille lhe tornava insensível, o que enfurecia Morgan. Ela constantemente repreendia Camille, que não aprendia a lição. Entretanto, como Morgan não costumava fazer reclamações, Hearst dava mostras de não ter consciência dessa crescente disputa entre os dois.

Camille explicava para a família que estava simplesmente se recusando a comprometer os princípios da engenharia estrutural e, quando uma decisão vinda de cima se alinhava com a própria vontade dele, o motivo que apresentava para isso era que Hearst aprovara seus argumentos baseados nos fatos indiscutíveis da física. A verdade é que Camille estava apenas tentando ganhar a aprovação de Hearst, mesmo contra os desejos e ordens de Morgan. De fato, Camille era um brilhante engenheiro estrutural, mas, em vez de trabalhar com a equipe de Morgan, usava suas habilidades contra ela.

É inegável que muitas das coisas que Hearst pedia eram irreais, difíceis de se criar, ou os dois. O magnata aparecia com antiguidades que amava e pedia que fossem colocadas em lugares bastante específicos. Por exemplo, encaixar uma porta de madeira italiana de 1,2 m em uma moldura de 2,8 m, prender um teto esculpido de 9,1 m de comprimento em um quarto de 13,7 m de comprimento. Hearst sempre dizia que gostava de antiguidades úteis, mas não considerava o trabalho imenso que seria torná-las assim.

O próprio Hearst só fazia aumentar as frustrações. Ele mudava de ideia constantemente, por vezes mesmo após algo já estar construído. Quando a piscina Netuno — uma piscina imensa, ao ar livre — foi terminada, Hearst conferiu o resultado e indagou a Camille se era possível deixá-la ainda maior. Com isso, a construção da piscina se reiniciou.[10] Apesar dos ótimos salários e de serem tratados de forma adequada por Morgan, os trabalhadores abandonavam o projeto com frequência. Isso ocorria porque era muito desanimador ver o trabalho da equipe sendo demolido consecutivas vezes.

Camille se orgulhava da habilidade de atender aos pedidos extravagantes de Hearst. "Meu pai gostava de agradá-lo até o mínimo detalhe e era muitas vezes instado a comprovar sua fidelidade", afirmou Milicent na entrevista ao *Los Angeles Times* de 1986. Um dos relatos mais famosos da construção do castelo diz que, certo dia, Hearst e Cecil B. DeMille, um dos mais famosos e bem-sucedidos cineastas da história, estavam caminhando pelos jardins. DeMille, desatento e envolvido na conversa, arranhou a cabeça contra um galho baixo de um "carvalho vivo" de 400 anos. O incidente deixou Hearst consternado, pois o machucado fora fundo o suficiente para causar um sangramento. Ele perguntou a Camille se havia algo que pudesse ser feito sobre aquela árvore. Camille, por sua vez, respondeu que sim, claro, imaginando que a solução seria remover o galho que machucara

---

10 Hearst também julgou ser muito pequena a segunda piscina. Assim, uma piscina ainda maior foi construída. A piscina final tem 31,6 m de comprimento, 17,6 m de largura, e capacidade para 1.305,9 m³ de água. Ao menos teria tal capacidade se a Califórnia não estivesse passando por crises hídricas.

DeMille. No entanto, a indagação de Hearst era outra: ele queria saber se seria possível mover a árvore toda — para ser mais exata, ele queria girar a planta inteira para o outro lado.[11]

Até então, nenhum "carvalho vivo" jamais fora movido e replantado com sucesso; ainda assim, Camille concordou em tentar fazê-lo. E funcionou! Ele se tornou a primeira pessoa a transplantar um "carvalho vivo" ancião, dando um jeito de deslocar a árvore, mesmo com seu peso de seis toneladas. A árvore em questão era imensa, sua sombra cobria aproximadamente um acre de terra. Camille atraiu muita atenção da mídia e dos cinejornais por causa do feito. Depois, ele teve de repetir o procedimento e mover diversos carvalhos na propriedade de Hearst.[12] Essa árvore continua lá na propriedade, viva e saudável até hoje.

As requisições malucas e os planos elaborados não eram um problema para Camille, pelo menos quando vinham direto de Hearst. A mente dele era afiada, capaz de inovações. Mesmo que Camille não gostasse dos desafios, certamente apreciava os elogios que recebia por conseguir realizá-los. Para ele, o problema era estar subordinado a Morgan.

Nos primeiros anos de vida de Milicent, Morgan poderia ter se tornado uma referência para ela. Isso, entretanto, não ocorreu, pois Camille falava da chefe como se ela fosse uma vilã, e Milicent idolatrava o pai. Qual garota se imaginaria crescendo e se tornando a mulher de quem seu pai reclamava constantemente? Apesar de ser um gênio artístico, Morgan era aquilo que Camille desaprovava em uma mulher: independente e determinada; além de também ser solteira e nem um pouco deslumbrante, ainda mais usando seus chapéus desajeitados.

---

11 Para compreender esse pedido bizarro, é necessário entender que Hearst tinha uma particularidade em relação à vida, morte e ferimentos. Ninguém no castelo tinha permissão para sequer falar sobre morte. Os convidados eram proibidos de tocar no assunto. Ele também era contra matar qualquer animal, inclusive ratos. Os jardineiros tinham que remover as flores e folhas mortas no jardim durante a noite, à luz de lanternas, pois Hearst não queria vê-los trabalhando durante o dia e ser lembrado de morte ou doenças.

12 As árvores seguintes não chegaram às manchetes dos jornais. Acredito que, uma vez que você move uma árvore gigante e anciã, você move todas. Nenhuma novidade, Rossi. Avise-nos quando deslocar uma montanha ou algo assim.

Em algum momento desse período, Milicent teve apendicite.[13] O médico local de San Simeon a diagnosticou da maneira errada, considerando que era gastroenterite, e o apêndice acabou rompendo. Finalmente, após três semanas correndo risco de vida, Milicent foi transferida para um hospital da região, provavelmente situado em Cambria, onde foi tratada de peritonite pelos próximos três meses consecutivos. Elise alugou um apartamento nas imediações do hospital para ficar perto da filha, pois a informação que recebera era de que Milicent tinha poucas chances de sobreviver. Por fim, Milicent conseguiu derrotar a doença, mas a batalha contra a peritonite a deixou com sequelas pelo resto da vida, entre elas, o cabelo fino. E, além disso, ela também se tornou infértil.

Durante esse período, Julia Morgan visitava Milicent todo santo dia. Ela enviava grandes caixas de presentes, para que Milicent abrisse um a cada dia que ficasse no hospital. Essas caixas continham itens como as bonecas alemãs Kewpie, que Milicent adorava.[14] Morgan era conhecida pelo comportamento carinhoso que tinha em relação à família dos funcionários; ela chegou a ser madrinha do filho da secretária.

Apesar disso, Morgan *não deixou marcas* na vida de Milicent, que nunca mencionou publicamente o afeto da chefe do pai, nem elogiou o trabalho dela. Houve só uma circunstância na qual Milicent citou Morgan, falando sobre ela de passagem enquanto discorria sobre o trabalho do pai no Hearst Castle. Tanto a generosidade como o cuidado da arquiteta em relação a Milicent devem ter sido ofuscados pela raiva que Camille sentia de Morgan.

No entanto, havia uma mulher no Hearst Castle que era objeto da admiração de Milicent. Ao se tornar adulta, ela abandonou o nome Mildred e se rebatizou Milicent[15] em homenagem à esposa de Hearst.

---

13 Não pude confirmar com exatidão quantos anos Milicent tinha na época que isso ocorreu, mas ela provavelmente estava entre os 7 e 10 anos.

14 Sinto muito que agora você está com a imagem mental de um quarto repleto de noventa bonecas Kewpie de porcelana.

15 Com um único *L* ao invés da grafia tradicional com dois. Acredito que isso seja uma ponte com o nome Mildred, mas não tenho como provar.

Milicent idolatrava Millicent Hearst, descrevendo-a como "pequena, divina e adorável". Em comparação, William Rudolph Hearst assustava Milicent durante a infância; ele era um homem enorme, alto e pesado, mas tinha uma voz fina e baixa, o que deixava as pessoas desconcertadas. Milicent dizia que Hearst soava como um garotinho. Millicent Hearst, entretanto, era o extremo oposto: era pequena, mas tinha uma voz profunda e encorpada. Essa imagem marcou Milicent; anos depois, ao se tornar atriz, ela aprofundou o tom baixo natural da própria voz, fazendo com que sua fala soasse mais intensa.

Mais interessante do que o fato de Julia Morgan não ter causado muita influência em Milicent é o fato de Millicent Hearst a ter inspirado tanto. Ainda que Millicent Hearst fosse a esposa de William Randolph, ela não era de fato a rainha do Hearst Castle. Tal título, na verdade, pertencia a uma atriz cujo nome era Marion Davies.

Marion Davies conheceu William Randolph Hearst em 1915, quando ele a viu em uma apresentação do musical *Stop! Look! Listen!* em Nova York. Na época, Hearst estava com 52 anos, Marion tinha apenas 18. Após anos de um cortejo discreto, porém persistente, Hearst finalmente a conquistou, e eles começaram a namorar em segredo. A partir daí, Marion se tornou amante de Hearst. O magnata continuou morando com Millicent na casa deles em Manhattan, mas decidiu realocar Marion, a mãe e os irmãos dela para um apartamento só deles, também em Manhattan.

O casamento de Hearst com Millicent era uma união infeliz; à medida que o relacionamento piorava, Marion passou mais e mais a acompanhar Hearst durante os eventos públicos frequentados por ele. Ela também começou a viajar com Hearst para o castelo. Com isso, as visitas de Millicent ao topo da colina se tornaram escassas, geralmente servindo apenas ao intuito de receber convidados muito importantes, como membros de famílias reais europeias ou dignitários estrangeiros. Hearst tinha consciência de que era melhor receber visitantes do campo político ao lado da esposa, e não acompanhado pela amante. Todavia, assim que os convidados partiam, Millicent também ia embora. Por outro lado, quando Hearst recebia amigos da indústria do entretenimento, era Marion quem fazia as vezes de senhora da casa.

Em 1919, ano em que a mãe de Hearst faleceu e ele herdou a propriedade de San Simeon, o relacionamento dele com Marion era público, ao menos na Costa Oeste dos Estados Unidos. Isso era parte do apelo que a Califórnia tinha sobre ele. Desde jovem, o magnata sempre havia se sentido mais calmo quando estava ali; com o tempo, a região se tornou seu lugar de descanso, para fugir de seus estresses de Nova York. Por fim, San Simeon se transformou no refúgio de um casamento falido e do trabalho cansativo, onde ele poderia ficar com aquela que acreditava ser o amor de sua vida. O Hearst Castle se tornou sua terra de fantasia, o lugar em que a vida era como ele queria que fosse.

Em 1925, Hearst e Millicent se separaram oficialmente. A partir daí, o magnata e Marion passaram a viver abertamente juntos, diante tanto da sociedade da Costa Oeste como da Costa Leste norte-americanas. Millicent, por sua vez, mudou-se para a própria casa em Nova York. Na época, tratou-se de um evento bastante escandaloso. Os cinco filhos de Hearst e Millicent — de 21, 17 e 15 anos, além dos gêmeos de 10 — aceitaram relativamente bem o relacionamento do pai com Marion, mas se mantiveram mais próximos da mãe e tendiam a tomar partido dela contra o pai. Marion e Hearst nunca tiveram filhos e ficaram juntos até a morte dele, em 1951.[16]

Marion Davies sempre estivera mais no Hearst Castle do que Millicent e, a partir de 1925, tornou-se oficialmente a anfitriã de San Simeon. Não se tratava de algo pequeno, levando-se em consideração os convidados que se hospedaram no castelo ao longo dos anos. Celebridades, parceiros de negócios, milionários, artistas, diretores de cinema — diversas pessoas poderosas passaram por ali. Um convite de Hearst e Marion para passar uns dias "na Fazenda" era algo

16 Seria muito fácil enxergar Marion como uma mulher interesseira, mas não era o caso. Na verdade, próximo ao fim da vida de Hearst, era Marion Davies quem o sustentava; ela lhe emprestou muito dinheiro. Mesmo que fosse ciumento, possessivo e controlasse a carreira de Marion, ela insistia aos amigos que realmente o amava. Ainda assim, isso não o absolve de ter sido um homem bem abusivo no relacionamento. Fato curioso em nota de rodapé dupla: Julia Morgan também desenhou a casa em Beverly Hills onde Hearst e Davies moraram nos últimos anos de suas vidas juntos.

bastante cobiçado entre a alta sociedade. Pessoas como Charlie Chaplin, Winston Churchill, Aldous Huxley, P.G. Wodehouse e George Bernard Shaw fizeram parte do rol de hóspedes.

No entanto, esses hóspedes não foram os mais interessantes a passar por San Simeon. Hearst amava animais e estava decidido a ter um zoológico privado no castelo, passando a colecionar bichos com o mesmo entusiasmo com que colecionava obras de arte. Para essa função, foram separados 2 mil acres de terra, cercados com 16.000 km de arame. No auge, o zoo de Hearst foi o maior zoológico privado do mundo, com quase cem espécies diferentes.

Pinguins, ursos-polares, cangurus, antílopes, elefantes, girafas, zebras, chitais, camelos, iaques, bois-almiscarados, guepardos, cacatuas, águias, macacos, gorilas, leopardos, panteras e onças-pardas perambulavam pela encosta. No total, contavam-se mais de trezentos animais diferentes, além de tratadores e funcionários para cuidar deles.[17]

Da mesma forma como Hearst amava misturar e combinar diferentes estilos artísticos para o próprio prazer, seu desejo era fazer o mesmo com o zoológico. Por diversas vezes, ele tentou colocar espécies diferentes dentro do mesmo espaço, com o intuito de criar um visual mais interessante e, como gostava de afirmar, aumentar o efeito dramático. Ah, imagine... Ser tão rico que um bando de leopardos diante de você não é algo dramático o suficiente.

Talvez seja surpresa para alguns, mas tais combinações equivocadas geralmente falhavam. Mas não se preocupe, os incidentes não eram tão violentos quanto você está imaginando. Agindo como colegas de quarto que não se dão muito bem, os animais apenas evitavam uns aos outros e tinham a tendência de permanecer escondidos,

---

17 No fim da década de 1930, com a diminuição da fortuna de Hearst e a mágica do castelo chegando ao fim, o zoológico foi abandonado, e muitos dos animais foram vendidos para zoológicos da Costa Oeste. As zebras ficaram para trás — espero que isso não tenha acontecido porque estavam no último lugar de uma lista de afazeres organizada em ordem alfabética. Os animais se adaptaram tão bem ao ambiente de San Simeon que avançaram para o interior, onde se multiplicaram. A manada está por lá até hoje, e pode ser vista nas visitas ao castelo.

para desgosto de Hearst. Ainda assim, não se dando por derrotado, ele aproximou os cercados das estradas, para que os animais não pudessem sair de sua vista. No entanto, os bichos deram a última palavra. Em função da insistência de Hearst de que eles tinham privilégio de passagem e travessia em todas as estradas, diversos acidentes de trânsito ocorriam. Era um constante incômodo para os hóspedes do castelo ter a viagem até o topo da colina interrompida por uma manada lenta, sem nenhuma pressa de cruzar a estrada.

Camille Rossi tomou gosto pelo zoológico. A construção dos cercados, campos e grutas dos ursos era parte das obras que supervisionava, por isso, ele estava sempre perto dos animais. Ele não tinha nenhuma experiência prévia com animais silvestres, seja cuidando ou treinando, mas qualquer pessoa com acesso ilimitado a um zoológico particular se interessaria. Quando Hearst adquiriu leões, Camille começou a entrar no cercado munido de uma cadeira e um chicote, para tentar domá-los. Tentar, já que gerações inteiras de artistas circenses provaram que a velha combinação de cadeira e chicote certamente *é* uma distração para evitar que os leões comam você, mas não funciona como incentivo para domá-los.

Camille estabeleceu uma ligação especial com um filhote de leopardo, passeando com ele preso por uma corrente. O engenheiro o chamava de Leopardinho.[18] Certa vez, Camille levou a irmã mais nova de Milicent, Ruth, para ver alguns animais, conduzindo-a até o topo da colina; lá em cima, ele a surpreendeu ao fazer Lepsy pular de cima de uma árvore bem na frente da filha, "apenas para ver o que ela faria". Esse não é o tipo de surpresa que uma criança de 10 anos espera encontrar em um zoológico. Apesar de suas regras rigorosas, Camille tinha ideias um tanto quanto curiosas a respeito das responsabilidades de um pai.

---

18 Legal. Muito criativo, Camille. Leopardinho acabou no Lincoln Zoo em Chicago, onde espero que o tenham agraciado com algo mais apropriado, como Alucipardo, ou coisa do tipo.

No fim, Hearst precisou dar um basta aos hábitos bizarros de Camille no zoológico. Um dia, um dos trabalhadores presenciou Camille alimentando os leões direto de suas mãos. O trabalhador, acreditando que os leões eram mansos, colocou o próprio braço para dentro da cerca, e um dos animais arrancou seu braço fora. De novo, é bom lembrar que o truque circense da cadeira não doma nenhum leão. O incidente deixou Hearst furioso e, a partir de então, Camille nunca mais se envolveu com o zoológico — é de se imaginar que os filhos dele respiraram aliviados.

Infelizmente, tudo indica que a família estava acostumada com esse tipo de comportamento vindo de Camille. A casa era invadida com uma rigidez irracional. Ele gostava de acordar Milicent, Ulrich e Ruth bem cedo para fazê-los tomar um banho congelante no mar próximo de casa. Entretanto, não era apenas Camille que forçava os filhos a cumprir essas regras, pois Elise também apoiava suas demandas. Os dois desencorajavam Milicent a socializar com os colegas de escola. Segundo ela, "não me deixavam sequer ter amigos... E eu tinha de usar saias pesadas, porque minha mãe não queria que eu parecesse sexy. Era uma situação horrível. Nunca me permitiram namorar... Eu não tinha nenhuma vida social". Ela e o pobre Billy Lyons não podiam nem namorar de brincadeirinha.

Apesar dos pais totalmente controladores, havia felicidade na vida das crianças da família Rossi dentro da propriedade de Hearst. Com frequência, elas acompanhavam o pai nas viagens de fins de semana até o topo da colina, onde jogavam tênis, caminhavam pelo lugar e até mesmo comiam pratos gourmet em uma sala de jantar gigante. De acordo com Milicent, ela e os irmãos sentavam "para comer onde meu pai dizia para comer", mas quando tinham permissão para participar de refeições no castelo, "tudo era tão chique, o tempo todo. Eles sempre tinham pernas de rã, um tipo de molho francês e diversos acompanhamentos... Era uma vida muito rica".

Uma vez por semana, ocorriam sessões de filmes para os trabalhadores e as famílias, muitas vezes exibindo títulos antes de serem lançados no cinema. Milicent começou a amar o cinema durante essas sessões.

Tais exibições só aconteciam quando Hearst não estava no castelo. Enquanto ele estava na propriedade, havia constantes sessões de cinema para os hóspedes, mas destas os trabalhadores não podiam participar.

Ao longo dos anos, Hearst comprou cada vez mais terras ao redor de San Simeon. Em 1927, ele se tornara o único dono de todas as terras que se podia ver do topo da colina. Tanto quanto os olhos podiam ver em qualquer direção, cada acre de grama dourada desgrenhada e colina era dele. Milicent estava quase literalmente vivendo dentro da terra dos sonhos de outra pessoa.

É importante recordar os constantes lembretes para a família Rossi de que aquela vida opulenta não era para ela. Milicent não participava de banquetes com pernas de rãs ao lado de estrelas de cinema e políticos. Na maior parte do tempo, a família tinha de ficar na névoa aos pés da colina, admirando o Hearst Castle banhado de sol lá em cima. Deve ser uma experiência surreal crescer em uma terra de fantasia, mas imagino que seja ainda mais surreal crescer em uma terra de fantasia que não é sua.

Depois de uma longa viagem, Kate — a essa altura, tomada por uma suave câimbra — e eu finalmente chegamos ao centro de visitantes do Hearst Castle. Nossa viagem para o norte da Califórnia foi maravilhosa. Dirigimos ao longo da costa por quatro horas, atravessando vastos trechos de planícies nebulosas, praias enevoadas e fazendas cheias de vacas robustas e entediadas.

Assim como Milicent não tinha permissão de simplesmente subir até o castelo, você também não pode ir direto até lá quando bem entender. Hoje, é necessário passar por um centro de visitantes bem moderno. O Hearst Castle em si fica a uma distância de 8 km do centro, subindo a colina. Minha expectativa sobre o centro de visitantes era encontrar um único funcionário mal-humorado cuidando de uma catraca, mas a realidade era algo do mesmo tamanho e mesmo nível de frustração que se passa em um pequeno aeroporto. Kate e eu corremos de uma fila para outra, passamos por diferentes cabines de informação e tivemos de adquirir pulseiras de diversas cores para diferentes fins. O fato de que estávamos atrasadas — graças aos meus hábitos de dirigir como uma senhora idosa — não nos ajudou, por isso, perdemos o filme de introdução ao castelo que estava sendo exibido para os enxames de turistas que chegavam.

Assim que nosso grupo foi chamado e nós fomos despejadas em um ônibus de turismo, fiquei feliz que tivéssemos perdido o filme. Kate e eu passávamos por uma experiência mais parecida com a dos convidados de Hearst; está certo que, em vez de atores famosos e empresários magnatas, nós estávamos cercadas por famílias de férias, turistas estrangeiros e casais sofrendo para carregar imensas máquinas fotográficas e protuberantes pochetes nos quadris.

Conforme o oceano atrás de nós ia se tornando apenas um plano de fundo cintilante, o ônibus se arrastava colina acima. O caminho até o Hearst Castle não é uma linha reta. Nosso ônibus levou quase vinte minutos para subir a estrada sinuosa. Naquele momento, tive dó dos cavalos que costumavam puxar as antigas charretes carregadas de suprimentos e materiais de construção debaixo do sol ardente da Califórnia.

Por fim, viramos uma curva na estrada, e lá estava o castelo. Era uma grande coroa de pedra branca apoiada no topo da colina. Descemos do ônibus e entramos em um conto de fadas. Os jardins floridos e uma vegetação exuberante estavam dispostos entre os suntuosos chalés, havia escadas caracol de mármore e a casa principal, posicionada de forma imponente no centro de tudo aquilo. Lá estava a confusa coleção de arte de Hearst: esculturas egípcias, bustos italianos de mármore, arquitetura espanhola. A genialidade de Julia Morgan podia ser percebida facilmente. Obviamente, nada daquilo combinava, mas algo dava a impressão de que as coisas estavam nos lugares certos, como se todos os detalhes não passassem de convidados para uma espécie de festa. Havia certa coesão, uma espécie de lógica de sonho. Caminhar ali devia ser como estar dentro do cérebro de Hearst. Eu esperava me deparar com homens vestidos de cartas de baralho, pintando as rosas cor de carmim.

Ou, como disse Kate: "Caramba!".

Infelizmente, a sensação de deslumbramento e falta de ar que sentimos ao descer do ônibus diminuiu assim que os guias começaram a checar as cores das nossas pulseiras e nos separar em grupos. Trata-se de um lugar tão surreal que parecia correto conhecê-lo ao lado de uma multidão de turistas com suas máquinas fotográficas em meio a placas de "proibido tocar!". Eu provavelmente me sentia como Milicent também se sentira; você pode olhar e apreciar, mas lembre-se: nada disso é seu.

Primeiro nos levaram até os três chalés de hóspedes. Os móveis de cada um deles eram únicos e igualmente luxuosos: havia tapetes de seda, pinturas a óleo, móveis antigos da Europa. Minha mente norte-americana, inexperiente com a sensação de reconhecer o que é a realeza, calculava que aquela não parecia a propriedade de um magnata de mídia, e sim as terras de um príncipe.

Durante a primeira parte da visita, eu estava exasperada pela beleza do lugar. Assim que entramos na casa principal, comecei a prestar atenção aos detalhes históricos e arquitetônicos que eram descritos pelo guia: as estatísticas sobre a construção, todo o tempo e o dinheiro que foram investidos, alguns relatos sobre Julia Morgan e Hearst. Tudo era fascinante. Obviamente, a casa principal era ainda mais extravagante e fantástica do que os chalés de hóspedes. A mansão era cheia de arte e antiguidades, até o teto abobadado era uma maravilha, feito de detalhes belamente esculpidos.

Logo, mais de uma hora se passara, e o nosso primeiro passeio estava quase acabando. O nome de Camille não havia sido mencionado nenhuma vez. Quando o guia avisou que estávamos passando pelo infame "carvalho vivo" que fora deslocado, Camille foi citado como um "engenheiro de construção". Se Milicent havia se esforçado durante a década de 1980 para fazer com que o pai fosse reconhecido, o que tinha acontecido? Por que a marca dele no Hearst Castle tinha sido apagada? Levantei minha mão.

"Oi! O que você pode me contar sobre Camille Rossi?"

O guia franziu a testa. "Eu não sei quem ele é."

Fiquei chocada. "Ele trabalhou aqui como superintendente de construção por uma década."

"Ah, bom. Eu não tenho a menor ideia. Nunca ouvi falar dele."

Kate e eu trocamos olhares. Aquele lugar era incrível e tudo mais, mas se tinha algo que eu não esperava era que a minha visita ali se provaria uma imensa e bela perda de tempo.

O guia nos conduziu até uma ensolarada praça onde deveríamos esperar por outro guia, que nos levaria para a próxima parte da visita. Eu estava começando a entrar em pânico. Kate se aproximou de mim, apontou com a cabeça na direção de um grupo de guias do castelo.

"Vamos perguntar para eles. Alguém tem que saber quem ele é. Pega o seu gravador!"

"Kate, é proibido ligar gravadores e câmeras aqui", cochichei. Se acelerar um pouco mais enquanto dirijo me causa calafrios, quebrar as regras de um lugar que é um marco histórico acabaria me provocando um ataque de pânico.

Ela enfiou a mão na minha bolsa, tirou o meu gravador, apertou o botão de ligar e, muito discretamente, guardou o aparelho dentro de um dos bolsos.

"Pronto! Ninguém vai perceber. Vamos lá."

Enquanto caminhávamos até eles, eu suava de nervoso, imaginando que alguém, talvez dotado de visão de raio x, acabaria percebendo o gravador na minha bolsa e imediatamente pularia em cima de mim para me deter e me jogar na prisão. Kate marchou direto até o grupo e perguntou: "Oi, alguém sabe quem foi Camille Rossi?".

A maioria das pessoas do grupo balançou a cabeça em negativa. Mas não o senhor mais velho, que sorriu com uma expressão irônica.

"Eu sei quem ele é, aquele malandro."

"Malandro?"

"Ah, sim, ele foi mesmo."

Kate e eu escutamos com muita atenção enquanto o senhor nos contava sobre a reputação infame de Camille no Hearst Castle e como ele havia sido demitido.

"Demitido?"

"Com certeza!"

Tão logo comecei a lhe explicar sobre o meu projeto, o guia do nosso próximo passeio se aproximou e nós tivemos de ir embora. Nosso contador de histórias, entretanto, indicou algumas fontes sobre a história do castelo e prometeu que iria procurar saber se havia alguém disponível para me ajudar. Ainda assim, eu não podia imaginar quão rápido ele acabaria me ajudando.

Trinta minutos depois da nossa conversa, enquanto eu e Kate participávamos da visita pela elegante sala de jogos da mansão principal, uma pequena mulher surgiu de um corredor lateral e colocou a mão no meu braço.

"Você é a Mallory O'Meara?"[19]

Enquanto o passeio continuava sem mim, essa mulher calmamente explicou que era uma das bibliotecárias do Hearst Castle e acabara de saber do meu projeto. Havia uma gravação relacionada a Milicent Patrick que eu poderia ouvir se aquilo fosse útil para mim.

"Incrível! Muito obrigada. Adoraria escutar uma gravação sobre ela!"

"Não *sobre* ela. *Dela*. Nós gravamos uma entrevista com ela no fim dos anos 1980."

As bibliotecárias encarregadas de preservar a história do castelo deram início a um projeto nos anos 1980 de localizar trabalhadores (ou seus familiares) ainda vivos que tivessem participado da construção da mansão, para entrevistá-los sobre as memórias que tinham da propriedade. Finalmente, eu poderia ouvir Milicent falando comigo. É fácil encontrar DVDs e trechos na internet de programas de televisão e filmes nos quais Milicent atuou. Alguns desses papéis eram personagens com falas, e dá para ouvir seu marcante tom de voz profissional. Ainda assim, eu nunca a escutara falando em tom de intimidade, em uma conversa. Agora, eu a ouviria falar sobre como foi crescer naquele lugar, no topo desta colina, neste lugar fantástico.

A grandeza do Hearst Castle me deixou decepcionada quando me convidaram para ir até a Biblioteca de Pesquisa Hearst, que fica entre dois prédios de manutenção na propriedade. Em vez de um grandioso prédio, tratava-se de um grupo de trailers apertados, bem ao lado de um dos estacionamentos para funcionários. Dentro de um dos trailers cheios de modernos equipamentos de escritório, prateleiras nas

---

19 Talvez pareça impressionante ela ter me encontrado, mas sou uma mulher toda tatuada, e tenho um cabelão azul comprido e volumoso. É muito fácil me achar no meio da multidão. Sem contar o fato de que uma bibliotecária surgir de uma passagem secreta só para me ajudar na minha pesquisa é uma das coisas mais legais que já aconteceram comigo.

quais se empilhavam livros e fichários, eu me sentei em uma mesa. Tremendo de ansiedade, coloquei o CD-ROM que os bibliotecários me entregaram dentro de um antigo computador de mesa. O aplicativo de mídia abriu, mas eu não podia ouvir nada. Tive que aumentar o volume até estourar e apertar os fones baratos contra as minhas orelhas.

A voz marcante de Milicent Patrick preencheu a minha mente. Ela conversava com uma simpática senhora, que lhe perguntava sobre o pai e a vida de sua família no Hearst Castle. A cena pareceu tão íntima, como se eu mesma estivesse sentada naquela sala de estar ao lado delas. Aqui se encontrava uma relíquia da vida dela, uma peça muito pessoal do seu quebra-cabeça. Eu finalmente passei a acreditar que poderia encontrá-la.

Conhecer o Hearst Castle me ajudou a entender os motivos que levaram Camille a se esforçar tanto para cair nas graças de William Randolph Hearst. O desejo dele era chegar tão perto quanto possível da fonte daquele sonho maravilhoso. No entanto, sua proximidade com Hearst só poderia levá-lo até certo ponto. Camille era uma fonte constante de conflitos tanto no alto da colina como no sopé, na fazenda. Os trabalhadores o viam como alguém produtivo e talentoso, mas também como uma pessoa difícil de lidar. Um deles descreveu Camille assim: "No que diz respeito à construção, ele me parece ter desempenho satisfatório, mas, em outras questões, ele causa mais incômodo do que ajuda... Eu não acho que ele se dê bem com as pessoas".

Não conseguir manter um bom relacionamento com as pessoas certamente era um problema para alguém tão envolvido no dia a dia das obras do castelo e da fazenda. Além de todas as extravagâncias sendo construídas no alto da colina, Camille supervisionava a construção de celeiros, abrigos de animais, galinheiros, armazéns, estábulos e das residências dos funcionários. Ele estava envolvido até mesmo nas questões de paisagismo. No decorrer da sua rotina de trabalho, dezenas de artesãos, trabalhadores e comerciantes tinham de interagir com Camille e eram forçados a aguentar seu comportamento tirânico, seu poderoso desejo constante de comandar e sua necessidade de estar sempre certo.

O fato de que ele passou dez anos como empregado do Hearst Castle é uma prova de seu talento e intelecto. Seus métodos inovadores economizaram tempo, um inestimável recurso para um projeto tão longo e custoso. Quando Camille chegou a San Simeon, Morgan elogiava sua capacidade de liderança; no entanto, com o passar dos anos, tal habilidade foi eclipsada pela personalidade difícil, que tanto os trabalhadores como Morgan passaram a considerar intolerável. Com "intolerável" quero dizer que o superintendente da fazenda, Arch Parks, falou que Camille "parecia se regozijar com a miséria humana", descrição normalmente reservada para vilões que moram em cavernas no alto de uma montanha. De acordo com um dos encanadores que trabalhou no castelo, Camille começou a andar armado durante o trabalho, pois os funcionários de sua equipe estavam dispostos a "sufocá-lo com fita de encanador". Ele era um engenheiro habilidoso, mas a persistência de sua atitude autoritária fez com que a situação chegasse a um beco sem saída.

No começo de 1932, Morgan deu uma ordem de que nenhuma obra deveria ser feita na piscina interna da mansão sem a permissão dela. Camille ignorou a chefe e mandou sua equipe começar a despejar concreto na piscina. Durante a visita seguinte de Morgan, ao se deparar com aquilo, ela ficou tão furiosa que fez os trabalhadores quebrarem todo o concreto e refazer a obra de acordo com suas próprias especificações. Irritada, ela pendurou um aviso nas portas para a piscina no qual se lia: "Senhor Rossi, sob nenhuma circunstância você pode entrar nesta piscina". E ele nunca mais entrou mesmo.

Morgan chegara ao limite. Ela escreveu a Hearst pedindo a demissão de Camille. Ao redigir a carta, ela manteve a ira sob controle; no próprio diário, todavia, ela descreveu Camille como alguém "tão profundamente vingativo que procura diversas maneiras engenhosas de expressar de forma indireta seus ressentimentos". Após dez anos lidando com Camille sem reclamar abertamente, sua afirmação sobre ele expressa todas as injustiças que deve ter sofrido e nunca relatado para Hearst.

Hearst a instruiu a demitir Camille. Agindo de acordo com seu comportamento de sempre, Camille passou por cima de Morgan e apelou diretamente a Hearst, insistindo que as brigas com Morgan eram apenas tentativas de manter o projeto eficiente e economizar o dinheiro do magnata. Hearst, que era avesso a conflitos, cedeu e perguntou a Morgan se ela seria capaz de continuar lidando com Camille. Ela escreveu de volta para dizer de forma sutil que, caso Camille permanecesse trabalhando nas obras, ela talvez se demitisse. Hearst entendeu a mensagem. Por mais que gostasse de Camille, Morgan lhe era valiosa tanto como amiga quanto como colaboradora. O tempo de Camille em San Simeon havia chegado ao fim.

Não foi uma época feliz para a família Rossi. A melancolia de Elise deixava a atmosfera da casa carregada.[20] Milicent, agora adolescente, confrontava as rígidas regras impostas pela família, puxando ao pai em um aspecto importante: ela queria mais. Milicent era inteligente, ambiciosa e estava desesperada para sair da pequena bolha social de San Simeon.

Morgan substituiu Camille pelo engenheiro George Loorz, que se mostrou um substituto digno e estimado. Não foi uma hora ruim para Camille sair do projeto. Àquela altura, a propriedade de Hearst já estava em declínio. Três anos antes, em 1929, havia se iniciado a Grande Depressão e Hearst começara a vender terras. No começo da Segunda Guerra Mundial, em 1939, as obras haviam diminuído. Para aliviar seus problemas financeiros, Hearst vendeu 140 mil acres de terra da fazenda para o governo dos Estados Unidos montar um campo de treinamento militar. O zoológico privado foi fechado, e os animais foram vendidos para zoológicos públicos da Califórnia.

Em 1946, Hearst sofreu um ataque cardíaco, e os médicos lhe aconselharam a viver em um lugar menos isolado. Ainda que tenha relutado, ele seguiu os conselhos e se mudou com Marion Davies para uma casa em Beverly Hills. Sem nunca mais retornar a San Simeon, ele faleceu em 1951, aos 88 anos.

Julia Morgan prosseguiu com sua carreira, trabalhando em diversos projetos de arquitetura, muitos dos quais estão de pé até hoje, como o Teatro Berkeley, em Berkeley, na Califórnia. Ela se manteve comprometida

---

20 Tanto Ruth como Milicent descreveram a mãe como uma mulher infeliz e frustrada. Mas não sei dizer se isso estava relacionado a algum transtorno psicológico ou ao casamento com Camille.

em aumentar as oportunidades para mulheres, fazendo muitas contribuições para a Mills College, uma universidade para mulheres situada em Oakland, e para YWCAS* por toda a Califórnia. Em 1951 (o ano em que Hearst faleceu), aos 79 anos, ela fechou seu escritório. Morgan nunca se casou nem teve filhos, passando a viver os últimos cinco anos de vida em confortável e modesto isolamento. Em 2008, Morgan foi incluída no Hall da Fama da Califórnia pelo governador Arnold Schwarzenegger.

Após a morte de Hearst, por um bom tempo, o castelo permaneceu desocupado, exceto pela presença de zeladores e jardineiros. Enquanto em vida, Hearst havia especificado que seu desejo era que a propriedade fosse entregue ao estado da Califórnia após a morte dele, para se tornar um centro cultural. Muitos anos marcados por disputas legais se passaram até que o castelo fosse finalmente aberto para visitação pública, em 1958.

Ao relembrar da época vivendo no Hearst Castle, os filhos da família Rossi relataram versões bem diferentes dessas que você acabou de ler sobre os motivos que os forçaram a partir de lá. De acordo com Ruth, em decorrência de problemas financeiros, Hearst não podia mais bancar as expansões na colina, por isso, ele e Camille decidiram juntos que era o melhor momento para o engenheiro partir. Em suas entrevistas, Milicent disse que o motivo foi porque as principais construções já estavam concluídas. Nenhuma dessas versões é verdadeira, mas elas podem ter sido o que Camille contou para a família. Também é possível que as filhas estivessem tentando proteger a reputação do pai. Anos mais tarde, Camille se afastou tanto de Ruth como de Milicent,[21] todavia, ainda assim, elas seguiram disseminando falsas afirmações sobre o tempo do pai no Hearst Castle. É possível que elas tenham falado essas

---

* A World YWCA (Young Women's Christian Association) tem presença em mais de cem países e faz um trabalho voltado à preparação de mulheres para assumir cargos de liderança, além de se tornarem agentes de mudança que não apenas protegem seus direitos e impactam suas comunidades, mas inspiram suas colegas a fazer o mesmo. A primeira destas organizações foi criada no Reino Unido no ano 1865. Em 1920, a Associação Cristã Feminina (o nome da organização no Brasil) iniciou suas atividades no Rio de Janeiro. [NT]

21 Não encontrei nenhuma evidência de Camille ter se afastado de Ulrich.

coisas em função de ainda o amarem ou para proteger o orgulho que tinham da própria família. Pode ser também que elas realmente não soubessem a realidade da situação. De qualquer forma, provavelmente nunca saberei a resposta para essa questão.

A princípio, fiquei em dúvida sobre incluir ou não no livro a verdade a respeito do temperamento de Camille e de sua busca por poder, principalmente porque minha primeira grande descoberta na tentativa de encontrar Milicent havia sido aquele artigo do *Los Angeles Times* no qual ela detalhou a missão de restaurar o legado do pai. Eu me sentia culpada por expor algo que ela própria havia tentado enterrar. Milicent falava com admiração das conquistas de Camille, e era evidente que sentia orgulho de ter crescido nas proximidades do glamour da família Hearst em San Simeon.

Milicent estava certa, o pai merecia ser lembrado pela década de trabalho duro em uma das propriedades mais famosas e bonitas do país, além da habilidade em resolver problemas de maneira criativa. No entanto, se é para ele entrar nos livros de história, tudo sobre ele precisa estar descrito, não apenas seu talento, como também seu lado sombrio. Até porque, na verdade, foi isso que o fizera ser excluído dos registros. O período dele no castelo foi tão problemático e sua demissão tão tensa que suas diversas contribuições para a propriedade foram apagadas. Não há nada sobre Camille no site oficial do Hearst Castle; só consegui escrever este capítulo após passar várias horas na biblioteca, vasculhando pilhas de livros, coletando informações escassas aqui e ali e combinando-as com a trajetória da própria família Rossi.

Apesar de não gostar de Camille, Morgan decidiu ajudá-lo a encontrar um novo trabalho no sul da Califórnia, como engenheiro do estado. Era chegada a hora de a família Rossi deixar San Simeon e retornar ao mundo real.

Bom, não exatamente.

Aos 17 anos, Milicent se mudou com a família para o sul de Glendale, subúrbio de Los Angeles. Milicent trocaria uma terra dos sonhos por outra: Hollywood.

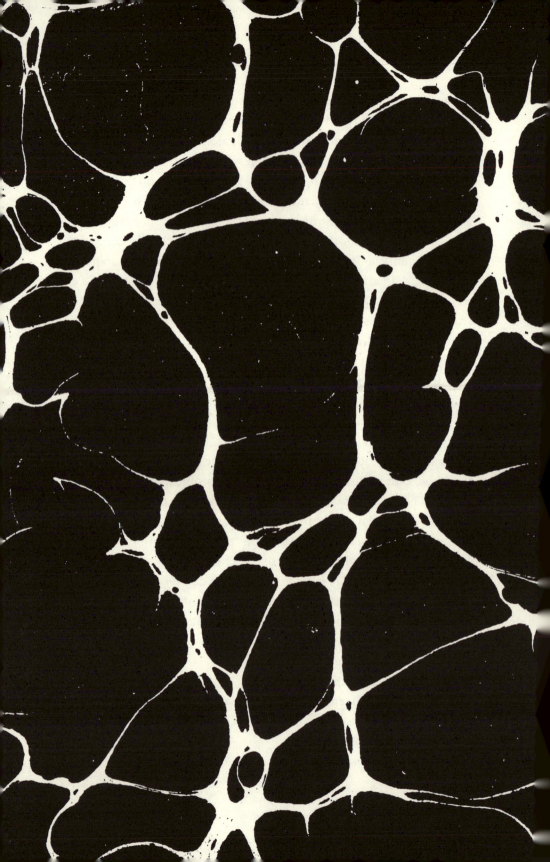

A CAMINHO DA DISNEY

O dia estava ensolarado no sul da Califórnia quando eu fui visitar a pequena casa em Glendale para qual a família Rossi se mudou. O dia estava sempre ensolarado no sul da Califórnia. *Uma Galera do Barulho* não mentiu para você. Palmeiras, céu azul, clima quente, muitos homens vestindo regatas — o sul da Califórnia entrega tudo isso.

A casa em que Milicent morou fica em uma rua larga, situada em uma calma e desinteressante área residencial. Ela faz parte de uma fileira com outras residências similares de dois andares, todas com um pequeno lance de escadas de tijolo vermelho. Não poderia ser mais diferente do Hearst Castle. O mármore foi substituído por reboco, arquitetura ornamentada foi substituída por prédios simples, jardins exuberantes foram substituídos por simples cercas vivas bem aparadas. Nada das vastas vistas do mar, nada de quilômetros de litoral, nada de névoa envolvente.

Também não havia mais nada de estrelas de cinema e glamour. Glendale fica no município de Los Angeles, mas não é exatamente Los Angeles. É o vizinho com a grama bem-feita observando por cima do muro a loucura de Hollywood. Para um homem conservador procurando se realocar com a família, era um bom lugar para Camille.

Nos anos 1930, Los Angeles já tinha crescido para se tornar uma das maiores — geograficamente falando — cidades do mundo, como qualquer pessoa que teve que dirigir durante a hora do rush[1] pode

---

1 A hora do rush é uma mentira suja contada por californianos do sul que querem que você acredite que o trânsito é menos absurdo em outros períodos do dia.

atestar. A cidade é uma expansão. Além dos aglomerados de arranha--céus no centro, a construção em Los Angeles acontece para os lados, não para cima. Ainda não existiam autoestradas, mas havia um eficiente e barato sistema de bonde, que pode parecer risível para os atuais moradores dependentes de Uber. O sistema atual de transporte público de Los Angeles pode ser descrito de maneira carinhosa como inconveniente, mas, naquela época, muitas pessoas usavam os bondes para circular pela cidade.

Camille começou seu trabalho como engenheiro do estado da Califórnia, e o resto da família se estabeleceu em sua nova e mais calma vida. Os dias eram frustrantemente quietos para Milicent; os pais dela ainda mantinham pulso firme sobre sua vida social. As regras a respeito da aparência dela também não haviam mudado. Milicent circulava pelo ensolarado sul da Califórnia em seus elegantes e pesados vestidos, com cabelo simples e nenhuma maquiagem. Esse é um bom visual se é o que você gosta, mas ela amava glamour e moda.

No ano seguinte, em 1933, quando Milicent tinha 18 anos, ela conseguiu experimentar um pouco mais de liberdade e se inscreveu na Glendale Junior College.[2] Ulrich a acompanhou, participando do Clube de Engenheiros[3] durante os dois anos, algo que, aposto, deixou Camille muito feliz.

A Glendale Junior College era uma escola pequena e relativamente nova. Havia menos de quinhentos alunos e estava aberta há apenas seis anos. O atrativo espaço era (e ainda é) repleto de amplos gramados verdes e compridos prédios de dois andares. Quinhentos alunos provavelmente pareciam uma multidão imensa para Milicent e Ulrich, que estavam acostumados com a pequenina escola de Cambria e a vida simples de San Simeon. Diferentemente do irmão mais velho, Milicent não fez parte de nenhum clube ou equipe esportiva. Ela também não apareceu em nenhuma coluna social. A única coisa em que ela parecia focada era arte.

2 É assim que se chamavam as faculdades públicas daquela época.
3 Havia um Clube de Engenheiros, mas, infelizmente, nenhum clube de artes para Milicent.

A foto de Milicent na Glendale Junior College.
(Arquivo da Glendale Community College)

Milicent ainda era uma pianista ativa, mas, agora que era adulta, trocou as engrenagens para fazer da arte visual seu foco, em vez de música e teatro. Isso era algo exclusivamente dela, sem a história de nenhum dos pais acoplada. As pequenas escolas nas quais estudou em San Simeon aparentemente não tinham nenhum tipo de currículo de arte para encorajar e desenvolver seu crescente talento. Agora ela estava em uma escola perto de uma cidade grande onde podia explorar suas paixões. Com a atmosfera sufocante na casa da família Rossi, a arte era um meio para ela se expressar.

A única atividade extracurricular na qual estava envolvida na Glendale Junior College era a arte para o anuário da escola. Durante o primeiro ano, ela foi assistente de edição de arte, trabalhando nos projetos de outros alunos e, no segundo ano, para o anuário de 1935, criou os próprios projetos. Milicent produziu seis lindas ilustrações e uma página coberta por desenhos simples de várias atividades estudantis: o campus, festas escolares, jogos esportivos. Ela já estava afiando o estilo singular de cores pastel que usaria em futuros trabalhos de design.

Milicent não se graduou na Glendale Junior College. Estava focada não em conseguir um diploma, mas em avançar em uma direção específica. Arte era o seu chamado, e ela queria continuar os estudos em uma escola de arte.

Ela se inscreveu para três bolsas de estudo na Chouinard Art Institute, uma faculdade dedicada às artes visuais. Foi uma escolha inteligente para Milicent. Fundada em 1921, Chouinard era uma das principais escolas de arte do sul da Califórnia. Tanto artistas plásticos como artistas mais comerciais treinavam lá, e a faculdade lhe daria uma ampla variedade de aulas de arte para que pudesse explorar exatamente o que queria fazer.

Milicent ganhou cada uma das bolsas estudantis.

Depois de deixar a Glendale Junior College, em 1935, ainda morando em Glendale, ela se inscreveu para as aulas na Chouinard. Lá encontraria a segunda mulher genial de sua vida — a madame Nelbert Chouinard.

Existem poucas mulheres com uma influência e reputação tão grandes no sul da Califórnia como Nelbert Chouinard, a pessoa chave que conectou toda a arte americana do século xx. Ela era, como dizem, fodona. Apenas um ano depois de as mulheres receberem o direito de votar, ela abriu sua própria escola de artes no sul da Califórnia e logo a transformou em um instituto com reputação internacional, alcançando o renome de formar artistas de qualidade.

Nascida na rural Montevideo, Minnesota, em 1879, Nelbert, quando criança, queria seguir os passos do pai e se tornar médica, mas ele não aprovava. O pai proclamou: "Não haverá nenhuma mulher médica nessa família!". Ela consentiu e desistiu das ambições médicas. Para sorte do mundo criativo, ela decidiu perseguir seu outro sonho, de se tornar artista. O pai dela também não ficou feliz com essa escolha, mas ela conseguiu vencer a batalha. Aparentemente, ser mulher e artista não era tão terrível para ele quanto ser mulher e médica.

Nelbert frequentou uma escola de arte no Brooklyn, Nova York, onde teve que mentir a idade para conseguir entrar. Ela era naturalmente talentosa desde a infância. Nascida Nellie Murphy, ela sempre odiou o próprio nome. Durante o curso, o irmão escreveu para ela da faculdade de odontologia de Chicago para avisá-la que havia uma dançarina chamada Nellie Murphy que estava ganhando uma reputação sórdida por suas façanhas atrevidas. Um amigo da família a renomeou de brincadeira Nelbert depois de ficar sabendo do conteúdo da carta, e ela gostou. O nome pegou e, quando ela se casou com um homem chamado Burt Chouinard, passou a usar o último nome dele, tornando-se Nelbert Chouinard.

Ela recebeu o certificado de professora em 1904 e, logo depois, seguiu para o oeste da Califórnia, onde conseguiu um trabalho em uma escola de Pasadena. Nelbert ensinou arte em diversas instituições no sul da Califórnia ao longo dos anos seguintes. Ela montou um grupo de estudantes devotados que, por fim, a convenceu a abrir a própria escola, um lugar que colocaria dezenas de artistas bem-sucedidos no caminho certo, incluindo Milicent.

Após alguns meses morando com Chuck e Belinda, eu encontrei um pequeno apartamento bem na beira do descolado bairro Echo Park. Eu estava perto o suficiente para conseguir caminhar até todas as coisas moderninhas dali, como cafeterias chiques e restaurantes vendendo pequenas doses de sucos de grama por dez dólares. Era um espaço pequeno, mas o aluguel se encaixava no meu orçamento de "pessoa criativa e solteira que acaba de pagar uma quantidade astronômica de dinheiro para despachar todos os seus livros do Brooklyn para Los Angeles". Quando minha pesquisa revelou que Milicent havia frequentado a Chouinard, eu fiquei animada ao descobrir que ficava a apenas 1,5 km da minha nova casa. Se não tivesse sempre tanta neblina, eu provavelmente poderia ter visto do telhado do meu prédio.

Todas as minhas coisas mal couberam no apartamento, mas eu amei. Viver na Califórnia era tão fantástico quanto eu pensei que seria. Eu estava sozinha na minha cidade favorita. Escrevendo, trabalhando com filmes, comendo um monte de tacos e raramente tendo que colocar calças. Era o bairro em que Milicent havia cursado a faculdade quando era uma jovem artista, e eu imaginei que parte da mesma felicidade e liberdade que eu estava sentindo, ela também havia sentido ali.

Ao caminhar perto do prédio hoje, você nunca diria que costumava ser um lugar fervilhante para artistas iniciantes. O que um dia foi o prédio Chouinard ainda é uma escola, mas toda a atmosfera artística foi erradicada. Agora é uma escola de ensino fundamental em uma área da cidade conhecida pela abundante população sem-teto. O arame farpado completa a cerca alta que rodeia o prédio, pairando sobre os grupos de crianças e seus parquinhos coloridos.

Mas quando a Milicent de 20 anos estava ali, em 1935, era um lindo prédio que servia de residência para uma escola de arte muito qualificada. A Chouinard se preparava para se tornar uma das instituições criativas mais importantes da Califórnia. A grande variedade de disciplinas de artes visuais oferecidas na Chouinard era muito progressista para a época. Design de moda, ilustração para revistas, design industrial, cenografia, design gráfico e letreiramento eram todas ensinadas, assim como disciplinas mais tradicionais como pintura, escultura e desenho.

Além de ser a fundadora, Nelbert era a diretora e uma das professoras da escola. Ela encorajava o espírito de liberdade e aventura, e isso a tornou amada pelos estudantes e funcionários. Outras escolas da região — como a ArtCenter College of Design — possuíam rígidas regras de vestimenta, enquanto a atmosfera na Chouinard era tranquila. A arte que você criava ali era mais importante do que se a sua camisa estava ou não presa dentro das calças enquanto você criava.

Esse foi possivelmente o primeiro gosto de liberdade que Milicent sentiu como adulta, e eu imagino que ela estava mais do que feliz de acordar e ir para a aula. Não era uma liberdade desenfreada e selvagem como muitos estudantes universitários experimentam hoje. Não havia dormitórios na escola, então ela precisava voltar para a casa dos Rossi toda noite. Milicent não ia para botecos ou festas em repúblicas, nem usava piercings no nariz ou participava de *slams* de poesia. Mas pela primeira vez ela estava passando seus dias em um ambiente repleto de centenas de outros artistas, um ambiente que ativamente encorajava seu autoconhecimento e sua expressão pessoal. Para uma mulher que cresceu na sombra das regras estritas de Camille, Chouinard era uma iluminação.

Filosofia à parte, Nelbert trabalhava duro para fazer da Chouinard um ambiente enriquecedor para seus estudantes. Havia um fluxo de artistas europeus em Los Angeles nessa época, e ela se aproveitou disso. A escola tinha uma rotação constante de professores convidados de todo o mundo e de diferentes áreas artísticas. Donald Graham, Doris Kouyias, Charles Swenson, Llyn Foulkes — todos ensinaram na Chouinard em algum ponto de suas carreiras.

Tanto o quadro de funcionários como o corpo estudantil eram bem balanceados em relação a gênero. Era um ambiente maravilhoso para Milicent fazer parte, não apenas para conhecer novas pessoas e socializar, como também para ver outras mulheres artistas trabalhando. Ela foi exposta a uma grande variedade de pessoas e novas ideias, tudo sob a tutela cuidadosa de Nelbert Chouinard.

Madeline Ellis, uma estudante em 1931, disse sobre a fundadora da escola:

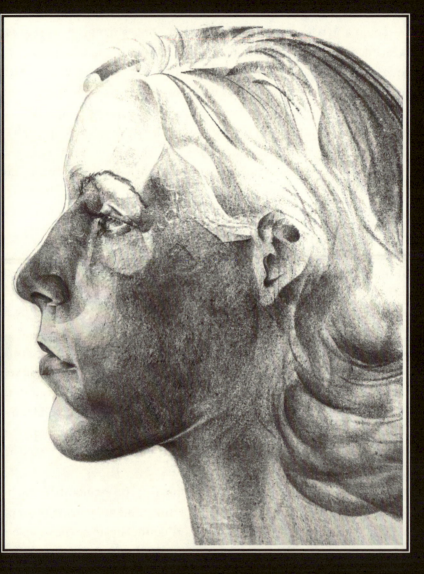

Desenho sem data de uma mulher desconhecida
feito por Milicent. (*Coleção da autora*)

Ela geralmente usava uma bata longa e verde e, com frequência, um pequeno chapéu preto, de mais ou menos 4 cm de altura. Eu não me lembro de como ela era sem chapéu, mas era alta, uma mulher grande naquela época, e, pelo que me lembro, o seu jeito de falar era sem delongas e objetivo, mas ela era sempre agradável e tinha brilho no olhar. Usava óculos de armações finas. Todo Dia de Ação de Graças, ela convidava os estudantes que estavam longe de casa para jantar na casa dela — eu sempre quis ir.

Nelbert era lembrada por ser forte e por ser uma lutadora. Outras escolas tentavam roubar seus estudantes e professores, mas ela recrutava novos artistas pessoalmente. Na Chouinard, o foco não estava no talento natural, e sim na ética de trabalho. Nelbert acreditava na ideia de que a boa arte pode ser ensinada, que não era algo hereditário e que vontade e determinação eram igualmente importantes. No panfleto de propaganda da escola do primeiro ano em que Milicent era uma estudante, lia-se:

> Se o seu filho ou filha demonstra inclinação para arte, faça-o estudar para se tornar um artista proficiente. Então o sucesso vai se resolver sozinho — o sucesso da sua própria felicidade espiritual e o sucesso de ser capaz de interpretar e expressar sua arte com técnica e tranquilidade. É preciso ser mais do que sonhador e poeta para ser artista — é necessário aprender as regras fundamentais e o uso das ferramentas da sua arte e trabalhá-las com inteligência.
>
> A Chouinard School of Art já ajudou vários estudantes a se tornar artistas de sucesso nacional, porque não usa atalhos sobre os fundamentos do treino da arte.

Em outras palavras, tire a bunda do sofá e comece a trabalhar.

Os métodos da escola eram eficientes; muitos artistas importantes e influentes eram graduados da Chouinard. Mary Blair, Chuck Jones, Ed Ruscha e Edith Head — que ganharam incríveis oito prêmios Oscar por figurino e receberam 35 indicações — são todos ex-alunos.

Nelbert sempre estava disposta a fazer ajustes financeiros para elevar a reputação artística da escola. Ela pedia que funcionários aceitassem cortes salariais para que a instituição pudesse contratar novos professores com ideias interessantes e dava constantemente bolsas de estudo para os estudantes que precisavam. Em 1929, essa tática fez com que Nelbert tomasse uma decisão que mudaria o curso tanto de sua própria vida como da vida de Milicent. A razão foi um pedido de Walt Disney.

Isso aconteceu nos primeiros anos da Disney. Em 1928, Walt Disney trouxe o popular personagem Mickey Mouse para o mundo. O rato apareceu como personagem em diversos curtas-metragens, sendo *O Vapor Willie*, codirigido por Walt Disney e Ub Iwerks, o mais conhecido. Mickey Mouse era um sucesso, e Disney queria fazer longas-metragens animados. Ele sabia do que precisava para fazer suas ideias tomarem vida — artistas incrivelmente talentosos, muitos deles. Os artistas não podiam ser apenas talentosos, eles precisavam ser treinados de uma maneira particular para produzir a ilusão de movimento que Disney queria desenvolver. O problema era que ele não tinha o capital necessário para custear as aulas para ensinar todos esses artistas que estava contratando.

Ele entrou em contato com escolas de arte por todo o sul da Califórnia, mas, por não poder pagar, todas o dispensaram. Quando ele conheceu Nelbert e disse que não tinha dinheiro no momento, mas que gostaria de mandar seus artistas à escola para aprender a desenhar, ela o surpreendeu dizendo que sim. "Senhor Disney, eu admiro muito o que você está fazendo; apenas envie seus garotos e nós nos preocupamos com o preço depois." Assim se formou uma amizade mutuamente benéfica que durou a vida inteira.

No começo, anos antes de Milicent frequentar a escola, o próprio Disney dirigia seus artistas até a Chouinard, buscava-os depois que as aulas acabavam e levava todos para casa. Ele sentia que o aprendizado certo era uma das principais prioridades para o sucesso de seus primeiros filmes e queria fazer todo o possível para facilitar isso.

Em 1930, a escola já havia crescido o suficiente para se mudar para o novo prédio construído especialmente para Nelbert. Uma fachada elegante em art déco levava para um prédio simples e quadrado preenchido com espaços abertos e luz. No centro da escola ficava um pátio completo, incluindo um tanque de peixes, onde aulas aconteciam com certa frequência. Milicent teria caminhado por largos e ventilados corredores e assistido a aulas em salas com ótima iluminação repletas de estudantes.

O Chouinard ficava no centro-oeste de Los Angeles em uma época em que havia grande crescimento comercial e residencial na área. O bairro vibrava com o comércio e o fluxo de pessoas. Com fácil acesso ao transporte público, ele era a localização perfeita, já que muitos estudantes usavam o barato sistema de bonde para ir à escola. (A casa de Milicent em Glendale ficava a apenas 25 minutos de distância.) Os estúdios Disney, no seu próprio espaço na avenida Hyperion, em Hollywood (antes da localização atual, em Burbank), estavam a apenas uma curta viagem para o norte, e os estúdios de cinema da jovem Hollywood estavam se desenvolvendo a oeste, a menos de 8 km de distância. A escola ficava no centro de uma bolha criativa em uma metrópole em expansão.

Com o tempo, os instrutores da Chouinard começaram a ir até os estúdios da Disney para ver no que os artistas estavam trabalhando e quais problemas estavam enfrentando enquanto tentavam criar ilusão de movimento. De acordo com Walt Disney:

> Eu fiz um acordo com alguns professores da Chouinard para virem trabalhar, sentar comigo ao fim do dia e entender os meus problemas. Em retorno, isso lhes dava a oportunidade de saber no que tínhamos trabalhado. Eles sentavam na sala comigo... Cinquenta por cento do meu tempo era gasto na "sauna" repassando cada cena com cada animador.

A sauna era uma sala de projeção onde os animadores se sentavam com Disney e suavam para conseguir uma aprovação dele para seus trabalhos mais recentes de animação. E não era uma suadeira mental apenas. A sala não tinha ventilação, e Walt Disney dizia que era "quente pra diabo". Os professores da Chouinard se sentavam ali com

Estes desenhos mostram a habilidade de Milicent no "desenho de ação", que chamou a atenção de Disney. (*Coleção da autora*)

ele, analisando por que a animação funcionava ou não, e levavam esses problemas e soluções de volta para a sala de aula. Havia muita troca e reciprocidade artística, que se tornaram chave para o bem-sucedido crescimento dos filmes animados.

Disney explicou a maneira como os animadores eram ensinados a desenhar na Chouinard:

> Nós pensamos em ação, pensamos em desenhar para ação. Nós chamamos isso de análise da ação. Você desenha a partir de uma figura estática quando está em uma aula de modelo-vivo... Então fazemos o modelo se movimentar, entrar em ação e depois se sentar em um canto... E eles desenham o que viram.

Em 1935, quando Milicent chegou a Chouinard, o treinamento mais sério de animadores estava acontecendo havia apenas alguns anos. Com os animadores de Disney sendo ensinados no instituto, outros estudantes também estavam começando a aprender como animar. Enquanto os artistas da Disney estavam em aula, Walt conferia outros alunos trabalhando pelo instituto, e logo uma via se formou entre Chouinard e Disney. Muitos alunos acabavam indo trabalhar no estúdio de animação, em uma variedade de cargos.

Tanto Nelbert como o instituto estavam no auge durante os anos em que Milicent o frequentou. Apesar da Grande Depressão, a escola estava indo bem. Jornalistas europeus estavam começando a viajar até lá e escrever textos elogiosos tanto sobre o método de ensino como a respeito da arte que estava sendo criada ali. Milicent permaneceu na Chouinard por três anos, concentrando os estudos em ilustração e desenho. As três bolsas de estudo que Nelbert lhe concedeu não foram equivocadas; os talentos de Milicent floresceram. Em 1938, ela alcançou uma grande realização na carreira artística: o trabalho dela chamou a atenção de Walt Disney.

Ele convidou Milicent para trabalhar em seu estúdio.

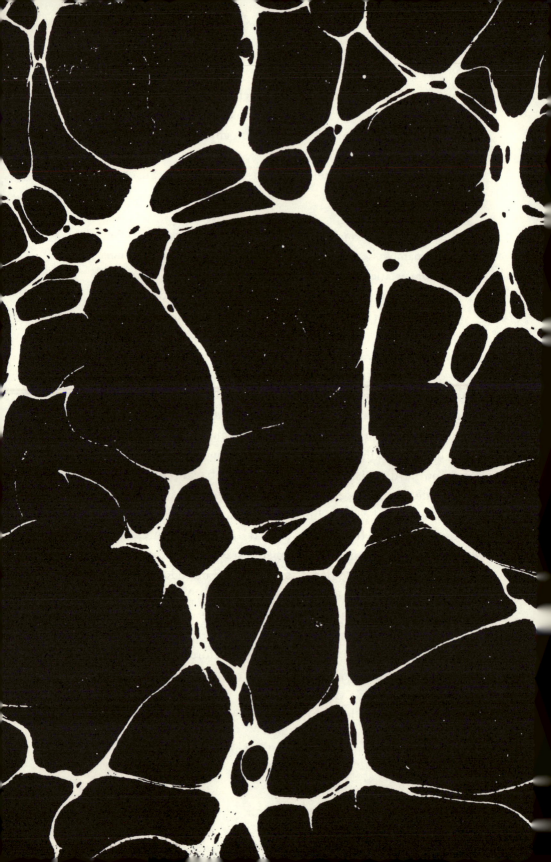

UMA LINDA FANTASIA

Disney: o maior nome em animação e um dos maiores nomes no cinema. Eles são donos de *Star Wars*, das suas emoções quando criança e, até o momento em que este livro foi publicado, provavelmente de vários planetas. A Disney é, talvez, o nome mais proeminente no entretenimento. É um nome tão poderoso que projeta uma sombra sobre quase todas as pessoas que trabalham para ela. Uma pessoa comum teria dificuldade de nomear qualquer envolvido na produção de filmes animados da Disney, seja um diretor ou animador. Eles conhecem apenas o nome de Walt Disney. Talvez você tenha escutado falar desse cara. Mas seu brilhantismo não estava nem em dirigir nem em animar. Estava na produção, pela qual ganhou mais prêmios Oscar do que qualquer outra pessoa até hoje.[1]

No fim da década de 1920, Mickey Mouse colocou a Disney no mapa. Depois desse sucesso, o Disney Brothers Studio, que Walt formou com o irmão Roy, no começo da década de 1920, tornou-se ainda mais ambicioso com seus filmes. Em 1937, Disney havia criado *Branca de Neve e os Sete Anões*, o primeiro longa-metragem animado.[2]

---

1 Vinte e duas vitórias em suas 59 indicações.
2 Claro que existe mais história aqui, mas se há um homem neste planeta que não precisa de mais cobertura a respeito de sua vida e trabalho, este homem é Walt Disney. Até mesmo alienígenas em outros sistemas solares sabem quem é Walt Disney.

Isso foi durante o período em que Disney juntou forças com Nelbert para treinar adequadamente a quantidade massiva de artistas de que precisava para produzir mais filmes de longa-metragem.[3]

Quando comecei minha pesquisa, eu sabia que Milicent tinha trabalhado com animação para Disney, mas era só isso. Ela às vezes dizia, em algumas entrevistas, que havia sido a primeira mulher animadora a trabalhar com eles, mas nunca mencionou nada específico. Eu não tinha ideia de em quais projetos ela estava nem o que exatamente havia feito. Milicent trabalhou em uma época em que os créditos dos filmes não listavam indivíduos. Se você for ao cinema hoje e assistir até o fim dos créditos, pode levar cerca de dez minutos (especialmente se for um filme de grande orçamento) para que a lista de toda a equipe que trabalhou no filme suba lentamente na tela, do diretor até o mais iniciante dos assistentes de produção.[4]

A pesquisa na minha filial da Biblioteca Pública de Los Angeles me deu bastante informação sobre animação e a história dos filmes da Disney, mas nenhum dado detalhado a respeito das centenas e centenas de artistas e técnicos que trabalharam nesses filmes dos anos 1930. (A maioria dos longas-metragens animados contrata esse tanto de pessoas até hoje.) Para conseguir as informações específicas sobre quem trabalhou nesses filmes, e exatamente o que eles fizeram, eu precisava falar com alguém dos — ou com acesso aos — arquivos da Disney. Caso você esteja perguntando, não, você não pode apenas ligar para a Disney e pedir para conversar. A biblioteca de pesquisa em animação deles não tem nenhum contato para informação

---

3   Um longa-metragem tem, de acordo com a Academia de Artes e Ciências Cinematográficas (também conhecido como "o pessoal do Oscar"), quarenta minutos ou mais. A Screen Actors Guild-American Federation of Television and Radio Artists diz oitenta. Os longas-metragens de hoje normalmente têm de noventa a 150 minutos. Sabe como pais de primeira viagem se recusam a se referir à idade dos filhos de 1 ou 2 anos e dizem apenas quantos meses eles têm? É assim que os cineastas são com filmes e minutos.
4   E deve ser assim! Filmes são difíceis de fazer! As pessoas merecem o crédito!

listado além de um endereço. Em determinado momento, eu estava tão desesperada que considerei simplesmente aparecer lá, talvez segurando uma boombox na minha cabeça que nem o John Cusack.

Como acontece com a maioria das pessoas, meu primeiro contato com animação veio quando eu era criança. Na verdade, a minha primeira lembrança de ver qualquer tipo de animação também é a minha primeira lembrança de ver qualquer tipo de filme, e também de assistir qualquer coisa que me fez sentir medo. Isso é muita pressão para depositar em apenas um filme. Para minha sorte, era um filme que conseguia segurar esse fardo: *Fantasia*. Com os dedinhos dos meus pés enrolados no fundo do carpete da sala de estar dos meus avós, eu me lembro de olhar, maravilhada, para a tela com a sinfonia de sons e luzes dançando de lado a lado.

Fantasia é uma antologia[5] de 1941 com diferentes curtas de animação acompanhados por composições de música clássica. Todos os curtas têm uma natureza fantástica, como você deve esperar. Flores que valsam, hipopótamos que dançam, centauros galopando, dinossauros rugindo e todas aquelas vassouras mágicas. Eu estava em transe. Que criança não quer ver um bando de animais rodopiando em tutus de balé? Além disso, com toda aquela música clássica, é um ótimo filme para assistir com seus avós.

Quando o último segmento do filme começou, meu pequeno cérebro começou a notar que algo estava diferente. Estava mais escuro, mais sinistro. O intenso colorido fantasioso das paisagens dos segmentos anteriores fora substituído por uma montanha à meia-noite que se projetava em cima de uma pequena vila enquanto tocava "*Night on Bald Mountain*". Se você ainda não escutou, é o tipo de composição musical carregada de cordas que faz você achar que está prestes a ser assassinado. No topo da montanha, um imenso demônio preto

---

5   Antologias são filmes feitos com diversos curtas-metragens, uma espécie de mix de filmes, às vezes centrados na mesma temática ou ideia. Podem ser feitas com um só diretor ou um diretor diferente para cada curta. Se quiser ser chique, da próxima vez que comer um mix de salgadinhos, pode chamá-lo de antologia de petiscos.

abre as asas e espalha seus dedos assombrosos pela vila. Eles saem da televisão e apertam meu coração palpitante. Eu ficava completamente abduzida e não conseguia desviar o olhar, mesmo apavorada. Esta é minha primeira lembrança mais clara de qualquer tipo de arte me afetando tão fortemente. A animação é espetacular, um sonho e um pesadelo ao mesmo tempo.

Esse segmento é o mais bonito do filme inteiro. Um demônio do tamanho do topo da montanha rasga o céu azul-anil atrás dele com seus dedos pontiagudos e a ponta afiada de suas asas infernais. Esqueletos e bruxas rodopiam pelo ar enquanto fantasmas dançam pelo fogo conjurado das pontas dos dedos do demônio. Tudo isso acontece até o badalar puro e santo do sino da igreja se espalhar por toda a terra, colocando um fim à festa macabra.

Foi apenas depois de adulta que descobri que o demônio é Chernabog, uma entidade eslava do mal e, no filme, ele eleva almas infelizes e entidades perversas para transformá-las em demônios.[6] Por mais medo que tivesse de Chernabog, não pude deixar de ficar desapontada quando os sinos da igreja começaram a bater, banindo-o de volta para a escuridão da montanha. Eu não queria assistir à cena seguinte, com uma procissão enfadonha de pessoas carregando velas e caminhando pela floresta. Traga de volta os demônios dançantes e os esqueletos voadores! Aqueles caras me fizeram sentir alguma coisa. Eles tiveram um efeito sobre mim.

Eu ainda não tinha idade suficiente para articular na época, mas aquela sequência e o medo que ela causou me afetaram. Eu atormentei o meu avô para abrir a caixa da fita VHS e colocar *Fantasia* para eu ver de novo e de novo e de novo. Foi a primeira vez que experimentei um filme e senti o gostinho do medo, eu estava viciada. Como eu era uma criança muito ansiosa, sentir medo de algo que não era real foi na verdade uma mudança muito bem-vinda. Chernabog se tornou, e é até hoje, o meu monstro animado favorito. Parecia impossível que

---

6 A minha fascinação infantil com esse filme provavelmente
explica por que eu cresci e me tornei gótica.

algo tão assombroso pudesse ser também tão gracioso. Eu entendo, as pessoas realmente gostam do Mickey Mouse e da fada Sininho. Mas, desde que eu consigo me lembrar, Chernabog sempre foi o personagem mais mágico da Disney para mim.

Eu não fui a única profundamente afetada por *Fantasia*. O filme continua aclamado pela crítica, quase oito décadas depois. É considerado por muitos um dos maiores filmes norte-americanos e é, até o momento em que escrevo este livro, a 22ª maior bilheteria de todos os tempos. Nada mal para um bando de hipopótamos dançando ao som de música clássica!

Fantasia não é o tipo de filme que um grande estúdio faria hoje. Um produtor que usa sapatos muito caros provavelmente daria de ombros e diria que não vai fazer nenhum dinheiro. E provavelmente estaria certo. Ele consiste em segmentos animados, oito no total. Cada segmento é um desenho feito para toda a família combinado com músicas famosas. Só o pitch já dá sono. Mas é uma obra irresistível de cinema, com som, cor e ação trabalhando juntos para criar uma tapeçaria magnífica de experiência sensorial. Foi o grande esforço de Walt Disney para elevar a animação como forma de arte, e eu diria que funcionou.

Tudo isso se iniciou como um veículo para o retorno de Mickey Mouse,[7] que estava perdendo em popularidade para seus amigos Pato Donald e Pateta. Walt Disney começou a trabalhar em um curta-metragem baseado em *O Aprendiz de Feiticeiro*, do compositor Paul Dukas. Era para ser mais uma *Sinfonia Tola*, um dos muitos curtas animados sincronizados com composições musicais que originalmente ajudaram a Disney a alcançar o sucesso. Walt queria ir mais longe. A produção de *O Aprendiz de Feiticeiro* era mais elaborada e empurrou o orçamento do filme para 125 mil dólares[8], três ou quatro vezes mais do que uma *Sinfonia Tola* custaria. Walt sabia que não tinha como reaver o dinheiro que estava investindo.[9] Leopold Stokowski, o maestro de música

---

7   Quando falo sobre veículo para o retorno, me refiro a uma máquina de guerra, coberta de sangue no melhor estilo *Mad Max* que o Mickey acelerou e dirigiu até se tornar um dos personagens mais reconhecíveis em todo o mundo.

8   O que mesmo *hoje em dia* ainda é muito dinheiro para um curta-metragem.

9   Infelizmente, essa ainda é uma verdade para os curtas-metragens.

para o filme, havia originalmente sugerido um longa-metragem inteiro feito de segmentos de animação combinados com composições de música clássica, uma ideia da qual Disney tirou sarro. Mas, depois de gastar tanto tempo e esforço em *O Aprendiz de Feiticeiro*, criar um longa-metragem inteiro não parecia mais tão maluco. Em 1938, um ano antes de Milicent chegar à Disney, eles começaram a desenvolver o longa-metragem.

Eu precisava de mais uma virada na minha pesquisa, então trabalhei diligentemente na parte mais importante do processo criativo, sobre a qual ninguém fala para você: network. Criar filmes normalmente não é uma jornada em que você embarca sozinho. Além de inteligência e um bartender local generoso, a melhor coisa que você pode ter como produtor é uma longa lista de contatos. Você nunca sabe quando vai precisar de um fabricante de marionetes, um fotógrafo cinematográfico habilidoso ou uma atriz que tenha ótimo grito. Eu fui a muitos eventos da indústria e me encontrei com amigos que sabia que trabalhavam com animação. Conseguir entrar na Disney era como começar uma dieta; todo mundo parecia saber como fazer, mas nenhum dos conselhos funcionava. Todo mundo conhecia alguém que trabalhava lá, todo mundo ia perguntar por aí, mas nada de conclusivo acontecia. Eu perguntei, implorei e persuadi as pessoas por quase um ano.

Finalmente, em um brunch com amigos que não tinha absolutamente nada a ver com a indústria, eu conheci Michele Wells. Michele é uma mulher de negócios muito sabida, o tipo de pessoa para a qual o herói de um filme telefona para tomar decisões importantes sobre bombas. Alguém na mesa perguntou sobre o livro no qual eu estava trabalhando, e descarreguei todas as minhas frustrações relacionadas às tentativas de acesso às informações da Disney. Um raio dourado de luz solar cruzou o céu e desenhou uma auréola nos cabelos castanhos de Michele, fazendo com que as mimosas de todo mundo brilhassem.[10]

"Disney? Ah, eu trabalho lá!"

10   Isso é uma reconstituição dramática.

Eu não podia acreditar na minha sorte. Era o meu primeiro contato direto com alguém que trabalhava na Disney. Nós trocamos informações de contato, e ela concordou em encontrar alguém com quem eu pudesse conversar. Logo ela me mandou um e-mail avisando que havia marcado uma reunião com um historiador da Disney. Parecia um milagre.

Um mês depois, eu estava saindo de um Uber em frente ao imenso complexo de escritórios da Disney em Burbank. Tudo na Disney parece pitoresco e, bom, Disneyresco. Até as pontas das cercas de metal têm o formato da cabeça do Mickey Mouse. Não me controlei e cutuquei uma das pontas antes de começar a caminhar até a entrada, meio que na esperança de que uma das cercas fosse começar a cantar uma música sobre mim e todo o jardim ao redor se juntasse a ela enquanto um pássaro azul tirava a poeira da minha jaqueta e um coelho amigável me levava até o portão.

Havia uma fila de pessoas que eu presumi serem empregados — julgando pelo quão desinteressados estavam pelos arredores — e eu me juntei a eles, ainda sem acreditar totalmente que, depois de todo esse tempo, minha entrada era permitida. Mas quando eu dei meu nome, não apareceu um enxame de homens vestidos em uniformes com estampa do Mickey Mouse para me arrastar dali. O segurança me deu um passe de visita temporário e eu fui direcionada para o escritório de Michele. Ela me encontrou no lobby, e nós caminhamos por corredores decorados com uma valiosa memorabilia de filmes da Disney, Marvel e *Star Wars*. Eu fiz o que pude para não parecer deslumbrada. É difícil permanecer profissional quando você é uma nerd.

Depois de eu olhar embasbacada para um display da escrivaninha pessoal de Walt Disney protegida atrás de um vidro, Michele me levou até o escritório de Ken Shue, um gentil senhor de óculos. Ken é vice-presidente da Global Art for Disney. Ele trabalha na empresa há mais de vinte anos e é uma das melhores pessoas para conversar sobre qualquer coisa relacionada à arte da Disney. O escritório dele é coberto do chão até o teto com livros sobre a maestria do estúdio e artes originais enquadradas de diversos filmes animados da Disney.

Essa sala cantarolava com amor pela beleza e pelas histórias, e eu estava cantarolando com entusiasmo. Esse homem tinha que ser a pessoa que poderia me ajudar. Finalmente! Eu estava dentro!

Michele e eu nos sentamos em frente à mesa dele. Eu estava praticamente levitando sobre a minha cadeira. Após apresentações amigáveis, eu mal conseguia me segurar. Eu meio que esperava que a própria Milicent pulasse debaixo da mesa com uma banda marcial completa. Eu enfim conseguiria descobrir sobre o trabalho que ela fizera para a Disney.

"Então, me fale sobre o seu projeto, Mallory."

"Bom, eu estou escrevendo a biografia de Milicent Patrick, ou talvez você a conheça como Mildred Rossi."

Era isso. Eu me preparei para todo o confete.

Ele me encarou.

"Hm. Eu não reconheço o nome."

Meu coração parecia um balão estourado. Eu expliquei para ele que Milicent dizia ser a primeira animadora da Disney, mas como eu não sabia no que ela havia trabalhado, não poderia dar mais nenhuma informação. Ele explicou que, como não sabia quem ela era, não havia muito em que pudesse me ajudar.

"Espera. Sabe com quem você deveria falar? Mindy Johnson. Ela está escrevendo um livro sobre animadoras neste exato momento. Se alguém vai saber algo sobre ela, esta pessoa é Mindy. Deixa eu ligar para ela."

Ele ligou do telefone do escritório e a colocou no viva-voz. Depois de alguns toques, uma voz alegre atendeu, e Ken me apresentou para ela.

"Ei, Mindy, você sabe alguma coisa sobre uma tal Milicent Patrick?"

"Você quer dizer Mildred Rossi? Claro que eu sei! Ela trabalhou em *Fantasia*!"

Meu queixo realmente caiu. Mindy então falou sobre o livro que estava escrevendo, um livro de história detalhando todas as animadoras e artistas que haviam trabalhado na Disney.[11]

---

11 Ele se chama *Ink & Paint: The Women of Walt Disney's Animation* e é absolutamente fabuloso.

"Então Milicent era uma animadora?"

"Ah, sim. Ela animou a sequência de Chernabog!"

Eu não consigo descrever com precisão como o resto da conversa aconteceu. Eu sei que Mindy me falou mais a respeito do que Milicent fez para a Disney, mas disse que não sabia muito mais sobre o resto da vida dela, antes ou depois daquilo. Eu me lembro de dizer vagamente que ficaria feliz em lhe contar mais sobre a vida de Milicent se ela pudesse me falar mais do trabalho de Milicent para a Disney. Foi um verdadeiro momento "Ei, eu tenho a pipoca!", "Opa, eu tenho o guaraná!". Tudo que sei é que eu e Mindy trocamos telefones e combinamos de nos encontrar em breve.

A única coisa que me lembro dessa conversa foi pensar repetidamente *Chernabog. Chernabog. Chernabog.* As primeiras notas de "Night on Bald Mountain" tocaram em meus ouvidos. Visualizei aquele monstro colossal abrindo suas sinistras asas, enchendo instantaneamente meu coração pueril de terror e ternura. Chernabog. Milicent trabalhara em Chernabog. É claro que ela trabalhara.

Mindy e eu almoçamos juntas em uma tarde fria e chuvosa em Burbank.[12] Uma mulher loira radiante, Mindy se sentou e, depois de nos apresentarmos, despejou um caminhão de informações sobre mulheres na animação e o que Milicent Patrick fez enquanto esteve na Disney. Nós acabamos conversando por mais de cinco horas, até que olhamos em volta e nos demos conta de que os funcionários do café estavam nos encarando com olhares raivosos porque estavam tentando fechar.

Um animador é definido como alguém que faz filmes animados. Mas fazer um filme animado normalmente envolve muito mais trabalho do que só desenhar uma imagem e balançá-la em frente à câmera.

Primeiro, vem a ideia para uma história, então um roteiro é escrito. Depois, o storyboard, uma sequência de desenhos representando cenas planejadas, é produzido. Então, o som e o diálogo para essas cenas são gravados. Os artistas de fundo começam a trabalhar

---

12 Até parece! Estava ensolarada e linda. É a Califórnia.

nos, — você acertou —, planos de fundo das cenas, enquanto os animadores se dedicam aos personagens. Depois que os animadores completam os desenhos, eles são transplantados em tinta preta para folhas transparentes de acetato de celulose, chamadas células. O departamento de colorização aplica as cores no verso das células. Dezenas de milhares de células são necessárias para um longa-metragem. Elas vão para o departamento de fotografia, onde operadores de câmeras as fotografam frame por frame em frente ao fundo. Finalmente, a trilha sonora é adicionada.

Nessa época, o elenco de animadores da Disney consistia inteiramente de homens. Mas essas dezenas de milhares de pequenas células feitas dos desenhos dos animadores surgiam do departamento de arte-finalização e colorização, formado totalmente por mulheres. Esse é o departamento em que centenas de mulheres trabalhavam em, bom, arte-finalizar e pintar essas minúsculas peças de arte. Uma empresa em que mulheres artistas conseguiam trabalhar e se sustentar era uma raridade nos anos 1930.

Foi aqui que Milicent começou a trabalhar no começo de janeiro de 1939. O trajeto de quinze minutos entre a casa da família em Glendale, onde ainda morava, até os estúdios da Disney na Avenida Hyperion, em Silver Lake, um bairro no lado leste de Los Angeles, devia ser tranquilo. Uma viagem diária fácil, mesmo para os padrões atuais.

O prédio de arte-finalização e colorização era mantido meticulosamente limpo e silencioso para garantir um ambiente livre de poeira para a intrincada arte que estava sendo criada pelas várias mulheres lá dentro. Milicent e suas colegas trabalhavam em mesas que Disney havia construído especialmente para esse propósito, em uma sala cheia de grandes janelas para deixar entrar o máximo de luz natural possível.

Trabalhadores que não eram da arte-finalização ou da colorização (homens) eram desencorajados a entrar no prédio, tanto para evitar a presença de seus sapatos sujos, como, mais importante, para manter as mentes sujas longe das salas imaculadas. Muitos deles não pensavam que aquele era um departamento cheio de artistas talentosas tentando trabalhar em paz, eles pensavam que era um local conveniente para procurar encontros. (Mesmo sem entrar no prédio, artistas homens e técnicos tentavam interagir com as mulheres do departamento de arte-finalização e colorização. Foi na Disney que Milicent conheceu o primeiro marido, o animador Paul Fitzpatrick, mas falaremos sobre isso mais tarde.) Mesmo que um cara entrasse no prédio, ficaria desapontado. Arte-finalizadoras e coloristas usavam aventais folgados sobre as roupas para diminuir a poeira, visores para manter os cabelos longe das células e luvas para manter as mãos limpas. Não havia muita pele à mostra.

O modo como o trabalho de arte-finalização e colorização era visto não fez muito para dissuadir os funcionários homens dessa noção. Como eram processos tediosos e delicados, arte-finalização e colorização não eram pensadas como trabalhos artísticos. Era meramente o trabalho das mulheres, como costurar e bordar.[13] O nível de habilidade artística necessária para transplantar os desenhos dos animadores para as minúsculas células — sem borrachas! — era extraordinário. A razão pela qual Disney estava especialmente treinando seus artistas, incluindo arte-finalistas e pintores, na Chouinard era porque ele não precisava apenas de artistas que pudessem desenhar, ele precisava de artistas que pudessem desenhar ação. Cada peça de arte precisava ter dentro dela uma dramaticidade, uma energia cinética. Ainda assim, naquela época, os jornalistas as visitavam e falavam sobre as lindas garotas "desenhando" no departamento de arte-finalização e colorização, o que é uma simplificação ridícula do que o trabalho delas realmente era. Elas não eram levadas a sério como artistas, nem remotamente perto da seriedade com que se considerava o trabalho dos animadores homens.

---

13 O problema aqui é considerar as disciplinas que são, em geral, chamadas de "trabalho de mulher" como formas de arte inferiores. Na melhor das hipóteses, esse pensamento é estúpido; na pior, é misógino.

Milicent foi inicialmente contratada para o departamento de colorização, mas o talento dela para o desenho logo a levou a ser realocada para o departamento de arte-finalização. Os artistas realistas precisavam ter uma destreza delicada. Esses artistas precisavam ser tranquilos e relaxados. Lembre-se, esse trabalho não era no papel. A tinta era aplicada em peças de celuloide escorregadias, o elo entre os desenhos dos animadores no papel e ver a imagem na tela do cinema. Desenhar os personagens nessas folhas transparentes tornou possível criar uma cena sem que fosse necessário desenhar um novo fundo para cada frame.

O trabalho precisava ser perfeitamente igual ao desenho original, com todas as linhas da largura correta e as pontas bem alinhadas. As linhas variavam de finas a grossas, algo difícil (para o olho destreinado) discernir em um desenho do tamanho de uma moeda de 25 centavos. Até misturar a tinta era uma arte, já que as linhas não podiam ser feitas com tintas que estavam muito aguadas, ou se tornariam translúcidas. Esse trabalho requeria uma precisão quase cirúrgica por horas e horas a fio, encarando um único ponto, iluminado por uma caixa de luz[14] embaixo.

Para um trabalho que era menosprezado, ele era fisicamente desgastante. Ombros doloridos, dores de cabeça e cansaço nos olhos eram parte corriqueira do trabalho das mulheres na arte-finalização e colorização. Havia pausas pela manhã e à tarde, com o almoço ao meio-dia, mas arte-finalização era um trabalho extenuante. Essas pausas matinais e vespertinas duravam quinze minutos e eram chamadas, à adorável moda Disney, de Hora do Chá, disponível apenas para as mulheres. Coloristas podiam tomar café, mas arte-finalistas só podiam tomar chá, para evitar que a agitação da cafeína destruísse aquelas linhas perfeitas.

---

14 Literalmente uma caixa, normalmente fechada com vidro, que contém uma lâmpada elétrica. Muito usada tanto em arte como em animação, ela ilumina um desenho por baixo, garantindo uma visão o mais detalhada possível das linhas e da tinta.

Depois de terminadas, as células ainda precisavam ser secadas, organizadas e entregues a um supervisor para que sua acurácia fosse checada e, claro, para garantir que estivessem na ordem correta. Em seguida, eram conferidas em comparação com o desenho de fundo. Depois, iam para o departamento de colorização, onde um grupo de mulheres armadas com um conjunto de pincéis e uma grande variedade de cores (que elas mesmas misturavam) coloriam a parte de baixo das células.

Quando a tinta secava, as células eram enviadas para pintores de sombras[15] e aerógrafos, caso a aerografia fosse necessária para efeitos nas imagens, como nuvens ou vidro; depois, eram verificadas pela última vez por um supervisor final. Caso passassem, estavam prontas para o close, literalmente! Estavam prontas para ser filmadas.

Para um primeiro emprego, trabalhar como artista dos estúdios Disney deve ser uma das melhores opções. Milicent estava trabalhando com cinema, ajudando a fazer filmes com centenas de outros artistas. Ela acordava pela manhã e se dirigia a um estúdio movimentado onde estava cercada de outras mulheres criativas. Esses foram anos felizes para Milicent. Apesar de ainda estar vivendo com a família, ser uma adulta remunerada lhe permitia um pouco mais de liberdade pessoal. Milicent era finalmente capaz de se expressar pela moda. Ela começou a usar maquiagem, salto altos estilosos e vestidos mais acinturados. Os vestidos ficavam escondidos por baixo do grande jaleco branco, mas eu aposto que era maravilhoso para Milicent ter a opção de decidir como se apresentar.

No começo de 1940, depois de um ano trabalhando no mundo da arte-finalização e colorização, Milicent, então com 24 anos, foi transferida para o departamento de animação e efeitos com outra artista mulher, Marcia James. Marcia e Milicent não foram as duas

---

15 Isso soa como um grupo de fantasmas, ou talvez demônios, que moravam no estúdio e empunhavam pincéis ensanguentados. Esses artistas se especializaram em pintar sombras, se necessário, nas células com uma solução cinza transparente. Também podem ter sido fantasmas ou demônios, mas eu acho que existe um sindicato designado para isso.

Milicent Patrick e Retta Scott, duas das primeiras animadoras mulheres da Disney. Elas estavam prontas para arrasar, romper barreiras e não ingerir nenhuma cafeína. (*Arquivo da família*)

primeiras mulheres animadoras da Disney; algumas outras mulheres já estavam em treinamento no departamento para serem assistentes de animação e intervalistas. Ser uma intervalista é exatamente o que o título faz parecer. Depois que os animadores-chaves[16] desenham os frames-chaves (as principais posições de uma cena), os intervalistas desenham os frames entre eles, normalmente aqueles que dão ilusão de movimento. Apesar de suas afirmações posteriores, Milicent foi *uma das* primeiras mulheres animadoras na Disney, mas não a primeira. Até esse momento, no entanto, ninguém havia visto o trabalho delas no cinema. Isso estava prestes a mudar. O estúdio de animação estava trabalhando em seu projeto mais ambicioso até então — *Fantasia*.

Milicent foi promovida para o departamento de animação durante o período em que a Disney estava mudando a oficina dos escritórios menores e antigos da avenida Hyperion para um novo estúdio em Burbank. A empresa estava indo bem, e era o momento de expandir para um lugar maior e melhor. Como um campus universitário, havia restaurantes e cafés, um ginásio — apenas para os homens — massagistas, lavanderias e até um barbeiro. As mulheres da arte-finalização e colorização faziam as refeições na sua própria cafeteria.

Walt ajudou a fazer o design dos prédios; ele queria que o espaço alcançasse o maior fluxo criativo possível. O complexo era revolucionário no design — um estúdio construído para atender às necessidades dos artistas. Os prédios foram dispostos na ordem dos processos de um filme animado, e todos os espaços de trabalho estavam localizados para conseguir a melhor iluminação possível, especialmente para os animadores. Os 25 prédios eram atravessados por corredores espaçosos e salas grandes e com ar-condicionado. Era um lugar lindo para trabalhar.

---

16 Esses eram os animadores sêniores ou animadores principais.
Na indústria cinematográfica norte-americana, a palavra *chave* antes de qualquer descrição de cargo normalmente significa que aquela pessoa é chefe de seja lá qual for a função dela.

Milicent não estava apenas se ajustando ao novo trabalho, ela estava fazendo isso em um ambiente completamente novo que era três vezes o tamanho de seu antigo espaço de trabalho. Ela passou de estar em um prédio unicamente feminino para estar no meio de trabalhadores majoritariamente homens nos departamentos de animação e efeitos especiais. Das centenas de artistas trabalhando lá, apenas poucas eram mulheres. Disney disparou um memorando lembrando todos os empregados homens que se comportassem educada e apropriadamente, para garantir que fosse um ambiente onde as mulheres pudessem se sentir confortáveis. Mas ainda era a década de 1940. Uma época em que uma das principais dúvidas da etiqueta, quando um homem dava em cima de você, era como o recusar delicadamente.

Nesse ponto da história da animação, todo filme que os estúdios Disney lançavam era inovador de alguma maneira. Para alcançar as novas visões de Walt para suas obras-primas artísticas, era necessário inventar e entregar novas técnicas, especialmente no que tangia a cores. Cada segmento de *Fantasia* era uma explosão de cores de todos os tons diferentes, dos tons ardentes no segmento "Rite of Spring", em que você vê o solo primitivo arfando, quebrando e se transformando na terra por onde os dinossauros caminham, até a profunda escuridão das sombras e brancura dos ossos e fantasmas no segmento "Night on Bald Mountain".

Não foi apenas a gama de tons que precisou ser radicalmente modificada, como também o modo como as cores eram usadas. Algumas das cenas em *Fantasia* necessitavam de tanta delicadeza e complexidade que não podiam ser feitas com as canetas e tintas de sempre. Para essas cenas, o departamento de efeitos especiais desenvolveu uma coisa chamada "efeito pastel". A tinta pastel em si era inútil para animação: era muito gordurosa se comparada à tinta tradicional. Disney queria o estilo do pastel, sua maciez e sutileza. O efeito pastel foi uma maneira de usar pincéis e diluir a tinta para parecer que a peça havia sido feita com um naco de giz pastel. Essa estética era algo nunca antes visto no cinema e parte do que tornou *Fantasia* tão impressionante.

Ao criar desenhos sequenciais coloridos com essa técnica, Milicent e Marcia estavam animando apenas com cor. Nenhuma das duas — ou qualquer uma das mulheres do departamento — era animadora de poses principais (as mulheres do departamento trabalhavam apenas como intervalistas ou assistentes de animação em *Fantasia*). Elas eram animadoras de cor. O termo animadoras de cor causa confusão porque, em *Fantasia*, era considerada uma técnica de efeitos especiais. Mas *era* animação, fazendo o trabalho dos animadores de poses principais, só que usando cor em vez de desenhos a lápis.

A animação de cor de Milicent e Marcia foi usada em quatro dos oito segmentos do filme, incluindo a criação de Chernabog[17] na sequência de "Night on Bald Mountain",[18] no segmento final. Milicent ajudou a levar para a tela o que talvez seja o monstro animado mais famoso da história do cinema.

Até o fim do ano, mais mulheres haviam sido promovidas para o time de animação. Walt Disney começou o programa para treinar artistas do departamento de arte-finalização e colorização como animadoras para que elas pudessem dar o pulo que Milicent deu. Ela foi do trabalho com efeitos para dedicar-se totalmente com animação, como intervalista. Agora, um terço dos empregados da empresa eram mulheres. Nenhuma outra companhia de animação tinha algo perto desses números. Na verdade, nenhuma outra companhia de produção tinha. Se você era uma artista mulher, a Disney era provavelmente um dos melhores lugares para trabalhar.

Fantasia foi lançado com aclamação da crítica, e a equipe de animação voltou ao trabalho. A Disney estava efervescente. Havia diversos curtas-metragens sendo feitos, *Bambi* estava em desenvolvimento e

---

17 Uma divertida curiosidade nerd sobre monstros: um dos modelos usados pelos artistas conceituais para Chernabog foi o rei do horror Bela Lugosi!

18 Foi utilizado para elaborar as criaturas na abertura "Rite of Springs", as nuvens em "The Pastoral Symphony" e aquelas lindas e dançantes formas coloridas em "Tocata em Fuga em Ré Menor". Se você sabe o que está procurando, até para uma zero à esquerda em artes visuais como eu, é fácil reconhecer o efeito pastel ao ver o filme.

um filme estranho chamado *O Dragão Relutante* estava em produção. Era uma antologia live action em que Robert Benchley, humorista famoso e a celebridade de Hollywood na época, interpretava ele mesmo vagando pelo terreno dos estúdios Disney tentando encontrar Walt Disney para que pudesse apresentar a ele uma ideia para um projeto. O filme trouxe para o público um giro por trás das câmeras sobre como os filmes animados eram feitos, e as cenas em live action eram entrecortadas com curtas animados.

O filme não foi gravado nos prédios dos departamentos de animação ou de arte-finalização e colorização — isso teria parado o fluxo de trabalho. A equipe criou uma versão das salas do estúdio em um set de filmagem e utilizou os artistas da Disney como personagens de fundo. Logo no começo do filme, Robert Benchley acidentalmente entra em uma aula de criação de rascunho enquanto vários artistas (homens e mulheres) desenham um elefante na sala,[19] e Milicent, em seu primeiro papel nas telas, é um deles.

O Dragão Relutante foi lançado mais tarde, no verão de 1941, e não foi muito bem de bilheteria. Era o mesmo mês em que Hitler invadiu a União Soviética, então havia muitas pessoas que compreensivelmente não estavam no clima de ir ao cinema. Além disso, muitos dos críticos e da audiência estavam esperando um longa-metragem animado e ficaram desapontados com a mistura de curtas-metragens animados com o que era essencialmente um imenso comercial live action dos estúdios de animação Disney.

O fato de *O Dragão Relutante* ser lançado no ápice de uma greve massiva de animadores não ajudou. Ao longo do ano anterior, trabalhadores de toda a indústria cinematográfica vinham tentando formar sindicatos. Trabalhadores de outros estúdios começaram a greve. Eles queriam melhores salários, horários e condições de trabalho. Os executivos da Disney começaram a sentir a pressão.

---

19 E com isso não quero dizer que as pessoas estavam desconfortáveis com algo. Havia um elefante *de verdade* parado no meio da sala servindo de modelo para os artistas.

Antes de a greve começar, enquanto as circunstâncias e a frustração estavam se erguendo, a Disney estava trabalhando em seu quarto longa animado, *Dumbo*, a história de um jovem elefante de circo que é ridicularizado por suas imensas orelhas e só depois descobre que pode usá-las para voar.

Milicent era uma intervalista no time de animação de *Dumbo*. Todos aqueles elefantes voadores e animais de circo perambulantes: Milicent ajudou a levar aquele movimento fantástico para a tela grande. Esse era o tipo de trabalho em que aquele treinamento especial da Chouinard fazia você brilhar.

Entre as constantes tensões e a Segunda Guerra Mundial, não era uma época fácil para fazer filmes. Finanças, suplementos e força de trabalho estavam em baixa. *Dumbo* tinha que ser produzido de maneira rápida, barata e eficiente, três palavras que um artista nunca quer escutar. Essas condições de trabalho desafiadoras fizeram com que *Dumbo* não parecesse tão exuberante e detalhado como os filmes da Disney lançados antes dele. A atmosfera no estúdio nesse período era tensa e estressante, ofuscando parte da alegria que Milicent talvez estivesse sentindo.

Além disso, como *Fantasia* havia sido um filme tão caro e intenso de fazer, havia pressão para que *Dumbo* fosse um sucesso financeiro. O efeito combinado de todas essas pressões provavelmente explica por que *Dumbo* é um dos mais curtos longas-metragens animados da Disney, com apenas uma hora e quatro minutos de duração.

Mas nem tudo era estresse. Assim como em *O Dragão Relutante*, para obter a aparência certa dos animais de circo, os supervisores de animação traziam bichos de verdade para que os artistas pudessem rascunhar. É difícil ter um dia ruim quando você está acompanhado de um elefante. Por ter crescido perto do zoológico no Hearst Castle, Milicent estava provavelmente muito menos impressionada do que seus colegas.

Em 29 de maio de 1941, as tensões sindicais chegaram ao limite no estúdio, e mais de duzentos trabalhadores da Disney entraram em greve bem no meio da produção. Muitas artistas mulheres também aderiram, mas Milicent não estava entre elas. Ela nunca gostou de se envolver em nada político e era intensamente avessa a conflitos. Milicent sempre queria que todo mundo se desse bem. Ela ficou no estúdio para ajudar a terminar *Dumbo*. Paul Fitzpatrick, o homem com quem Milicent se casaria dali alguns anos, estava entre os grevistas.

A greve durou apenas cinco semanas,[20] terminando em julho, depois de muita negociação. Walt Disney assinou o contrato criando um sindicato do estúdio. Isso soa como boas notícias para os artistas e técnicos empregados pela Disney, mas o custo de pagar as taxas do sindicato provocou um reboliço nas finanças do estúdio nos meses seguintes. Houve uma imensa reestruturação de cargos e inúmeras demissões, bem no meio da produção do quinto longa-metragem do estúdio, *Bambi*.

Muitos artistas deixaram ou foram forçados a deixar a Disney naquele outono, incluindo Milicent e o animador que ela havia começado a namorar à surdina, Paul Fitzpatrick. Paul e Milicent acabaram deixando a Disney exatamente no mesmo dia: 12 de setembro de 1941. Eu não sei dizer se os dois saíram por causa das demissões, se alguém descobriu o relacionamento deles (namorar colega de trabalho não era visto com bons olhos) ou uma combinação dos dois. Alguns artistas retornaram assim que as coisas se acalmaram, mas Milicent não. Enquanto toda essa confusão estava fervilhando ao redor dela, Milicent estava tendo seus próprios problemas com o trabalho. O antagonista era seu próprio cérebro.

Milicent sofria de enxaqueca. Eu não estou dizendo que ela é uma daquelas pessoas de comercial de remédio para enxaqueca que colocam as mãos sobre a testa e olham sem esperança através de janelas. Eu estou falando do tipo de enxaqueca que força o doente a ficar isolado em um quarto escuro por diversos dias seguidos. As caixas de luz para as quais Milicent tinha que olhar fixamente durante horas

---

20 Mas eu tenho certeza de que todo mundo trabalhando em *Dumbo* sentiu cada uma daquelas cinco semanas no fundo da alma.

a fio, como parte do trabalho como animadora, estavam causando estragos físicos nela. Entre as enxaquecas e todos os outros problemas na Disney, era um bom momento para sair. Ela trabalhou no estúdio por apenas dois anos, e foi embora um mês antes de *Dumbo* estrear nos Estados Unidos.

Em currículos e entrevistas durante todo o resto da vida, Milicent às vezes dizia que havia sido a primeira animadora da Disney. Essa é uma afirmação que tem sido extremamente difícil tanto de provar como de negar. Retta Scott é a primeira mulher a ser creditada como animadora na Disney, pelo trabalho em *Bambi*,[21] lançado em 1942. Em março de 1939, Retta Scott foi contratada no departamento de narrativa dois meses depois de Milicent ter sido contratada no departamento de arte-finalização e colorização. As duas mulheres eram graduadas da Chouinard. Existe uma foto das duas, lado a lado, usando aventais de artistas da Disney, ambas com sorrisos genuínos. Retta Scott também foi figurante em *O Dragão Relutante*, sentada bem ao lado de Milicent.

Em 1940, Milicent estava animando com cor em *Fantasia*, mas isso foi ao lado de Marcia James. Encontrar créditos individuais para os filmes da Disney naquela época é, na melhor das hipóteses, um processo nebuloso, e, na pior, impossível. Existem tantos passos para animação tradicional desenhada à mão e, quando você está criando um longa-metragem animado, esses passos estão acontecendo simultaneamente. Além disso, às vezes leva-se anos para criar um longa-metragem, e a Disney estava desenvolvendo e produzindo múltiplos projetos ao mesmo tempo. Uma sequência para um filme pode ser animada antes de uma sequência em outro filme, mas, por diversas razões, o segundo filme talvez seja lançado antes. O que Milicent quis dizer por primeira? A primeira contratada? A primeira a animar uma sequência completa? A primeira a ver seu trabalho na telona?

---

21 Retta animou a sequência dos cachorros de caça perseguindo Faline, a namorada de Bambi. Eu não acho que é um termo zoologicamente correto, mas esse é um filme da Disney.

Não existe nenhum momento definitivo para o qual eu possa apontar que diga que Milicent foi a primeira, mas também nenhum momento definitivo que aponte Marcia James ou Retta Scott.

Pelo fato de a animação com cor ter sido logo deixada de lado após *Fantasia*, o termo não é nem muito compreendido nem muito conhecido. Muitos dizem que isso nem mesmo conta como animação. Em múltiplas ocasiões eu assisti a historiadores homens realmente virarem os olhos quando confrontados com o termo. Eu não duvido de que ter sido feita por mulheres tem muito a ver com o que é considerado "animação de verdade" por esses caras. Existe um histórico na Disney do trabalho sendo feito por mulheres não ser levado a sério. Mas, pela verdadeira definição de animação — criar desenhos consecutivos que dão a ilusão de movimento quando mostrados em sequência —, Milicent e Marcia estavam fazendo animação.

Lembre-se, isso é animação, não pousar na superfície da Lua. Existiam centenas de artistas trabalhando no estúdio, artistas animando e criando múltiplas versões dos desenhos que poderiam ou não ser usados no corte final do filme. Muitas sequências estavam sendo trabalhadas ao mesmo tempo. Não havia um grande botão etiquetado "animar" ao qual Milicent foi a primeira mulher a se dirigir e apertar.[22]

Ela foi a primeira mulher animadora da Disney? Eu honestamente não posso dizer. Mas eu também não me sinto confortável em dizer o contrário. Ela pode ter sido a primeira mulher na Disney a animar. Talvez Marcia estivesse de licença médica naquele dia. Milicent definitivamente viu a sua animação na tela antes de Retta — *Bambi* foi lançado um ano depois de *Fantasia* e *Dumbo*. Existem evidências nas duas direções. Depois de anos de pesquisa, eu posso dizer com certeza que Milicent foi uma das primeiras mulheres animadoras. Retta sempre será a detentora do título de

---

22 Para ser justa, até hoje eu não entrei no estúdio de animação da Disney. Talvez eu esteja errada sobre isso.

primeira mulher creditada como animadora.[23] Mas é uma tarefa praticamente impossível dizer quem foi a primeira mulher animadora não creditada, porque, bom, elas não eram creditadas. Também não ajuda o legado de Milicent na Disney o fato de ela ter estado lá por apenas dois anos. Retta foi recontratada depois das demissões e continuou animando para a Disney até 1946.

O que importa é que Milicent estava trazendo arte e monstros à vida nos filmes e que ela foi uma das primeiras mulheres a fazer isso. Ela estava deixando sua marca em uma indústria dominada por homens, uma indústria que ainda é dominada por homens. Milicent, Retta, Marcia e muitas outras ajudaram a pavimentar o caminho para que mais mulheres entrassem no mundo da animação. Infelizmente, Walt Disney não está mais por aqui para disparar memorandos firmes dizendo aos homens para largar a mão de serem nojentos. Graças a uma atmosfera de trabalho cheia de sexismo, a equidade de gênero na indústria cinematográfica de animação não melhorou tanto quanto deveria desde a década de 1940.

Em 2017, mais de duzentas profissionais de animação e pessoas não binárias assinaram uma carta aberta que foi enviada aos executivos da Disney, Paramount, Nickelodeon, DreamWorks, Cartoon Network e todos os outros grandes estúdios de Los Angeles. A carta foi inspirada pelos esforços do movimento #MeToo em chamar a atenção para o assédio sexual na indústria cinematográfica e erradicá-lo. O documento pedia que os estúdios instituíssem e importassem políticas contra o assédio sexual, que os colegas homens não só reportassem o assédio sexual que presenciassem, como também apoiassem a vítima e, finalmente, que o sindicato (The Animation Guild) criasse novas políticas para que assediadores e abusadores sexuais pudessem ser banidos. As mulheres e pessoas não binárias que assinaram a carta incluíam apresentadoras, executivas, diretoras,

---

23 Créditos em tela. Aquele em que você vê todos os créditos das pessoas que trabalharam em um filme, no começo ou no fim da exibição. O nome de Retta é o primeiro nome feminino a ter sido creditado, com relação à animação, nas telas de cinema.

animadoras, designers de produção, produtoras, escritoras e artistas. Muitas delas trabalham em grandes estúdios como Disney, Warner Brothers e Netflix ou em projetos muito populares como *Hora de Aventura*, *Steven Universe* e *Bob's Burgers*.

> Nós, as mulheres e pessoas não binárias na comunidade de animação, gostaríamos de discutir e salientar o persistente problema de sexismo e assédio sexual no nosso meio... Assédio sexual e abuso são problemas generalizados que afetam principalmente mulheres, com mulheres não brancas, membros da comunidade LGBTQ+ e outros grupos marginalizados sofrendo em um nível ainda maior. Enquanto mais mulheres entram na força de trabalho da animação, parece que alguns homens não têm abraçado essa mudança. Eles ainda fazem frequentemente comentários grosseiros de conotação sexual, o que deixa claro que mulheres não são bem-vindas em suas equipes. Alguns pressionaram colegas a estabelecer um relacionamento romântico ou sexual, apesar do nosso claro desinteresse. E alguns têm enxergado a entrada de mais mulheres na indústria como uma oportunidade de explorar e vitimar trabalhadoras mais jovens que estão procurando por mentoria em suas equipes.

Ter mais de 30% de mulheres entre os trabalhadores nos estúdios Disney era um número progressista para 1941 e, infelizmente, ainda seria um número progressista hoje. Em 2017, as mulheres eram apenas 23% dos trabalhadores sindicalizados da animação. Existem muitas outras mulheres trabalhando como artistas freelancers e animadoras, mas para os grandes trabalhos nos estúdios, os números são patéticos. Foi apenas em 2012 que a primeira mulher (Brenda Chapman) ganhou um Oscar na categoria melhor filme de animação, por *Valente*.

Mesmo diante do sexismo, aos poucos a equidade na indústria de animação está melhorando. O número de mulheres animadoras está crescendo e, desde 2012, pelo menos uma mulher foi indicada ao Oscar de melhor filme de animação todos os anos, com duas vitórias (Jennifer Lee por *Frozen*, em 2013, e Darla K. Anderson por *Coco*, em 2017). Mas nós ainda temos um longo caminho pela frente, especialmente no que tange a mulheres não brancas. Todas as três mulheres vencedoras do Oscar são brancas. (Das catorze mulheres que foram indicadas para o Oscar de melhor filme de animação, apenas quatro são mulheres não brancas.)

A boa notícia é que nós temos mais mulheres chegando. Em 1961, o Chouinard Arts Institute se juntou ao Conservatório de Música de Los Angeles para se tornar o California Institute of the Arts, também conhecido como CalArts. Hoje, no CalArts, 71% dos estudantes de animação são mulheres. Muitas escolas ao redor do país estão vendo um aumento significativo de estudantes de animação mulheres, como na Universidade da Califórnia, em que o programa de mestrado em animação de Los Angeles é composto por 68% de mulheres. Isso é um monte de mulheres se preparando para entrar no mundo da animação, um monte de mulheres cujo trabalho eu mal posso esperar para ver na tela grande.

Apesar de ter deixado o mercado de animação, Milicent ainda queria trabalhar na indústria cinematográfica. A primeira (breve) experiência com atuação para o cinema em *O Dragão Relutante* combinou com ela. Ela amava estar em frente às câmeras e a câmera amava tê-la ali. Era impossível não perceber que Milicent era uma pessoa fisicamente deslumbrante.

Quando deixou a Disney, em 1941, com 26 anos, Milicent Patrick decidiu finalmente capitalizar com isso. Depois de anos escondendo o corpo em roupas pesadas e fora de moda, estava na hora de Milicent desabrochar.

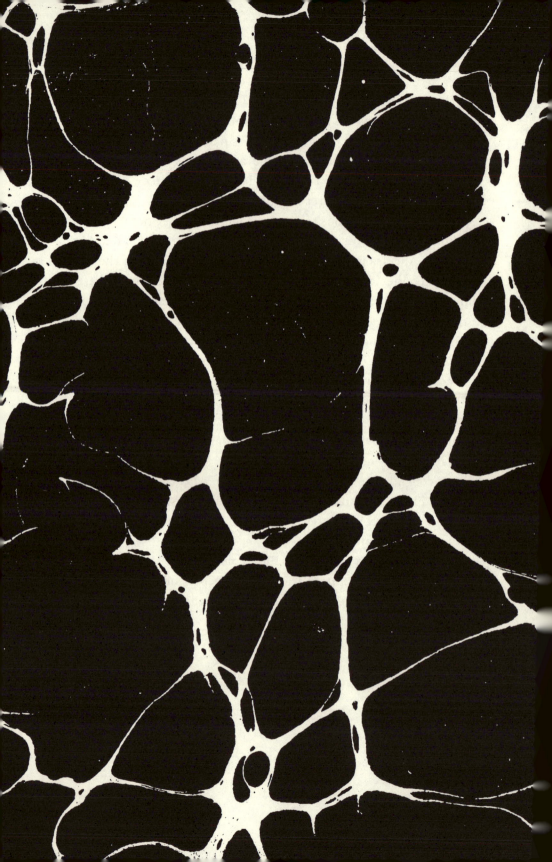

GLAMOUR HOLLYWOODIANO

A década de 1940 foi turbulenta para o mundo, para os Estados Unidos e para Milicent. A Segunda Guerra Mundial se estendia, e a ansiedade do progresso tecnológico começava a aparecer por todo o país. A guerra lançou uma sombra sobre tudo, até Hollywood e a ensolarada Califórnia. O medo e a incerteza eram onipresentes. Enquanto o mundo estava no meio de um tumulto, Milicent deu seu primeiro passo em direção a ele.

Além da ilustração, um dos grandes talentos de Milicent era estar linda e elegante em frente a uma câmera fotográfica ou de cinema. Acredite em mim, isso é um talento. Não é uma tarefa fácil encantar as lentes. Estar consciente de cada parte do seu rosto e do seu corpo, mantendo todos os músculos equilibrados, comprimidos e torcidos da maneira *certa* é um tipo de magia criativa que me deixa embasbacada.

Meu parceiro é fotógrafo. Quando eu vendi o original deste livro, este que você segura em suas mãos, uma das primeiras coisas de que eu precisava era uma foto de autor.[1] Infelizmente, nenhuma das minhas selfies meticulosamente tiradas para o Instagram servia, não importa o quanto eu ajustasse o filtro. Enquanto eu pedia indicações de fotógrafos, uma das minhas melhores amigas, Lauren Panepinto, insistiu que eu precisava do melhor. Mas ela disse para eu não me preocupar. Um ótimo fotógrafo que ela conhecia em Los Angeles tiraria as fotos como um favor a uma amiga.

---

1 Uma pesquisadinha no Google e você vai ver de qual foto estou falando.

Eu já conhecia o trabalho de Allan Amato há algum tempo. Muitos livros nas minhas prateleiras tinham fotografias dele, e eu era uma grande fã de escritores e cineastas cujos retratos ele havia feito. Eu ficava nervosa só de pensar no meu retrato entre os de um time tão ilustre. Eu estava tão intimidada quando entrei no estúdio dele em Los Angeles que minhas mãos estavam tremendo.

Por fora, eu estava agindo de maneira tranquila. Mas, por dentro, eu estava gritando. Eu não tinha a menor ideia do que estava fazendo. A minha última experiência em ser fotografada por um profissional havia sido no dia de tirar foto na escola. Naquela época, a única coisa com a qual eu me preocupava era se tinha alguma coisa presa no meu aparelho dentário.

Ao ficar em frente a uma câmera, muitas pessoas — inclusive eu — congelam. Você começa a pensar em todos os tipos de músculos e partes do corpo que nem nota no dia a dia. O que eu faço com as minhas sobrancelhas? Para onde eu aponto o queixo? Por que você tem tantos músculos faciais e por que eles estão conspirando para fazer você parecer estúpida?

Terminou antes mesmo de eu me dar conta, e fiquei aliviada de literalmente sair dos holofotes. As fotos ficaram fantásticas, mas eu fiquei impressionada em pensar nas pessoas que fazem isso como ganha-pão. Existem pessoas que param em frente às lentes das câmeras e contorcem a forma do corpo com graça e inspiração. Agora eu vivo com Allan e posso testemunhar modelos profissionais usando seus talentos o tempo todo. Nunca falham em me impressionar. Milicent Patrick era uma dessas pessoas.

Milicent, assim como em praticamente toda empreitada artística na qual resolveu se aventurar, era excelente em modelar. Durante a década seguinte, da metade dos 20 anos até o começo dos 30, ela trabalhou muitas vezes e se sustentou como modelo. Infelizmente, essa época era anterior à modelos serem creditadas por seus trabalhos. Milicent pulou de uma indústria que era terrível em creditar as mulheres direto para outra.

Antes da década de 1950, modelos não ficavam famosas por suas habilidades. Elas eram essencialmente talentos anônimos. Isso foi antes de a ideia de "culto à personalidade" entrar no consciente popular. As propagandas não usavam muita fotografia na década de 1940. Foi apenas na década de 1960 que os consumidores começaram a conseguir reconhecer certas modelos associadas com certas marcas. Havia muito trabalho para ela, mas nenhuma possibilidade real de reconhecimento.

Depois de anos tendo que esconder o corpo e de não poder namorar, deve ter sido intoxicante para Milicent ter pessoas olhando para ela e se derretendo por sua beleza. Por sorte, ela estava em uma cidade que já tinha desenvolvido o dom de explorar os talentos de mulheres bonitas. Hollywood era o lugar para onde você ia se queria construir uma carreira baseada em sua beleza, e Milicent já estava lá.

Ela rapidamente aprendeu como parecer glamorosa: sobrancelhas bem desenhadas, cabelo penteado, orelhas furadas, lábios e unhas pintadas. Milicent absolutamente amava se maquiar, colocar vestidos bonitos e reveladores e usar salto alto. Lá pelos vinte e tantos anos, ela desenvolveu um estilo pessoal que permaneceria até sua morte. No que dizia respeito a Milicent, quanto mais chique e elegante, melhor. Ela foi raramente vista sem batom ou salto alto durante o restante da vida. O glamour lhe trazia muita felicidade.

Milicent trabalhava principalmente como *hostess* de eventos e modelo promocional em Los Angeles. Uma agência de modelo a direcionava para diferentes feiras e convenções. Se era uma convenção de joias, ela modelava joias, permanecendo em pé no estande de uma empresa enquanto usava as peças, sorrindo e conversando com as pessoas sobre esses produtos; se era uma convenção sobre casas, modelava utilitários domésticos; se era uma convenção sobre doces, ela modelava doces, e assim por diante.[2]

---

2   Existem ótimas fotografias de Milicent em uma convenção de utilitários domésticos em que ela estava promovendo uma nova linha de secadoras. Eles a enrolaram com uma pilha de corda de varal, como uma sereia tentando sair de uma rede. Para ser justa, ela está tão adorável quanto alguém consegue ficar enquanto sorri e segura um monte de cordas.

Um retrato superglamoroso. Dá para entender por que ela foi nomeada "Rainha do Show de Joias". (*Coleção da Autora*)

Mesmo nesse mundo de pessoas cuja beleza atrai o olhar, Milicent se destacava. Ela foi nomeada "rainha" de alguns dos eventos de joias nos quais modelou, o que eu imagino ser só um título cerimonial para fazer você usar ainda mais joias promocionais. Ela ganhou diversos concursos de beleza, como Miss Sunshine, Miss Arco-íris, Miss Absolutamente Vaidosa, Miss Centelha[3] e Garota Orquídea.

A maioria dos serviços era em feiras, mas ela fez diversos outros tipos de trabalhos como modelo. Ela foi aquela "mulher troféu" em corridas de carro e apareceu em comerciais de televisão. Mais uma vez, isso tudo foi durante uma época em que a maioria das propagandas eram feitas com ilustrações ou desenhos, então os consumidores não viam fotos de mulheres exibindo os produtos nas revistas. As empresas precisavam de modelos para eventos promocionais ao vivo. Então, você não apenas precisava sorrir, posar e segurar o produto, como ainda tinha que fazer isso por horas e horas enquanto conversava sobre a mercadoria com estranhos.

Enquanto trabalhava como modelo, ela estava, claro, encontrando-se com homens. Modelos segurando itens à venda estão lá exatamente para atrair pessoas. Ainda assim, as modelos não eram tão provocantes como em algumas convenções de hoje. Lembre-se, era a década de 1940. Não existiam mulheres de biquíni em propaganda de cerveja. Todas as mulheres usavam vestidos que seriam considerados muito elegantes para os padrões atuais. Mas não se engane, elas estavam lá principalmente para atrair homens. Especialmente em feiras, em que o espaço estava repleto de jornalistas homens, homens de negócios e representantes comerciais homens. Se você queria que o seu produto se destacasse, você garantiria que uma linda mulher o estivesse segurando, de preferência sendo meiga e agradável enquanto fazia isso.

---

3   E, se estes títulos estivessem disponíveis, ela provavelmente
    teria ganhado Miss Cremosa, Miss Sonho e Miss Brilho.

Essa foi uma mudança estrondosa de estilo de vida. Enquanto crescia no Hearst Castle, Milicent era desencorajada a fazer amigos, quem dirá sair para encontros. Depois, ela foi para a faculdade e, durante esse tempo, morava em casa, sob o olhar vigilante do pai. Em seguida, Milicent trabalhou na Disney, onde passou o primeiro ano de trabalho em um prédio onde homens eram fortemente dissuadidos a entrar, e ela usava um jaleco imenso por cima das roupas. Sair dessa existência superprotegida e começar a trabalhar como modelo em Hollywood foi uma mudança drástica para Milicent.

Camille não aprovava o novo estilo de vida hollywoodiana de Milicent. Na verdade, ele odiava. Modelar em Los Angeles era um trabalho que batia diretamente de frente com suas visões conservadoras. Ele julgava que a atmosfera liberal de Hollywood encorajava o declínio moral. Essa situação se tornou ainda mais agravada quando Milicent começou seu primeiro relacionamento romântico. Foi o primeiro relacionamento sério dela, e foi profundamente carregado de conflito moral. Isso apenas confirmou os medos de Camille. E estabeleceu um padrão amoroso para quase todo relacionamento sério que Milicent teria durante o curso de sua vida.

Enquanto trabalhava na Disney, Milicent conheceu um animador chamado Paul Fitzpatrick. (Eu avisei que você escutaria mais sobre ele.) Eu não diria que ele era bonito, mas parecia ser um bom homem. Ele tinha estatura mediana, cabelos castanhos e um par de óculos redondos que descansava sobre o nariz comprido e pontudo. O primeiro filme em que Paul trabalhou na Disney foi *Branca de Neve e os Sete Anões*. Ele trabalhou com Milicent em *Fantasia* e *Dumbo*, e eu acho que foi ali que eles se conectaram.

Mas o problema com Paul e Milicent não se resumia aos dois trabalharem para a Disney, que desencorajava relacionamentos entre colegas de trabalho.

O problema com Paul é que ele era casado.

Milicent, assim como diversas pessoas que foram impedidas de aprender a respeito de relações românticas saudáveis enquanto cresciam, estava prestes a começar um hábito que duraria toda a vida: o de tomar péssimas decisões amorosas.

Eu não consegui encontrar uma data de início, mas quando ela começou a modelar, Paul e Milicent estavam profundamente envolvidos em um caso extraconjugal. Pode ter começado durante os anos em que Milicent trabalhou na Disney ou eles podem ter esperado até que não estivessem mais trabalhando lá. Eu provavelmente nunca vou saber.

O que eu sei é que, depois de algum tempo que eles já estavam tendo o caso, a esposa de Paul descobriu duas coisas. A primeira, que o marido estava com outra mulher. A segunda, que ela estava grávida do primeiro filho do casal.

Então, a esposa[4] de Paul foi até Camille e implorou que ele conversasse com Milicent. Ela queria que ele convencesse a filha a terminar com Paul. Mas Milicent estava nos seus vinte e tantos anos e no primeiro relacionamento sério da vida. Eu estou no fim dos meus vinte e tantos anos e não consigo colocar o pé para fora de casa sem que alguém me pergunte sobre quando vou casar e ter filhos. Eu lido com essas pressões em 2018, mas, na década de 1940, a maioria das mulheres na idade de Milicent já estava casada e com vários filhos. Imagine a sensação entorpecente do seu primeiro relacionamento, mas acontecendo quando você tem quase 30 anos e todas as pessoas ao redor estão te pressionando a sossegar e formar uma família. Camille não tinha a menor chance. Ele não conseguiu convencer a filha. Ela se recusou a deixar Paul, e Paul se recusou a parar de ver Milicent.

Assim que isso ficou claro para a esposa de Paul, ela tirou a própria vida. Ela ainda estava grávida.

Milicent e Paul permaneceram juntos depois dessa tragédia e logo se casaram, mais ou menos em 1945. Esse foi o começo do afastamento de Milicent da família, ou melhor, do afastamento deles de Milicent. Para Camille, a tragédia mostrou que Milicent era uma mulher ruim, a personificação do mal feminino. Na cabeça dele, a culpa não era apenas de Paul por ter traído a esposa. A culpa era de

---

4 Lamentavelmente, eu continuo sem saber o nome dela.

Rascunho sem data para a ilustração de um

Milicent por ter participado dessa situação horrorosa. Camille dissuadiu a família Rossi inteira, incluindo a mãe e os irmãos de Milicent, a se encontrar e conversar com ela.

Durante esse período tumultuoso, Milicent estava, além de modelando, criando arte para ela mesma e como freelancer. Talvez inspirada pela nova vocação, ela canalizou o amor por moda em design de roupas. Algumas peças ela até costurou para que ela mesma usasse. Livre dos vestidos drapeados e aprovados pela família e dos desajeitados jalecos da Disney, Milicent desenvolveu uma paixão por roupas dramáticas que às vezes beiravam o teatral.

Ela também fazia ilustrações. Milicent trabalhou em um estranho livrinho chamado *Pink and Blue Laughter*, escrito por Helen Charlot Phillips e publicado pela falecida Hollywood House. Em um primeiro momento, *Pink and Blue Laughter* parece um tipo de livro de piadas despretensiosas. No entanto, ao olhar com mais cuidado, você percebe que a primeira página contém um poema sobre seios acompanhado pelo desenho de uma mulher muito voluptuosa em um suéter muito pequeno. É um pouco demais chamá-lo de pornográfico; nada vai além do sugestivo. É repleto de piadas de mau gosto sobre viúvas cheias de tesão, esposas reclamonas e homens de negócios sem sucesso. Não chega a ser pornô, mas era um tanto arriscado para 1944.

Os poemas são esquecíveis, mas as ilustrações são incríveis. É impossível não notar o talento nelas, mesmo quando é só uma caricatura de uma dona de casa emburrada. Milicent foi capaz de transmitir uma quantidade impressionante de emoção e movimento com apenas algumas linhas confiantes. Eles com certeza são trabalhos dos quais se orgulhar, mesmo que alguns deles não sejam para mostrar aos seus pais. Isso talvez explique por que ela publicou a obra usando um pseudônimo,[5]

---

5   Essa também é a razão pela qual eu não estou 100% certa de que Helen Charlot Phillips é uma pessoa real. Nenhum outro trabalho foi publicado com esse nome. Também pode significar que o mundo editorial não recebeu o livro de braços abertos e que Helen se voltou para outra profissão. Uma primeira edição — houve apenas uma tiragem — é vendida no eBay por menos de 5 dólares, o que, onde eu moro, não dá nem para comprar um café daqueles chiques. Nenhuma informação biográfica está impressa no livro.

Paul Fitzpatrick Jr. Eu não consigo decidir se essa é uma escolha mais ou menos estranha, já que ela e Paul Fitzpatrick nunca tiveram filhos. Por causa daquela peritonite durante a infância em San Simeon, Milicent nunca pôde engravidar. Publicar esse livrinho indecente sob esse nome só pode ter sido algum tipo de piada interna.[6]

O casamento com Paul durou apenas alguns anos. Durante esse período, ela começou a se chamar de Mil Fitzpatrick. Até então, ela ainda atendia e trabalhava sob seu nome de registro, Mildred Rossi. Foi aqui que sua redenção começou. Depois do divórcio, ela manteve parte do nome de Paul e se tornou Mil Patrick. Ela nunca mais usou o nome Mildred.

Cultivar uma nova persona para habitar não era algo incomum em Los Angeles. Ainda não é. Rita Hayworth, Cary Grant, John Wayne — todos eles foram criados para as telas de cinema. Atores e atrizes chegavam a Hollywood e eram moldados, às vezes por eles mesmos, às vezes por produtores ou agentes, em pessoas completamente novas. Esses novos nomes vinham com características físicas diferentes, traços de personalidade diferentes e, às vezes, até etnias diferentes.

Milicent estava sozinha navegando em um mundo completamente novo, e faz sentido que tenha começado a construir uma versão mais moderna de si mesma. Essa era uma época em que, mesmo na liberal Hollywood, uma mulher entrando na faixa dos 30 anos, divorciada e sem filhos seria julgada pelas pessoas. Ela saiu da década de 1940 sem marido e apoio da família. O único caminho que podia percorrer era aquele que ela mesma havia construído: seu talento, sua profissão, seus contatos, seus amigos em Los Angeles.

Milicent estava criando o próprio futuro e, para isso, começou a criar o passado. O nome Mildred Rossi foi deixado para trás como um casaco velho. Em entrevistas, no currículo, em qualquer coisa que tivesse a ver com publicidade, Milicent diria que havia nascido uma baronesa italiana, Mildred Elizabeth Fulvia *de* Rossi.

---

6   O meu melhor palpite é que aquele Paul Fitzpatrick Jr. tem a ver com,
    bem, o júnior do marido dela. E eu preciso parabenizar Milicent
    postumamente por ir tão longe por uma piada de pinto.

Para norte-americanos, completamente não familiarizados com qualquer coisa envolvendo realeza que não seja o rei da formatura, isso deve ter sido impressionante. Nos dias precedentes à checagem de fatos, à internet e ao site Ancestry.com, essas eram afirmações que você podia fazer sem nenhum tipo de consequência. Ela era descendente de italianos, e o visual dela confirmava isso. Eu não tenho certeza de como uma pessoa na década de 1940 pensava que era uma baronesa italiana, mas uma mulher admirável, de cabelos pretos, em um vestido esvoaçante e elegante provavelmente cumpria a função, talvez com uma coroa feita de espaguete cru e um cetro com uma suculenta almôndega no topo. Isso é provavelmente o que a maioria das pessoas pensaria hoje. Ninguém sabe o que uma baronesa italiana é. Eu certamente não sabia quando comecei a pesquisar Milicent Patrick.

Durante muito tempo, eu acreditei no que Milicent dizia, simplesmente porque não tinha nenhuma razão para pensar o contrário. A ideia de deixar dramaticamente de lado o seu papel como baronesa para se jogar no mundo das artes e dos filmes soava glamorosa, fantástica e até heroica. Mas a verdade é, bom, apenas a verdade.

Primeiro, barões e baronesas são basicamente o ponto mais baixo da nobreza italiana. Eles costumavam ser títulos que não estavam ligados a nenhuma terra. Segundo, eles eram passados pela linhagem masculina. Você não pode nascer baronesa, a não ser que o seu parto aconteça perto de um altar em que um barão está lhe esperando com o anel, um barão muito assustador que estaria disposto a se casar com um bebê.[7] Terceiro, em 1948, esses títulos de nobreza não eram mais oficialmente reconhecidos pela Itália.

Quando me dei conta disso, sentada em um computador em uma filial da Biblioteca Pública de Los Angeles no centro, eu me decepcionei. Eu encarei a tela manchada do computador público e me senti uma idiota, como alguém que achava que John Wayne era realmente um duque. Como você pôde mentir, Milicent? Ser uma baronesa

---

7   Tenho certeza absoluta de que é ilegal casar-se com bebês na Itália.

italiana secreta havia se tornado parte da mitologia ao redor de sua vida. Agora ela era somente uma pessoa normal, sem uma coroa de espaguete? Que droga!

O problema de ser a única mulher que fez alguma coisa é que você precisa ser perfeita. Quando descobri sobre ela na adolescência, eu achava que, para Milicent ter sido a primeira e única mulher a ter feito o design de um monstro famoso, para ter sido uma das primeiras animadoras mulheres, ela precisava ser sobre-humana. Ela precisava ter sido melhor do que qualquer outra mulher que um dia quis fazer o design de um monstro. Ela precisava ter sido a única a merecer entrar no clubinho masculino. Esse modo de pensar é uma má adaptação que as mulheres desenvolveram ao longo dos anos para poder lidar com o fato de que estamos perdendo trabalhos porque somos mulheres. Você se força a acreditar que nunca existiu nenhuma mulher boa o suficiente para o emprego, em vez de aceitar o fato de que o sistema inteiro não a quer ali. Todo mundo que consegue burlar esse sistema tem que ser excepcional.

Quando vemos uma mulher que faz algo que queremos fazer, nós pensamos: "Ah! Claro. Ela deve ser perfeita. Ela tem trezentos pontos de QI, consegue levitar e cuspir fogo. É por isso que ela conseguiu o emprego. Mulheres normais não conseguem trabalhos como aquele".

Milicent foi a única, então ela teve que carregar o peso de todas as minhas esperanças e sonhos. Ela precisava ser perfeita, ela precisava ser um gênio, ela precisava ser a melhor entre todas as melhores. Ela era mais do que uma heroína, ela era uma deusa assumindo a forma humana. Esse é o perigo de ter tão poucas mulheres reconhecidas e contratadas na indústria cinematográfica. Em vez de olhar para essas mulheres e pensar: "Sim! Eu também posso chegar lá!", as garotas podem vê-las completamente sozinhas em um oceano de homens e pensar: "Elas devem ter sido perfeitas para conseguir chegar lá. Eu nunca vou conseguir". É como ser um espectador assistindo a Odisseu disparar uma flecha em todas aquelas cabeças de machado. Não existe espaço para erros e falhas. Sim, Milicent era uma mulher. Mas ela também era uma mulher bonita, saudável, heterossexual e branca

— que as pessoas acreditavam ser da realeza italiana. Você não pode culpar nenhuma menina por olhar tudo aquilo e pensar que o que ela conseguiu estava fora de alcance.

A grande ironia é que Milicent teve que criar uma persona para navegar nesse mundo sozinha. Ela criou a ilusão de perfeição porque a vida dela não era nada disso. A família a havia abandonado. Os Rossi se recusavam a apoiá-la, mas ela podia usar aquilo que ainda tinha — o nome da família — para construir a persona que a fez se sentir poderosa e confiante. Apesar de ter tantas vantagens (ser branca, por exemplo), Milicent teve que usar tudo que pôde a seu favor. Mulheres que querem entrar na indústria cinematográfica estão indo contra uma quantidade gigantesca de sexismo, e era ainda pior quando Milicent estava em Hollywood. Quando você faz o melhor que consegue e é boa, mas você sabe, boa *para uma garota*, você precisa se tornar mais do que você mesma, mais do que humana. Ginger Rogers fez tudo que Fred Astaire fez, de trás para frente e em cima do salto alto.

Depois da minha decepção inicial, eu me dei conta de que Milicent ser uma pessoa normal, não da realeza, era mais importante para sua posição como exemplo a ser seguido. Era mais inspirador. Ela não tinha superpoderes ou uma varinha mágica. Ela era apenas inteligente, esperta e boa no que fazia. Nós precisamos permitir que as mulheres sejam simplesmente boas no que fazem. Nós precisamos delas no set de filmagem, em reuniões, atrás das câmeras, das canetas e dos pincéis. Nós precisamos que elas sejam elas mesmas, que sejam humanas: comuns e com falhas. Dessa maneira, mais garotas podem as ver e pensar: "Eu posso fazer isso". Dessa maneira, ninguém vai poder olhar para elas e dizer: "Ela conseguiu aquele trabalho porque é bonita. Ela só conseguiu aquela oportunidade porque dormiu com alguém".

Na verdade, ela foi contratada porque era incrível.

Foi difícil para mim conciliar a Milicent sobre-humana que vivia na minha cabeça com a Milicent da vida real, que fez péssimas escolhas de relacionamento e fingiu que era baronesa. É sempre difícil enxergar como seus heróis são de verdade. Eu estava trabalhando muito para mostrar ao mundo o legado dela; eu não queria que as pessoas pensassem nada de ruim dessa mulher. Eu fiquei na defensiva, e até cogitei brevemente deixar partes da vida de Milicent fora deste livro para fazê-la parecer uma pessoa melhor.

Mas humanizar Milicent tornou as conquistas dela ainda mais importantes. Pensar sobre ela como uma humana real com problemas humanos reais fez com que eu me sentisse mais capaz. Eu também posso ter sucesso na indústria cinematográfica, apesar da minha tendência em fazer escolhas amorosas ruins! Eu sabia que outras mulheres sentiriam a mesma coisa. Mulheres não precisam de um ídolo para adorar.[8] Nós precisamos de um farol que ilumine o nosso caminho.

Apesar de estar gostando de Los Angeles e da vida no meu pequeno apartamento novo, eu me sentia à deriva. Eu tinha dois longas-metragens sob minha responsabilidade, mas quando você trabalha em casa, não existe um sinal na sua porta te lembrando que você tem um trabalho de verdade. Trabalhar como produtora de filmes se parece como um monte de outros trabalhos; quando as partes interessantes (as filmagens) não estão acontecendo, eu normalmente estou só respondendo um monte de e-mails e falando com pessoas ao telefone. Na maioria dos dias, se não estiver a fim, eu não tenho nem que colocar calças. Eu não me sentia uma produtora de cinema construindo a carreira em LA, eu me sentia uma mulher que não sabe o que está fazendo e também não está usando calças. Ser uma produtora de filmes soava chique e importante. Eu não me sentia chique e importante. Eu me sentia comum e com falhas. De trás para frente e em cima do salto alto? Eu não consigo nem caminhar normalmente de salto.

Eu conseguia entender o desejo de Milicent por uma persona. Uma persona poderia encantar pessoas e as proteger do seu eu comum e com falhas. Eu não sou o que você pinta quando imagina uma produtora poderosa. Como uma mulher de 25 anos com cabelo azul e um monte de tatuagens, eu não me sentia impressionante. Eu nem tinha um terninho. Quando me apresentava para as pessoas como escritora

---

8   Para isso nós temos a Beyoncé.

e cineasta, eu quase podia escutar aquele barulho triste do trombone tocando. Se eu estivesse usando um vestido elegante e dissesse que era da realeza irlandesa, uma baronesa O'Meara com uma fortuna construída de batatas, com certeza ajudaria. Nesse caso, talvez eu não tivesse que me esforçar tanto para alcançar os cineastas homens que conhecia. Talvez ninguém questionasse minhas habilidades.

Durante a produção de um dos nossos filmes, o meu chefe e eu estávamos esperando um ator[9] em um estúdio de som em Los Angeles. Precisávamos gravar o diálogo dele para o filme. Sultan e eu ficamos animadíssimos quando esse homem aceitou fazer parte do nosso elenco; nós achávamos que ele era perfeito para o papel. Sultan estava calmo como sempre, respondendo e-mails e olhando fotos de gatos no Instagram. Eu, no entanto, estava sentada em uma cadeira no pequeno lounge próximo à cabine de gravação envidraçada tentando não roer minhas unhas. Eu ainda não tinha pegado a manha de encontrar celebridades, mesmo aquelas com quem estava trabalhando.

Eu estava vestindo o que chamava de "uniforme de produtora", que consistia em qualquer coisa inteiramente preta (nada de caveiras) e longa o suficiente para cobrir minhas tatuagens dos braços e das pernas.[10] Eu achava que cobrir as tatuagens me ajudaria a ser levada mais a sério. Meu cabelo estava verde-esmeralda naquela época, mas não havia muito que eu pudesse fazer para cobri-lo. Eu definitivamente parecia ter a idade que tinha (vinte e poucos anos), mas também não havia nada que pudesse fazer a respeito.

Quando o ator apareceu com sua assistente mulher, todos se apresentaram. O meu chefe, o diretor, o engenheiro de som — cada um deles apertou a mão dele. Eu dei um passo à frente e estendi minha mão levemente suada.

"Olá! Eu sou Mallory O'Meara, uma das produtoras do projeto."
Ele me olhou e fez um gesto indicando o meu cabelo.

---

9   Por um monte de razões pessoais, eu ainda não estou pronta para revelar o nome desse ator.
10 Traje que acabei me dando conta de que me fazia parecer mais com uma ladra do que com uma "produtora séria".

"Hm. É verde em todos os lugares?"

O mundo inteiro parou por um segundo horrível.

Eu balbuciei alguma resposta descompromissada, ainda sem acreditar que essa pessoa pudesse dizer algo tão obviamente sexual e desrespeitoso para mim, bem na frente da minha equipe. Eu ajudei a te escalar, seu imbecil!

"Bom, se você precisar de ajuda com isso, é só me avisar." Ele riu e entrou na cabine de som. Sultan se virou para mim atordoado. Eu me sentei lentamente de novo na cadeira.

A minha primeira reação, eu me envergonho de dizer, não foi de raiva. Não foi medo ou tristeza. Foi confusão. Esse cretino acabou de dar em cima de mim... se oferecendo para ajudar a pintar os meus pelos pubianos? É sério isso? Primeiro, leva seis horas para deixar o meu cabelo dessa cor. Seis desconfortáveis horas. Isso é como tentar dar em cima de mim se oferecendo para fazer um exame de Papanicolau. Isso é o melhor em que você conseguiu pensar?

Sultan ficou bravo antes de mim. A raiva dele me fez despertar da minha descrença, mas nenhum de nós dois sabia como reagir. Era a primeira vez que Sultan havia presenciado um homem dizendo alguma coisa assim para mim. Nós nos sentamos em um silêncio desconfortável enquanto assistimos ao ator gravar suas falas. Eu senti a fúria se espalhando pelo meu corpo inteiro como uma onda.

Quando a sessão de gravação acabou, o ator saiu da cabine e se preparou para ir embora. Eu sinto muito ao escrever isso, mas eu não o confrontei. Na verdade, nunca mais lhe disse uma palavra. Eu me sentei congelada na cadeira do escritório. Eu estava tão chateada, tão cheia de raiva e angústia, era como se a força da gravidade estivesse mais pesada ao redor do meu corpo.

Antes de o homem ir embora, ele fez um gesto na direção de sua assistente pessoal, uma mulher loira poucos anos mais nova do que eu, e depois apontou com a cabeça na minha direção. Ele olhou para Sultan e disse: "Se um dia você quiser trocar, é só me avisar. Ha, ha, ha!". Ninguém disse nada em resposta. Ninguém sabia o que dizer.

Mais tarde, nós estávamos no estacionamento, e Sultan me encarou com olhos entristecidos.

"Eu prometo, Mallory, nunca mais vamos trabalhar com ele."

Em vez de imaginar aquele ator caindo dentro de um bueiro, tudo em que eu conseguia pensar era se aquilo teria acontecido ou não se o meu cabelo estivesse na cor natural. Se teria acontecido se eu fosse mais velha, se estivesse usando um terninho ou se parecesse mais "profissional".[11] A resposta é sim.

Toda mulher solteira e profissional da indústria cinematográfica que eu conheço não tem apenas uma história como essa, tem várias. Toda mulher solteira, independentemente da idade, da etnia, do tipo de corpo ou do estilo "moderninho" como o meu. Nenhuma roupa, nenhuma tinta de cabelo, nenhum tipo de aparência ou comportamento "adequado" vai te proteger. Ser uma produtora, uma diretora ou uma atriz famosa não te protege. Nada te protege.

Colocar todas as partes imperfeitas da vida de Milicent neste livro é tão importante quanto colocar todas as partes impressionantes. Omitir coisas para fazê-la parecer mais como uma santa seria como o impulso de cobrir as minhas tatuagens na esperança de parecer mais respeitável. Eu estaria perpetuando a noção de que mulheres precisam se apresentar de certo modo para serem aceitas nessa indústria, que mulheres precisam mudar como são para que os homens as respeitem. Eu sou digna de respeito, não importa como me apresento. Milicent merece ser conhecida, não importa com quem ela tenha casado. Nenhuma mulher merece a misoginia que vivenciamos, e Milicent não merecia o que acabou acontecendo com ela.

As imperfeições de Milicent começaram a me fazer sentir mais conectada a ela. Serviram de inspiração. Como ela, eu também estava distante da minha família. Minha única sustentação era aquela que ela teve — talento, amigos, contatos, carreira. Tudo que me mantinha

---

11 Não se preocupe, *hoje* eu o imagino caindo dentro de um bueiro. Anos se passaram, o meu cabelo ainda é tão artificial quanto eu consigo deixá-lo, e eu não escondo mais as minhas tatuagens.

de pé era o que eu mesma tinha construído. Eu estava muito longe da cidade na Nova Inglaterra onde cresci. Não havia nenhum Dunkin' Donuts por perto.

Eu não fui para a faculdade de cinema. Quando meu chefe, Sultan Saeed al Darmaki, me contratou, eu frequentava a faculdade de zootecnia e trabalhava como técnica em veterinária em uma pequena clínica em Massachusetts. Mas eu amava o gênero horror — filmes, quadrinhos, livros, tudo. No meu tempo livre, eu organizava múltiplos capítulos de um clube do livro centrado em horror[12] e ajudava em eventos relacionados à temática por toda a Nova Inglaterra, incluindo a convenção de horror em Rhode Island em que conheci Sultan. Sua empresa recém-formada, a Dark Dunes Productions, estava patrocinando a convenção. Depois de me ver ralando durante todo o fim de semana, ele pediu que eu fosse trabalhar para ele. Ele queria que eu fizesse as mídias sociais e a comunicação para a Dark Dunes remotamente. Eu não sabia nada sobre fazer filmes. Durante a convenção, eu organizei o programa de voluntariado, e Sultan me observou dirigir e resolver os problemas de centenas de voluntários, do público e de convidados. Eu sou boa em entender as coisas, lidar com pessoas, resolver problemas de maneira criativa e eficiente. Eu ainda não sabia, mas é disso que se precisa para ser uma boa produtora.

Para aceitar esse trabalho eu teria que largar a faculdade, sair da clínica veterinária e redirecionar radicalmente toda a minha vida, que até aquele momento estava caminhando na direção da zootecnia e me tornando uma Steve Irwin feminina. Mas com que frequência uma mulher consegue uma chance dessas? Não muita. Eu não podia deixar passar, então não deixei. Eu tinha que acreditar que poderia ser muito boa nesse trabalho, que era capaz de entender a indústria cinematográfica.

Eu disse sim.

---

12 Um em Salem, Massachusetts, um em Manchester, New Hampshire, e um em Providence, Rhode Island. Eu dirigi um bocado. Valeu a pena.

Anos mais tarde, em Los Angeles, cercada por cineastas que automaticamente assumi que tinham mais experiência e conhecimento do que eu, entendi o impulso de me fazer o mais forte e impenetrável possível. Mas se Milicent Patrick era uma mulher comum que era boa no que fazia, significava que era ok para mim também ser.

Eu estaria falhando com ela se não escrevesse a verdade sobre sua vida. As falhas dela eram uma parte da história que precisava ser contada. Era muito mais impressionante para mim que ela tivesse construído a carreira como uma mulher imperfeita do que como uma baronesa perfeita.[13] O legado dela deveria ser fundamentado na força da arte que ela criou e nas trilhas que abriu.

No começo dos trinta e poucos anos de Milicent, sua vida estava quase completamente diferente do que era quando ela se mudou para aquela rua suburbana em Glendale. Mildred Rossi era, para todos os efeitos, uma nova pessoa. Ela possuía uma nova identidade como Mil Patrick, um novo visual glamoroso, um novo plano de carreira como modelo profissional e artista freelancer. Ela estava divorciada e sozinha, mas ainda de pé. Parece apropriado que o próximo estágio da carreira dela viesse enquanto ela estava parada na rua, esperando pelo ônibus.

---

13 Milicent se beneficiou de muitos outros privilégios, como ser branca, heterossexual e fisicamente apta.

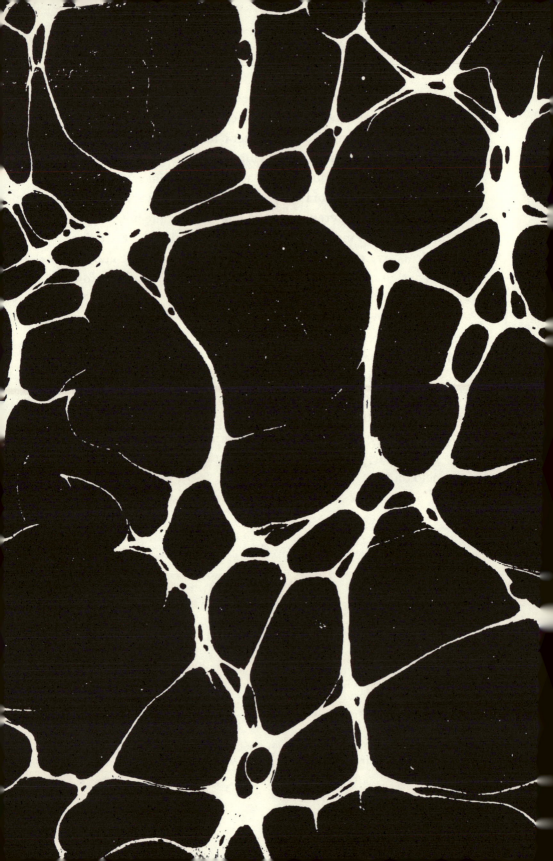

ARQUIVOS PERDIDOS

Por volta de 1947, quando tinha 31 anos, Milicent tinha terminado um longo dia trabalhando como modelo promocional em um evento no hotel Ambassador. Sorrir por horas a fio e ficar em pé em cima de saltos enquanto conversa com estranhos são coisas exaustivas,[1] mesmo que você esteja fazendo isso para se sustentar.

O Ambassador não era só um hotel chique, era um *point*. Algumas das primeiras cerimônias de entrega dos prêmios Oscar aconteceram ali, e ele tinha a reputação de ser um local onde estrelas de filmes, políticos proeminentes e outras celebridades se encontravam.[2] Por isso, Milicent deve ter se sentido um pouco envergonhada de estar indo embora não entrando em um belo carro particular, mas sim esperando o ônibus.

Foi positivo que ela estivesse parada por ali em seu salto alto e seu vestido elegante. Enquanto esperava, ela chamou a atenção de William Hawks, irmão de Howard Hawks. Ele era produtor de cinema, mas, até então, sua produtora tinha feito apenas um filme, *Minha Vida com Caroline*. Ele era mais conhecido pelo trabalho como agente, fora

---

[1] Se havia alguma coisa sobre-humana em Milicent, era sua habilidade de usar salto alto aparentemente o tempo todo. Eu só vi uma foto dela usando sapatos sem saltos, e era uma fotografia dela modelando enquanto jogava tênis.

[2] Ele está fechado desde 1988, mas já apareceu em diversos filmes famosos incluindo *Forrest Gump — O Contador de Histórias*, *Uma Linda Mulher* e *Viver e Morrer em Las Vegas*. Mas é melhor não filmar mais nada por lá, já que o proprietário é um homem que parece uma monstruosidade laranja, cujo sobrenome rima com Gump.

responsável pela obra de William Faulkner, mas queria fazer mais filmes, então, tanto como produtor quanto como agente, estava sempre à procura de algo novo e excitante.

Milicent Park era exatamente isso.

Hawks estava caminhando do lado de fora do hotel quando a viu esperando o ônibus e parou. Ele se aproximou de Milicent e lhe disse que ela deveria trabalhar no cinema como atriz. Ao olhar para ela, você consegue entender por quê. Ela era escultural, de uma beleza que se destacava. Hawks se encantou não apenas pela beleza de Milicent, como também por sua personalidade acolhedora. Ela ficou animada e interessada na sugestão. Hawks começou imediatamente a trabalhar para colocá-la na tela do cinema. Durante todo o resto da vida, ela amava contar a história de como Hawks a havia descoberto, dizendo a ela que ele a queria "para os filmes".

Logo Milicent teve seu primeiro papel como uma Ninfa da Água na comédia romântica *Viver Sonhando*, lançada em 1948. Ela é vista rapidamente em uma fila de mulheres em um espetáculo de uma feira de Coney Island. Naquele mesmo ano, ela apareceu no musical *A Canção Prometida*, dirigido pelo irmão de William, Howard, como a Mulher no Clube Dorsey. Ela também foi a Moça Vestindo Preto em *Thunder in the Pines*. A carreira dela como atriz havia iniciado.

Ela começou, como muitos atores, ficando no fundo, quer dizer, trabalhando como figurante. São atores que não têm falas, normalmente aparecendo no fundo de uma cena: Dançarina #5, Moça no Banco, Homem Tomando Sorvete.[3] O trabalho de um figurante é similar àquele de um ator principal. Normalmente envolve ser preparado pelo departamento de cabelo e maquiagem e depois esperar por horas no set. A maioria das pessoas não se dá conta de que sets de filmagem

---

3   Se você faz pouco caso de figurantes, vai lá e tenta fingir que
     está fazendo alguma coisa diversas vezes da mesma forma, e faça
     isso de maneira perfeita todas as vezes. Depois de se sentir como
     um idiota por um tempo, você vai se dar conta de que é preciso
     muita habilidade para fingir fazer coisas — ou seja, atuar.

Um dos muitos retratos que Milicent esboçou dos colegas de elenco. (*Coleção da autora*)

podem ser lugares muito entediantes. Pode levar muito tempo para que a equipe prepare as luzes e as câmeras, então os atores passam bastante tempo esperando até que tudo fique pronto.

Milicent usava essas pausas nas gravações para desenhar. Ela ficava agradecida e entusiasmada com a oportunidade de atuar, mas ainda amava arte visual. Enquanto estava no set, ela usava o tempo de espera até se sentar na cadeira de maquiagem ou entre um take e outro para esboçar retratos muito hábeis dos colegas de elenco.

Ela usou o nome Mil Patrick para os primeiros papéis, mas futuramente decidiu mudá-lo para Milicent Patrick, em homenagem à esposa de William Randolph Hearst, a mulher que tanto lhe havia impressionado quando Milicent era criança. Ela ainda usaria outros três nomes durante a vida, mas Milicent Patrick seria o nome com o qual deixaria sua maior marca no mundo.

Minha procura por Milicent encontrou uma barreira. Eu não consegui descobrir o que ela estava fazendo no período após o trabalho com animação na Disney e antes de trabalhar no design de monstros da Universal Studios. Era o momento de procurar ajuda na minha principal fonte: amigos nerds de monstro. Nunca, nunca subestime o poder dos nerds. Nerds de todas as formas e tamanhos fazem este mundo girar. Para minha sorte, eu sou amiga do maior nerd de *O Monstro da Lagoa Negra* do planeta.

A maioria das pessoas conhece David Schow como um dos roteiristas do popular filme de 1994 *O Corvo*, também conhecido como a bíblia do adolescente gótico. David é um renomado autor de horror, tanto para as páginas como para as telas. Nós nos conhecemos no Monsterpalooza,[4] em 2014. Por mais que nós dois amemos horror, David e eu nos conectamos por causa de um amor específico: *O Monstro da Lagoa Negra*. A primeira vez que eu visitei a casa dele em

---

4 Bem literalmente, um Lollapalooza de Monstros. A convenção celebra tudo o que é relacionado a monstros: filmes, quadrinhos, livros, séries, qualquer coisa.

Hollywood Hills, eu perdi o ar. Não por causa da bela vista panorâmica de Los Angeles da varanda, e sim por causa da escultura em tamanho real da Criatura na entrada da residência.

David é expert em todas as coisas relacionadas à Criatura e foi uma das primeiras pessoas para quem eu enviei um e-mail no começo deste projeto. Ele ficou imediatamente entusiasmado e queria ajudar. Ele não duvidava das contribuições de Milicent para o monstro. Na verdade, David foi um dos poucos experts de cinema que me encorajaram a escrever o livro sobre Milicent desde o início.

Logo de cara, você pode adivinhar que David é escritor de horror. Ele se veste apenas de preto, e a ponta do seu longo rabo de cavalo preto está normalmente pendurada em cima de um *trench coat* de couro preto. Às vezes, eu fico esperando que uma revoada de morcegos saia de seus bolsos. Em outras palavras, ele é um dos caras mais estilosos de todos os tempos.

Quando eu falei que estava me aproximando de um beco sem saída na minha pesquisa, ele me convidou para ir até a casa dele e checar o que tinha nos arquivos. Isso pode parecer apenas uma expressão nestes tempos digitais, mas para David é bem literal. O escritório dele parece algo saído de um episódio de *Os Contos da Cripta*. Está coberto, do chão ao teto, com estantes cheias de livros de horror e caixas de memorabilias dos muitos projetos nos quais ele trabalhou durante sua longa carreira.

Ele puxou o arquivo que tinha para Milicent Patrick no seu antigo computador de mesa, assim como um fichário abarrotado. Dentro do fichário estava uma coleção de fotos: Milicent modelando, recortes de jornais mencionando os filmes em que ela havia trabalhado (infelizmente, sem o nome das publicações), materiais promocionais para esses filmes, e claro, fotos dela com a Criatura. Nós dois ficamos um momento em silêncio apreciando aquele par adorável.

O arquivo digital no computador continha imagens escaneadas de tudo o que havia no fichário. David atenciosamente concordou em me deixar copiar tudo aquilo para que eu pudesse pesquisar cada uma daquelas peças mais a fundo em troca de ser o primeiro a saber sobre qualquer uma das minhas descobertas animadoras. Um acordo que eu fiquei feliz de cumprir ao longo deste projeto.

Depois que tudo já estava carregado no meu pendrive, ele disse que tinha uma surpresa bacana me esperando na televisão lá em cima. Era um DVD de *Piratas da Perna de Pau*[5] no aparelho de DVD. Ele apertou o play e acelerou para uma cena em uma taverna. (Claro que ele sabia o momento exato até o qual acelerar. Eu te disse, nerds são as melhores pessoas do mundo.) Ele apertou o play novamente e lá estava Milicent, vestida como uma moça de taverna estereotipada: vestido decotado, caneca e tudo o mais. Ela estava sentada em uma mesa ao lado do próprio Capitão Kidd. É uma cena curta, em que ela sorri constrangida e é beijada contra a vontade por Lou Costello. Nada digno de um Oscar. Mas, para mim, foi mágico. Foi a primeira vez que eu tive a oportunidade de vê-la na tela, movendo-se e falando.[6]

Infelizmente, aquela mágica foi logo substituída por uma triste constatação. Quanto mais eu a assistia atuando, mais eu me dava conta de que o talento de Milicent na tela era estético. O visual dela era magnetizante; o trabalho dramático não era. Ela nunca evoluiu além de figuração e pequenos papéis durante os treze anos em que trabalhou como atriz.

Eu queria acreditar desesperadamente que aquilo era apenas uma onda de azar, como pode ocorrer nas artes. Algum acontecimento a impediu de ir a uma importante audição, algum filme em que Milicent tinha papel-chave foi cancelado, uma cena incrível na qual ela aparecia acabou no chão da sala de edição. Mas ao assistir a alguns dos filmes dela fica claro: Milicent não era uma grande atriz.

Dói escrever isso porque ela amava muito estar ali. Milicent amava filmes, e estar neles lhe trouxe muito orgulho e felicidade. Mesmo décadas depois de ela se aposentar, a primeira coisa que falava quando perguntavam sobre ela era: "Eu venho atuando há muitos anos". Ela se

---

5   Para as pessoas mais jovens que estão lendo, Bud Abbott e Lou Costello eram uma dupla de comédia popular entre as décadas de 1940 e 1950. Eles fizeram vários filmes da linha *Abbott e Costello Encontram _insira o nome do personagem aqui_*. Falaremos sobre isso mais tarde.

6   Suas únicas falas foram: "Traga-me mais uma! Eu disse para me trazer mais uma!", enquanto tenta conseguir um refil de cerveja, ou qualquer coisa que eles fingiam ter naquelas canecas de estanho presentes em todos os filmes de pirata da década de 1950.

considerava uma atriz antes de qualquer coisa e carregou sua carteira de membro do SAG (Associação de Atores Para Telas)[7] até a morte. O visual de Milicent com certeza chama a atenção em qualquer cena em que ela está, mas as falas dela não são naturais e suaves. Ela está sempre um pouco tensa e afetada.

Mas ela continuava conseguindo trabalho como figurante nos maiores estúdios: Warner Brothers, Paramount, Columbia. Milicent finalmente fazia parte da cena de Hollywood a que sempre assistiu bebendo e comendo enquanto trabalhava como modelo em lugares como o hotel Ambassador. Ela continuava com o trabalho como modelo, mas, a partir daí, apresentava-se como atriz.

Uma pessoa amável e carinhosa, Milicent fez amigos imediatamente na cena do entretenimento e começou a ser convidada para as festas em Hollywood. Como estava divorciada e sem família, fazer parte de uma comunidade se tornou mais importante do que nunca para ela. Algumas amizades que ela fez, como com a dançarina, cantora e atriz Mara Corday e a socialite Monique Fischer, duraram décadas. Socializar era fácil para Milicent. Ela amava festas e eventos, qualquer coisa para a qual pudesse se arrumar e em que passasse um tempo com outras pessoas.

O lado bom de trabalhar em Hollywood[8] é que quase todo mundo é de outro lugar. Eles se mudam para Los Angeles para tentar sucesso na indústria do entretenimento, longe das pessoas e dos lugares em que cresceram. Muitos acham isso libertador, estar longe dos problemas e

---

7   Hoje, isso é conhecido como SAG-Aftra, que significa Associação de Atores Para Telas — Federação Americana de Artistas de Televisão e Rádio. Um sindicato para profissionais da mídia, seja você ator, cantor, dublador etc.

8   O que quero dizer quando falo em Hollywood é a indústria cinematográfica norte-americana. Hollywood também é, de fato, um bairro no centro de Los Angeles. Essa vizinhança é um tipo de Times Square de Los Angeles; é a área turística. O trânsito é terrível, e tentar estacionar é pior ainda. É onde estão a Calçada da Fama, o Chinese Theatre etc. Muitas vezes, eventos da "indústria de Hollywood" acontecem no bairro Hollywood, mas, quando as pessoas dizem Hollywood, elas normalmente estão se referindo à indústria, a não ser que você more em Los Angeles e esteja pedindo alguma orientação aos pedestres.

das expectativas da família. Isso promove um ambiente mais socialmente liberal. Ninguém conhece você por aqui, então é mais fácil ser quem você quer ser.

Mesmo naquela época, muitas pessoas em Hollywood eram divorciadas ou estavam em relacionamentos que poderiam parecer escandalosos em outras partes do país. Na década de 1930, o termo *casamento de Hollywood* já era usado para descrever matrimônios glamorosos e curtos que acabavam em divórcio. A família de Milicent não queria conversa com ela, mas pelo menos ela estava cercada de colegas que não a julgavam por ser uma mulher divorciada. Nessa indústria havia incontáveis mulheres como Milicent. Foi mais ou menos nesse período, pouco antes de os Estados Unidos dispararem para os anos 1950, que ela conheceu Frank L. Graham.

Frank era um dublador talentoso que teria sido famoso se tivesse vivido em uma época em que dubladores são reconhecidos e creditados. Ele era a estrela de diversas novelas e programas de rádio e de alguns projetos em live action. Mas era mais conhecido por dar voz a personagens de animação.

O trabalho mais duradouro de Frank foi com o personagem Lobo em um desenho chamado *Red Hot Riding Hood*. Talvez você nunca tenha assistido ao desenho, mas provavelmente conhece o personagem. É bem provável que você o tenha imitado para uma pessoa que acha sexy. No desenho, o Lobo, o da *Chapeuzinho Vermelho* mesmo, está vestido de smoking e sentado em uma mesa de boate. Ele está olhando para o palco, esperando um show começar, quando a Chapeuzinho Vermelho aparece como uma dançarina burlesca. Você acertou, o lobo faz "fiu fiu"[9] para ela. Enquanto ela dança, ele começa a uivar e perder a cabeça. Na cena mais famosa, os olhos dele saem das órbitas com tanta força que as pupilas saltam. Esse personagem se tornou a mascote das pessoas com muito tesão.

---

9 Não foi aqui que o termo "fiu-fiu", ou o ato de assobiar, se originou. Algum escritor espertinho pensou que seria perfeito ter um lobo assobiando.

Frank era, assim como Milicent, recém-divorciado. Ele estava avançando na indústria cinematográfica e no auge da carreira. Com 34 anos, Frank era apenas um ano mais velho do que ela. Um homem pequeno e magro com cabelos escuros, ele encantava as pessoas com um grande sorriso. Frank estava apaixonado por Milicent, e eles começaram um relacionamento.

Eu tenho apenas uma fotografia dos dois. É uma foto em grupo que parece ser de diversos casais em um sofá, com Frank e Milicent na extremidade. Frank está inclinado na direção de Milicent enquanto ela se senta, sorridente, na ponta do sofá. Eles são um casal bonito. Milicent está em um vestido elegante, e Frank usa um belo terno com o cabelo escuro puxado para trás. Para todos os efeitos, eles parecem bem felizes. Milicent foi morar com Frank na casa dele em Hollywood Hills, na apropriadamente chamada avenida Wonderland.

Eles estiveram juntos enquanto os Estados Unidos entravam na década seguinte, a mais significante da vida de Milicent. Mas começou de maneira um tanto difícil. O ano de 1950 foi complicado para ela. Milicent não pegou muitos trabalhos como atriz e não estava tão profissionalmente criativa como gostaria. Para piorar, ela passou pelo segundo de uma longa lista de traumas amorosos.

Ao longo do ano, as coisas não estavam indo bem no relacionamento de Frank e Milicent. Por razões que nós provavelmente nunca saberemos, eles estavam infelizes. Em agosto de 1950, ela o deixou.

Semanas depois, na noite de 2 de setembro, dois amigos de Frank receberam uma ligação dele dizendo que precisavam ir até sua casa buscar algo que estava no banco da frente do carro. Quando chegaram, mais ou menos uma hora depois, eles o encontraram morto no banco de seu conversível, estacionado na garagem. O motor estava ligado e um cano de aspirador de pó estava acoplado ao carburador, levando fumaça para dentro do carro.

Perto da mão dele havia uma foto de Milicent.

O único bilhete encontrado naquela noite estava endereçado ao produtor e apresentador de rádio Van Des Autels, amigo de Frank.

"Por favor, pegue as chaves da casa e do carro com Mildred. Eu não quero que ela tenha tempo de bagunçar nada."

Conhecidos e amigos de Frank confirmaram que, até recentemente, Frank e Milicent eram "companheiros constantes", mas que, semanas antes, haviam rompido e não tinham sido vistos mais juntos.

Um artigo detalhando a tragédia saiu no *Los Angeles Times* e publicou fotos tanto de Frank como de Milicent.[10] Milicent não foi encontrada para comentar o caso. Ela provavelmente ficou aliviada de ter sido chamada de Mildred Rossi no artigo, nome sob o qual não trabalhava havia quase dez anos. A família dela não a recebeu de volta durante esse período horrível.

Um segundo artigo, publicado algumas semanas depois, pelo *Los Angeles Associated Press*, deixou a situação ainda pior para Milicent. O testamento de Frank foi encontrado e enviado para autenticação. Parte dele se dirigia pessoalmente a Milicent.

"Para Mildred, eu deixo absolutamente nada, exceto o prazer que ela vai ter de saber que agora não precisa decidir se sou ou não bom o suficiente para ela."

Um posfácio do testamento dizia: "Nossa, eu queria que Mildred tivesse me ligado de volta ontem de manhã".

O testamento não identificava Milicent pelo nome inteiro. Dividia as propriedades dele entre a ex-esposa, os amigos e a família.[11] Milicent nunca falou publicamente de Frank ou da morte dele.

A tragédia e o trauma sem o amparo da família fizeram com que Milicent se apoiasse ainda mais nos amigos. Eles lhe dariam força por quase todo o resto da vida. Milicent encheu a vida com amigos, especialmente colegas de trabalho. Atores, diretores, artistas — ela amava estar entre pessoas criativas como Fred Crane e a esposa, Marcelle; Jim Backus; Johnny Carson; Eleonor, mulher de Rudy Vallée; e Phyllis Diller. Organizar festas, visitar amigos e encontrar pessoas eram fontes constantes de felicidade para ela. A casa de Milicent era completamente coberta

---

10   O artigo também fez questão de mencionar que ele morreu em seu "valioso conversível" e que a foto de Milicent era de uma "bela morena".

11   Ele deixou os pais, um irmão e uma irmã.

de fotos dela com amigos e, à medida que ela foi se tornando mais estabelecida na indústria, dela com celebridades. Diante do afastamento de sua família de sangue, Milicent decidiu criar uma própria para si.

Los Angeles é o melhor lugar para formar uma família do coração. O mesmo ambiente liberal que promove liberdade social (o tipo que levava conservadores como Camille a um pânico moral) também alimenta uma poderosa camaradagem. Quando você se muda para Los Angeles para tentar o sucesso na indústria do cinema, mesmo que não esteja afastado da família como Milicent e eu, você está excluído dela. Aqui você consegue um novo começo, mas precisa encontrar amigos e uma comunidade que te apoiem.

Quando me mudei para Los Angeles, eu havia passado tanto tempo aqui, em períodos anteriores, que já tinha formado um grupo maravilhoso de pessoas me esperando: amigos que fiz por intermédio do meu trabalho com a Dark Dunes Productions, amigos que fiz nos sets de filmagens, amigos que fiz em eventos da indústria e por meio de outros amigos da comunidade do horror. Feriados como Dia de Ação de Graças e Natal sempre envolvem diversos convites para grandes jantares em grupo com esses amigos, muitos dos quais não têm família de onde vieram ou não podem pagar uma viagem para casa. Nós nos apoiamos em momentos de estresse, bloqueios criativos, mudanças, perdas, términos de relacionamento, doenças e na necessidade de uma carona até o aeroporto. Los Angeles está repleta dessas comunidades formadas por amigos. Existe muita solidão e frustração aqui, mas também há muito amor.

Eu sei como deve ter sido para Milicent ter parentes que não apoiam sua carreira. Não existe outro sentimento: é uma droga. Mas eu também sei quão incrível é ser amada por um grupo de pessoas que entendem e se importam com você sem ter nenhuma obrigação familiar de fazer isso. Quando eu me sento para o jantar de Ação de Graças com meu colega produtor da Dark Dunes Adam Cultraro, a esposa dele, Candace, e seus filhos, eu não sinto que estou ganhando um prêmio de consolação. Eu me sinto sortuda, inacreditavelmente sortuda, por essas pessoas terem me escolhido para fazer parte da família delas.

Quando recebo boas notícias e ligo imediatamente para meu querido amigo e mentor Frank Woodward em vez de ligar para os meus pais, eu não sinto como se estivesse me contentando com alguma coisa. Eu me sinto grata por ter um amigo tão carinhoso como Frank, que quer ser o primeiro a saber quando algo bom acontece.

Milicent estava divorciada, novamente solteira e processando um segundo trauma envolvendo sua vida amorosa sem o apoio de Camille, Elise, Ulrich e Ruth, mas não estava isolada. Milicent estava rodeada de amigos que a amavam e usou esse apoio para se reerguer.

Os dois anos seguintes de sua vida foram extremamente produtivos. Ela apareceu como figurante em nove filmes diferentes. Em alguns deles, como *O Mundo em Seus Braços* (1952), o lindo rosto dela aparecia (ao fundo) nos pôsteres promocionais. Seu sorriso estonteante[12] não é difícil de encontrar ao lado das estrelas do filme em propagandas, pôsteres e fotos de divulgação.

Apesar de eu conhecê-la como rainha dos monstros, Milicent nunca estreou em nenhum filme de horror. Ela nunca dividiu a tela com nenhuma de suas criações. Ela esteve em comédias, dramas, aventuras: o que os nerds de monstros chamam de filmes normais. Seu currículo com certeza não era algo para ser desprezado. No mesmo ano, só para citar alguns, ela esteve em *Luzes da Ribalta*, dirigido por Charlie Chaplin, *Travessuras de Casados*, com Marilyn Monroe e Ginger Rogers, e *Anjo Escarlate,* com Rock Hudson. Ela esteve até em um episódio do faroeste estrondoso *The Roy Roger's Show*.

A coisa mais importante sobre o trabalho de Milicent em filmes como *O Mundo em Seus Braços* é que eles foram feitos pela Universal International Pictures. Isso a colocou dentro da Universal Studios. Estar por ali era bom para chamar a atenção de diretores e produtores e garantir mais trabalho. Mas, ainda mais relevante, isso a colocou no

---

12 Milicent tinha dentes brancos e perfeitos, o tipo de sorriso usado para vender pasta de dente. Ou lata-velha. Ou sujeira. Enfim, qualquer coisa.

lugar certo para outro momento que iria mudar completamente a trajetória de sua carreira. Enquanto Milicent estava fazendo networking e encontrando pessoas pelo set, também estava desenhando com afinco.

Para descobrir mais sobre o que ela fazia atrás das câmeras como artista, eu precisava conversar com outros especialistas em filmes e historiadores. Eu sabia que David Schow havia contribuído recentemente em um livro sobre *O Monstro da Lagoa Negra* chamado *The Creature Chronicles*, escrito por Tom Weaver, com David Schecter e Steve Kronenberg. Quando pedi, David imediatamente me colocou em contato com Tom.

Tom respondeu com um entusiasmo hesitante; ele estava feliz em ajudar no que pudesse. Ele até se ofereceu para xerocar qualquer material que eu quisesse e me convidou para visitá-lo em sua casa em Nova York. No entanto, a generosidade dele veio com um aviso. Desvendar a história ao redor dos filmes nos quais Milicent trabalhou como artista era uma empreitada confusa.

Inicialmente, eu aceitei o convite de visitar Tom em Nova York e vasculhar qualquer material que ele pudesse compartilhar comigo. Mas enquanto trocávamos e-mails, ele me disse que, já que eu estava em Los Angeles, poderia ver todo o material original. Eu não precisava voar até Nova York para conferir cópias. O material ao qual ele se referia estava nos Cinematic Archives, na University of Southern California. Esses arquivos continham uma coleção da Universal Studios. Havia materiais de produção de cada filme em que Milicent havia trabalhado com eles.

Essa é a magia de morar em Los Angeles. Todas essas coisas incríveis do cinema estão aqui, a apenas uma longa e frustrante viagem no trânsito. Depois de trocar alguns e-mails e agendamentos com os maravilhosos arquivistas e bibliotecários dos Cinematic Archives, eu tinha uma data para ir até lá e ver as coisas que Milicent havia tocado com as próprias mãos.

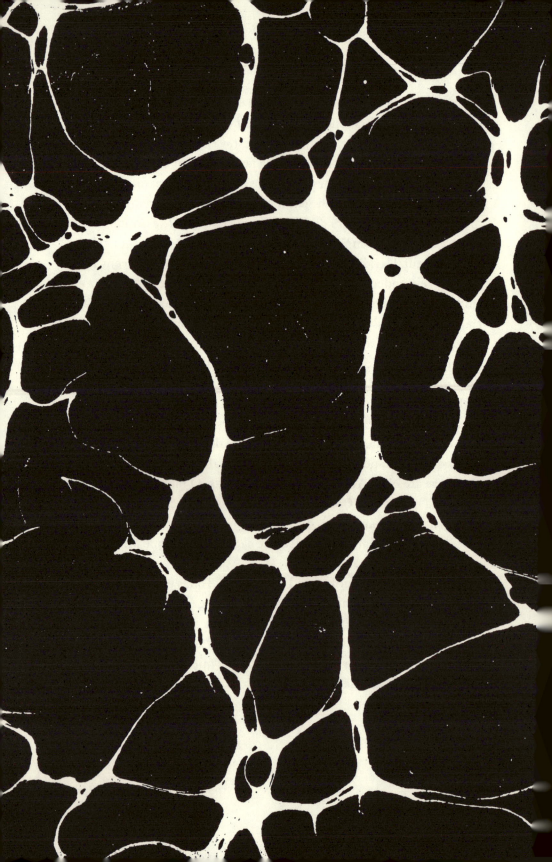

MIX DE MONSTROS

Eu não acredito muito em sorte, pelo menos não quando se trata de sucesso profissional. A sorte pode ser importante para caça-níqueis, evitar trogloditas nos algoritmos do Tinder ou decidir se o seu pacote vai ficar preso em algum limbo de correio ou não. Mas quando o assunto é sua carreira, eu posso garantir que qualquer momento atribuído à sorte pelas pessoas é, no mínimo metade, reflexo do seu esforço.

    As pessoas adoram dizer quão sortuda eu fui por ter conhecido Sultan, e eu concordo com elas. É verdade. Conhecer Sultan foi uma das melhores coisas que já aconteceram comigo. Eu o amo muito. Mas Sultan não me contratou porque por acaso me conheceu enquanto estava procurando por uma gerente de mídias sociais. Ele me contratou depois de me ver trabalhando para caramba sem receber nada durante um fim de semana inteiro, um fim de semana que eu tinha planejado e ajudado a organizar por seis meses. "Você faz a sua própria sorte" pode até ser um ditado usado em excesso, mas acho que está correto. Mesmo nos casos mais extremos de sorte, você normalmente encontra essa sorte no meio do caminho.

    Toda a história de "sucesso da noite para o dia" é muito provavelmente o resultado de anos e anos de trabalho duro e incansável dedicação a um ofício. Fazer networking e encontrar as pessoas certas é importante, mas é você quem precisa ir até esses eventos, é você quem precisa dar as caras. Essas pessoas certas não vão oferecer dinheiro por impulso. As pessoas gostam do dinheiro delas. É preciso que exista algo ali, algo em que valha a pena investir.

Milicent tinha esse algo quando encontrou um homem chamado Bud Westmore na Universal Studios. Ela já vinha trabalhando como figurante há anos. Em todos aqueles sets de filmagem, e enquanto estava em casa, ela também estava trabalhando como artista de retratos, design e desenhos animados. Finalmente, a pessoa certa notou.

À luz do desenrolar da história de Milicent, *pessoa certa* é um termo relativo aqui. Mas, na época, funcionou. Ser notada por um Westmore era um grande feito, pelo menos profissionalmente.[1] Os Westmore eram uma dinastia em Hollywood.

Tudo começou com George Westmore, pai de Bud. Ele era um cabeleireiro britânico que emigrara para os Estados Unidos no começo do século xx. Ele viajou pelo país trabalhando como cabeleireiro por um tempo até se fixar em Los Angeles, em 1917. George era um homem habilidoso. Ele conseguiu seu lugar em um set de um filme da Selig Polyscope Company porque convenceu o diretor de que ele precisava de alguém no set para fazer cabelo e maquiagem. Foi uma jogada ousada, mas ele estava certo. O diretor enxergou a lógica de George e o contratou ali mesmo. Ele estabeleceu o primeiro departamento de cabelo e maquiagem de Hollywood. A Selig Polyscope parou de produzir filmes no ano seguinte, 1918, mas George já estava traçando o caminho para deixar sua marca no mundo do cinema.

Depois que a Selig Polyscope fechou, George começou a trabalhar como freelancer e logo ganhou reputação por seu trabalho de alta qualidade. Nessa época, não havia uma pessoa designada para fazer a maquiagem no set. Pode aparecer uma necessidade óbvia, mas Hollywood ainda estava fazendo a transição dos filmes mudos, em que normalmente as estrelas eram responsáveis por fazer a própria maquiagem. Além de ser um monte de trabalho extra para o ator, o problema era que, sem uma pessoa para fazer o controle de qualidade,

---

1 Até onde eu sei, ela nunca namorou nenhum dos homens para os quais trabalhou. Então, podemos pegar qualquer acusação que atribua seu sucesso a ser a *namorada de alguém* e jogá-la dentro de um vulcão.

a maquiagem muitas vezes ficava diferente de um take para outro, ou de cena para cena. Ter um maquiador no set causou enorme diferença na continuidade* e na qualidade do filme.

George era ótimo na maquiagem, mas era um verdadeiro mago com perucas. Ele é famoso por desenhar e criar os cachos de Shirley Temple, originalmente feitos por George para uma produtora e atriz chamada Mary Pickford. Ela não é conhecida pelo público moderno, mas, na época (nas décadas de 1910 e 1920), Mary Pickford era uma das atrizes e produtoras mais famosas do país. Ela foi uma das fundadoras da Academia de Artes e Ciências Cinematográficas e recebeu o segundo Oscar de melhor atriz em 1929. O cabelo de Mary era muito fino e, como praticamente todas as pessoas no mundo, ela queria o oposto do que era seu cabelo natural. Os cachos volumosos que George criou para ela prender no cabelo de verdade se tornaram sua marca e, anos depois, de Shirley Temple, quando esta imitou o visual de Mary.

Mary e Shirley jamais ficaram sabendo que os cachos que George originalmente criou vieram de cabelos que ele comprou de prostitutas que trabalhavam em um empreendimento de sexo chamado Big Suzy's French Whorehouse. As mulheres que forneciam o cabelo para George nunca souberam que ele cobrava 50 dólares de Mary por cada cacho, o equivalente hoje a 650 dólares. Hollywood não deve apenas inovações capilares às mulheres do Big Suzy's. George também treinava maquiagem nas prostitutas de lá. As mulheres ganhavam maquiagem profissional de graça, e George ganhava uns rostos bonitos para experimentar. Todo o mundo da arte da maquiagem e cabelo pode agradecer às mulheres do Big Suzy's.[2]

---

* Erros de continuidade podem ocorrer entre um take e outro, tanto na narrativa quanto no posicionamento dos atores, maquiagem ou adereços. Para manter a fluidez da cena e a consistência do personagem ao longo do filme, a maquiagem deve ser sempre minunciosamente idêntica em todas as gravações. A presença de um profissional responsável pela maquiagem garante essa padronização. Quem chama a atenção para a necessidade de retoques na maquiagem (e move objetos de lugar entre uma cena e outra e, ainda, presta atenção no roteiro e na gravação com cuidado) é, atualmente, o continuísta. [NT]

2 Aparentemente, elas não foram desvalorizadas por George. Ele gastava grande parte de seus ganhos lá depois de fazer a maquiagem de todo mundo. Então, tenho certeza de que George era um cliente preferencial.

Cultivar constantemente suas formidáveis habilidades com beleza valeu a pena. George se tornou um titã da indústria cinematográfica. Ele era procurado pelas maiores companhias de produção, tendo trabalhado em filmes como *Ben-Hur* (1925), *Robin Hood* (1922) e *Os Três Mosqueteiros* (1921).

George também se tornou um titã da indústria parental. Ele teve nove filhos com a primeira esposa, Ada Savage. Apenas sete crianças sobreviveram até a idade adulta: seis filhos e uma filha. A filha, Dorothy, viria a falecer quando tinha apenas 24 anos. Os filhos, Monte, Percival, Ernest, Walter, Hamilton e Frank — também conhecidos como Mont, Perc, Ern, Wally, Bud e Frank — viriam a constituir o império da maquiagem que dominaria a era de ouro de Hollywood.

Cada um dos filhos iria futuramente chefiar o departamento de maquiagem de um grande estúdio de Hollywood: Paramount, Universal, Warner Brothers, 20th Century Fox e também alguns que não existem mais, como RKO, Eagle-Lion, Selznick, First National e uma dúzia de outros. Na Hollywood da metade do século, eles eram o nome mais influente e conhecido do mundo da maquiagem, tanto nas telas como fora delas.

Em 1935, os irmãos se juntaram e abriram o salão de beleza The House Westmore, na Sunset Boulevard, que, por mais de 20 anos, foi um dos estabelecimentos mais famosos em Los Angeles. Ele atendia principalmente celebridades femininas e mulheres ricas, mas atores também frequentavam o espaço. Hedda Hopper, Marlene Dietrich, Joan Bennett e até a duquesa de Windsor eram clientes regulares das cadeiras da House of Westmore.

Os Westmore eram *o* nome em maquiagem e beleza. George afirmava ter inventado os cílios postiços; este feito sozinho já o teria tornado um deus da maquiagem. Imagine o Bill Gates da maquiagem, se o jovem Bill tivesse se interessado pela revista *Vogue* em vez dos eletrônicos. Se você já leu um artigo que julgava o tipo de maquiagem que deve usar dependendo do formato do seu rosto — redondo, quadrado, oval etc. —, pode culpar os irmãos Westmore. Foram eles que popularizaram esse famoso sistema de categorização e são diretamente responsáveis por anos da minha angústia pessoal relacionada a sobrancelhas.

A segunda geração Westmore era conhecida e influente em Hollywood, e não apenas pelo trabalho. Entre os seis, eles casaram dezoito vezes, ganharam e perderam muitas fortunas e sofreram com alcoolismo e vício em jogo. Você imaginaria que com todo esse poder e fama à disposição, os irmãos iriam se juntar e formar um fabuloso e famoso Megazord da maquiagem. Pelo contrário, a família estava dividida por inveja e traição, até mesmo com o próprio pai. Eles eram impiedosos quando se tratava de trabalho e prestígio. Em 1931, deprimido e sentindo que os feitos dos filhos estavam ultrapassando os dele, George Westmore tirou a própria vida ao se envenenar com mercúrio, sofrendo durante quatro dias até falecer.

Ser um artista da maquiagem força você a se tornar íntimo do talento com que está trabalhando. Passar horas a apenas centímetros de distância faz esse tipo de coisa. Os irmãos Westmore fizeram vários amigos famosos com seu trabalho e eram benquistos por muitas estrelas. Eles também eram conhecidos pelo temperamento e pela fome por prestígio. Aquelas horas íntimas às vezes resultavam em novos inimigos em vez de amigos próximos. Charles Laughton, depois de lidar com Perc Westmore por dias a fio, disse-lhe que ele era "cheio de lorotas".

Hamilton Adolph Westmore — Bud — era o segundo mais jovem do grupo. Ele nasceu em 1918, apenas três anos antes de Milicent Patrick. Passou por três casamentos, os dois primeiros com atrizes que conheceu durante o trabalho. Aquelas horas a apenas centímetros de distância podiam inspirar mais do que amizade. Além disso, namorar atrizes famosas não era um problema para solidificar a posição dele em Hollywood.

Martha Ray foi sua primeira esposa, permanecendo casada por apenas três meses. Ela entrou com um pedido de divórcio dizendo que Bud "era cruel" e que sua rigorosa mãe da Nova Inglaterra não gostava dele. A segunda esposa de Bud foi Rosemary Lane, a mulher com quem ele estava casado quando Milicent o conheceu, no começo da década de 1950. A última esposa, Jeanette Shore, ele encontrou quando foi jurado de um concurso de beleza Miss Califórnia no qual ela concorria (e, mais tarde — surpresa! — do qual foi vencedora).

Enquanto Milicent trabalhava no seu pequeno (e não creditado) papel em *O Mundo em Seus Braços*, em 1952, seu caminho se cruzou com o de Bud. Ela estava na cadeira de maquiagem, ele estava supervisionando a equipe de maquiadores trabalhar nas figurantes do filme. No momento, Bud era chefe do departamento de maquiagem da Universal havia mais ou menos cinco anos. Foi um trabalho que ele ganhou apenas porque o irmão, Ern, havia sido passado para trás.

Em 1947, Perc Westmore estava vivendo a vida dos sonhos como chefe do departamento de maquiagem dos estúdios Warner Brothers. Ele era tão influente dentro da empresa que às vezes era chamado de o quinto irmão Warner (caso você estivesse se perguntando quantos eram os Warner Brothers). Bud era chefe do departamento de maquiagem em um estúdio menor, o agora extinto Eagle-Lion Films. Ern Westmore estava se recuperando de sua luta contra o alcoolismo e, ao escutar que ele estava de volta ao trabalho, os executivos da Universal decidiram que queriam um Westmore para chefiar o departamento de maquiagem. Eles marcaram uma entrevista com ele, e todo mundo sabia que, se Ern conseguisse manter a retidão, o emprego seria dele.

Perc era irmão gêmeo de Ern. Alguns gêmeos são unidos pelo amor e pela amizade, melhores amigos para sempre. Perc e Ern eram mais como gêmeos malfadados de um livro de fantasia: marcados por uma rivalidade amarga que durou a vida toda. Perc ficou sabendo que a Universal ia contratar o irmão gêmeo e telefonou para Ern, convidando-o para jantar e celebrar as boas notícias. Ern aceitou o convite e ficou tanto surpreso com o fato de o irmão conseguir superar o arraigado ressentimento como feliz com a perspectiva de finalmente fazer as pazes com Perc.

Os dois homens saíram para jantar e beber, conversando sobre a entrevista de emprego de Ern que se aproximava. Ern queria encurtar a noite e permanecer em apenas um drinque, para que estivesse bem e preparado para a Universal na manhã seguinte. Mas Perc continuou pressionando para que ficasse mais tempo, para que bebesse mais drinques, para que celebrasse. Perc acabou arrastando Ern para um bar depois do outro, deixando o irmão completamente bêbado.

Ern chegou para a entrevista de emprego ainda embriagado. Como você deve ter adivinhado, não deu muito certo. Ele não conseguiu o trabalho. A Universal queria um Westmore, mas não podia contratar alguém que não estava se recuperando. O chefe do estúdio, um homem chamado William Goetz, ainda estava determinado a conseguir um Westmore. Na década de 1940, conseguir um Westmore para o departamento de maquiagem do seu estúdio era como conseguir uma Lamborghini (um símbolo de status caríssimo que com certeza era eficiente, ainda que um pouco babaca).

Goetz perguntou aos gerentes do estúdio se existia outro Westmore que pudesse contratar. Bud era mais jovem e menos experiente, mas, quando questionado, ficou feliz em largar o trabalho na Eagle-Lion pela oportunidade preciosa e confortável na Universal. Goetz o contratou. Ern, para piorar as coisas, recebeu a proposta de assumir o antigo trabalho de Bud na Eagle-Lion como prêmio de consolação. (Ele aceitou.)

Bud estava desesperado para se provar. Até aquele momento, ele era o quarto irmão Westmore a chefiar o departamento de maquiagem de um dos estúdios principais.[3] Mas as pessoas da indústria sabiam como ele tinha conseguido o trabalho; a fofoca sempre viajou na velocidade da luz em Hollywood. Ele nunca conseguiu se distanciar do que acontecera com Ern. Saber que ele não havia sido a primeira opção de Goetz o manteve para sempre de cabeça quente. Bud rapidamente desenvolveu uma reputação ruim entre os artistas que trabalhavam para ele. Ele era cruel, sedento por glória e impiedoso. Ficou claro logo de cara que Bud Westmore tinha um ego maligno e insaciável.

O primeiro grande projeto no qual ele trabalhou foi transformar a atriz Ann Blyth em uma sereia para *Ele e a Sereia*,[4] filme de 1948 com William Powell sobre um homem passando pela crise da meia-idade.

---

3 Com Perc, Ern e Bud, Wally Westmore era o chefe de maquiagem na Paramount. Essa situação duraria apenas alguns meses. Ern acabou reincidindo na luta contra o alcoolismo e perdeu o emprego na Eagle-Lion.

4 Inicialmente, ele entrou em pânico porque, juro que não estou brincando, não sabia se sereias eram reais. Ele consultou um ictiologista que lhe garantiu que sereias eram só lendas baseadas em histórias contadas por marujos que perderam o juízo de tanto olhar para o mar. Eu sei que era a década de 1940, mas, cara, convenhamos!

Enquanto está no Caribe de férias com a esposa, ele encontra uma sereia muda e sexy e se apaixona por ela. Então, esconde a sereia dentro da banheira para poder trair a mulher com ela. (Pode parecer que eu estou cortando todo o romance, mas esse é o mesmo enredo do filme.)

Não foi um filme arrojado e inspirador, mas a calda da sereia criada para Ann Blyth era inacreditável. Com a equipe de seu departamento, Bud Westmore criou uma bela peça de arte que ficava fantástica na tela.[5] Bud, até onde os executivos da Universal se importavam, havia passado no teste. Quando conheceu Milicent, Bud estava voando alto no cargo.

Era 1952. As televisões estavam em todo lugar, o rock and roll estava corrompendo adolescentes, e o movimento pelos direitos civis estava tomando forma. Todo mundo estava ficando nervoso com o espaço sideral. Milicent tinha 37 anos. Enquanto estava sentada na cadeira de maquiagem, Milicent mostrou a Bud seus desenhos. Ele ficou deslumbrado.

Bud Westmore tinha sérios problemas como ser humano, mas conseguia reconhecer talento quando o via. Ele tinha muitos artistas (homens) trabalhando para ele no departamento de maquiagem e queria acrescentar as habilidades de Milicent ao grupo. Bud a contratou e a colocou para trabalhar logo em seguida, fazendo de Milicent a primeira mulher a trabalhar no departamento de maquiagem de efeitos especiais. Ela foi a primeira a quebrar aquela barreira e entrar para o Clube do Bolinha. Infelizmente, durante o tempo que passou na Universal, ela foi a única.

O primeiro trabalho dela foi criar as maquiagens dos piratas[6] em *Contra Todas as Bandeiras*, filme estrelado por Errol Flynn e Maureen O'Hara. Flynn interpreta um charmoso oficial da Marinha britânica que se passa por pirata para infiltrar um navio e acaba se apaixonando

---

5   Mas as coisas foram difíceis para Ann. Bud disse a ela que o melhor que ela podia fazer era não beber nenhum líquido pela manhã, para que não precisasse fazer xixi durante as filmagens, nem tivesse que tirar a calda. Acho que isso torna Ann Blyth a primeira sereia desidratada do mundo.

6   Talvez "maquiagens", no plural, soe meio estranho, mas a responsabilidade dela ia além de um único projeto.

pela capitã, a impetuosa e aventureira O'Hara.[7] As maquiagens eram principalmente delineadores bem marcados e bigodes ainda mais marcantes. Do que mais você precisa? Eles estavam fantásticos. Durante as filmagens, Milicent fez quatro retratos diferentes de Flynn. Ele ficou encantado e comprou os quatro para ele mesmo.

Tanto Bud como os chefes do estúdio estavam felizes com o trabalho de Milicent no filme. Mas eles não estavam apenas felizes com o trabalho artístico dela. Os publicitários da Universal notaram a mesma coisa que todos aqueles diretores de elenco haviam notado — ela ficava ótima em frente às câmeras. *Contra Todas as Bandeiras* foi o primeiro filme para o qual Milicent tirou fotos promocionais, mas como artista, não figurante. Existem fotos de Milicent, Bud Westmore e Errol Flynn posando com os desenhos de Milicent. A única retocada com aerógrafo é Milicent. Alguém do departamento de publicidade da Universal decidiu adicionar um imenso chumaço preto no seu irretocável cabelo escuro. Manipulação de fotos e uso de aerógrafo para tornar as mulheres mais atraentes não são fenômenos recentes.

O trabalho artístico impressionante de Milicent convenceu Bud e os executivos da Universal a mantê-la no departamento de maquiagem. O momento não podia ser melhor; eles estavam prestes a precisar da ajuda dela. O estúdio tinha alguns projetos ambiciosos começando a andar na fila de produção. A Universal queria capitalizar em cima do recente medo do público com a tecnologia e o espaço sideral.

Minha visita à Cinematic Arts Library era apenas alguns dias antes de a USC fechar a sala de leitura do arquivo para o fim do semestre. Eu tinha que olhar todo aquele material no tempo reservado para mim ou esperar vários meses até que o próximo semestre começasse. Para aumentar a pressão, eu fiquei consideravelmente doente no fim de

---

7   Isso soa muito bacana até você se dar conta de que uma das linhas narrativas centrais do filme é Maureen O'Hara sendo ciumenta por causa de outras mulheres. Você tentou, Universal. Mas esse é um bom filme para assistir se você quer ver Errol Flynn ser atacado por um monte de caranguejos sanguinários.

semana anterior à minha visita. Cancelar estava fora de questão. Por sorte, eu posso não ser capaz de caminhar de salto alto ou enxergar qualquer coisa sem os óculos, mas sou uma leitora incrivelmente rápida.

Naquela manhã, eu me arrastei para fora da cama e peguei todas as minhas ferramentas de pesquisa. Comprei o maior café que pude encontrar em uma cafeteria perto da universidade, assim como diversas garrafas de sucos esquisitos que misturavam vegetais e frutas. Pareciam o tipo de poção mágica de lama que eu preparava quando criança fingindo ser uma bruxa do pântano, mas eu precisava engolir o tanto de líquido e vitaminas que meu pobre corpo pudesse aguentar. Eu tinha apenas seis horas para examinar todo o material e não podia desabar no meio do caminho.

Como eu cresci na área de Boston, a beleza organizada dos campi das faculdades já me é bastante familiar. Com prédios de tijolos cercados por verdes gramados e arcos de pedra que levam a pátios cheios de sombra, a USC nesse quesito se parece com a maioria dos outros campi universitários. Mas as palmeiras enfeitando as calçadas eram um pouco surreais. Não importa quanto tempo eu more em Los Angeles, ver palmeiras sempre me faz sentir como se estivesse em outro planeta.

Eu encontrei a entrada da biblioteca e esperei no balcão por Edward Comstock, o arquivista que iria me auxiliar. A sala tinha aquela mesma sensação fria e silenciosa particular a todas as bibliotecas, mas a atmosfera parecia diferente. Eu demorei um tempo para me dar conta de que nunca tinha estado em uma biblioteca dedicada a qualquer outra coisa que não livros. Era ao mesmo tempo divertido e um pouco estranho, como estar em um universo paralelo moderninho. Pôsteres de filmes antigos enfeitavam as paredes, e o corredor principal era repleto de caixas de vidro protegendo todo tipo de memorabilia de filmes.

"Você é a escritora?"

Com cabelos grisalhos e óculos, Edward — Ned — é exatamente o tipo de cara que você imagina trabalhando em um arquivo de cinema. Ele foi amigável e não pareceu notar que eu rastejei para fora da minha cama para estar ali. Ele me enviou até uma sala anexa cheia de mesas, cadeiras e pilhas e pilhas de caixas de arquivo. Parecia o escritório de uma agência de detetives particulares dos anos 1980.

Ned explicou as regras. Nada de fumar, nada de fotografar, nada de comer ou beber, nada de falar e nada de gravadores de voz. Eu fiz uma careta mental pensando nas garrafas de suco contrabandeadas na minha bolsa. Ele me lembrou que eu tinha até as 16h — seis horas — para examinar todo o material que eles puxaram para mim. Eu não podia usar nenhum tipo de gravador de voz para organizar as minhas descobertas nem o meu iPhone para tirar fotos dos papéis, mas podia fazer cópias. Eu perguntei se eles tinham uma fotocopiadora que eu pudesse usar. Mas não só eu não poderia usar sozinha, como as coisas que eu quisesse copiar teriam que ser aprovadas primeiro, só me restava especular por quem. Talvez um conselho sinistro de arquivistas em capas pretas morasse no porão, alimentando-se da alma das pessoas que fazem muito barulho na biblioteca. Eu teria que preencher formulários de requerimento para exatamente aquilo que quisesse copiar. Se eles fossem aprovados, me mandariam uma fatura. Depois que ela fosse paga, eles fariam a cópia do material e a enviariam para mim. Eu fiquei grata por não haver nenhum sacrifício de sangue envolvido.

Ainda assim, era administrável. Sou rápida para fazer anotações e havia levado fichas o suficiente para cobrir um telhado inteiro. O som do ranger de rodas fez com que eu e Ned nos virássemos. Uma jovem estagiária da biblioteca estava empurrando um carrinho na minha direção, um carrinho lotado de caixas abarrotadas de pastas de arquivo. Animado, Ned disse para eu avisar um dos estagiários quando estivesse pronta para o segundo carrinho. Engoli em seco. Apesar de estar muito feliz em ver tanto material, imaginei uma gangue de estagiários raivosos me arrastando para fora às 16h enquanto eu implorava por mais tempo.

Ao ver a minha reação, Ned sorriu e me disse que já havia passado por todos os arquivos e marcado as menções a Milicent. Eu queria abraçá-lo, mas tinha certeza de que não era permitido. Eu expliquei o projeto para ele: quem eu era, por que eu estava escrevendo sobre ela, o que ela significava para mim e alguns fatos interessantes sobre sua vida. Eu até levantei, mesmo que envergonhada, a manga esquerda da roupa para mostrar minha tatuagem de Milicent e da Criatura. Estou tão profundamente investida nesse projeto que me perguntar sobre ele é como pedir a pais de primeira viagem para mostrar fotos do bebê. Ned estava ao mesmo tempo fascinado e confuso por não saber mais sobre ela. Eu dei um sorrisinho e coloquei minha bolsa perto da porta.

"É por isso que estou escrevendo este livro."

Eu me acomodei em uma mesa, sentindo aquela sensação peculiar de dor do membro fantasma por estar longe do meu smartphone. Havia outros pesquisadores na sala, silenciosamente vasculhando as próprias caixas de arquivos. Eu decidi que o melhor lugar para começar a procurar pelas contribuições de Milicent aos filmes de monstros era em *Guerra entre Planetas* e *O Templo do Pavor*, dois filmes gravados e lançados logo depois que ela saiu da Universal Studios. Minhas expectativas eram consideravelmente baixas para esses arquivos em particular, e eu queria tirá-los do caminho. Eram arquivos de produção — não de pré-produção ou desenvolvimento —, materiais de quando o filme estava sendo filmado.

Existem quatro estágios quando se faz um filme. O primeiro é o desenvolvimento, que envolve escrever o roteiro e conseguir financiamento. Em seguida vem a produção, quando elenco e equipe são definidos, locações são encontradas e sets e figurinos são criados. Esse é o estágio em que tudo que é necessário para o filme é preparado. A produção é quando o filme é, de fato, filmado. E, finalmente, a pós-produção é quando o filme é editado e são adicionados a trilha sonora e outros elementos visuais e de som. Especialista em efeitos especiais e maquiadora, Milicent estava envolvida na pré-produção desses filmes de monstros.

Meu palpite estava certo, eu não encontrei nada sobre Milicent nos arquivos de *Guerra entre Planetas* e *O Templo do Pavor*. Mesmo assim, eu tinha que controlar meu entusiasmo geek enquanto olhava aqueles arquivos. Eu queria examinar cada memorando e orçamento. Eu estava tocando na história do cinema de monstros! Era fascinante ver todas aquelas minúcias, como quanto os figurantes recebiam no começo da década de 1950 (mais ou menos 19 dólares por dia) ou toda a papelada que os produtores tinham que encarar. Eu pensei sobre ter que enfrentar toda aquela papelada física nos meus próprios filmes e rezei em silêncio para o austero deus das planilhas digitais. Eu estava grata pelo prazo apertado, até as 16h, me manter focada.

Até 13h, eu já havia conquistado o primeiro carrinho. Além de uma fina camada de poeira nos meus óculos e um corte de papel, eu tinha pouco para mostrar dos meus esforços. Eu pensei que a única pessoa naquela sala olhando apaticamente para o smartphone em vez de estar tomando notas freneticamente devia ser o estagiário, para quem eu perguntei sussurrando se poderia receber o segundo carrinho. Tanto para minha felicidade como para meu crescente pânico por causa do tempo, esse carrinho estava ainda mais abarrotado do que o primeiro, desta vez com arquivos de *O Monstro da Lagoa Negra*.

O entusiasmo das últimas horas não era nada se comparado ao que senti quando abri a primeira pasta. Eu era provavelmente a pessoa mais feliz que aqueles arquivistas já tinham visto. Meus colegas pesquisadores lançavam olhares desconfiados para mim, provavelmente se perguntando se eu estava chapada. Considerando a quantidade de remédios para resfriado que tinha tomado naquela manhã, eu provavelmente estava. Olhando os outros pesquisadores ao redor da sala, eu cuidadosamente desdobrei um pôster promocional gigante da Criatura. Com um totem articulado de quase um metro em forma de monstro verde, seja lá no que eu estivesse trabalhando era muito mais interessante do que aquilo que estava nas mesas deles.

O Monstro da Lagoa Negra é um dos meus filmes favoritos desde a primeira vez que eu o assisti, quando ainda era adolescente. Analisar os arquivos de produção originais do filme era nada menos do que mágico. Eu me senti como Indiana Jones em um templo sagrado e nerd, exceto pelo fato de que não estava planejando roubar nada ou usar um chapéu. Era o fim do arco-íris para mim: páginas do roteiro, fotos de bastidores, orçamentos, memorandos, materiais promocionais. Havia tantas joias raras. Eu encontrei uma longa lista de títulos em potencial para *O Monstro da Lagoa Negra* que iam de brilhantes a cômicos. Eu me pergunto quão grande seria o sucesso do filme se a Universal tivesse decidido chamá-lo *O Homem-Peixe* ou *Lagoa do Horror*. Eca!

Eu li uma pilha de cartões de comentários de um dos primeiros testes de audiência do filme. Até hoje, antes de ser lançado para o público, um filme normalmente é exibido a uma audiência teste para se entender com que tipo de pessoa ele tem apelo e se algo precisa ser mudado para maximizar a satisfação da audiência. O público teste recebe um cartão de comentário ao fim da exibição para que possa relatar anonimamente seus pensamentos sobre o filme, bons ou ruins. Meu favorito era o de uma espectadora que, escandalizada com a variedade do guarda-roupa de Julie Adams, escreveu raivosa: "Muitas trocas de figurino! Quantas roupas uma mulher pode ter em um barco? O filme é terrível, ridículo!".[8]

Eu estava tão feliz de poder ver ao vivo todo esse material em vez de olhar as fotocópias de Tom Weaver. Eu duvido que ele, ou qualquer outro pesquisador homem, teria pensado sobre isso, mas para mim era difícil não notar que todos os membros da equipe eram homens. Os produtores, os roteiristas, o diretor, o fotógrafo, o compositor, o decorador de set, o editor, o diretor de arte,[*] e assim por diante. As únicas mulheres mencionadas eram a heroína do filme, Julie Adams, e Milicent. Até ler sobre elas era frustrante. Existia um memorando para garantir que o famoso maiô branco que Julie usou no filme fosse desenhado de acordo com os regulamentos de censura, mas que ainda assim mostrasse o máximo de pele possível. Eu revirei meus olhos com tanta força que fiquei com medo de que ficassem presos no lobo frontal.

Se pudesse, eu voltaria no tempo e compraria drinques tanto para Julie como para Milicent. Mesmo quando todos estão sendo respeitáveis e educados, se você é a única mulher da sala, é impossível não estar profunda e desconfortavelmente consciente disso. Esse sentimento só se intensifica se você for uma mulher marginalizada. Quando comecei a fazer filmes, eu morria de medo de ser vista como muito mulherzinha ou muito emocional. Levou anos para eu parar de monitorar o modo como falo, me comporto e me visto no trabalho. Eu não queria

---

8 Para ser justa, existe lógica aí.

* No Brasil, a nomenclatura para os trabalhadores do departamento de arte é diferente da usada nos Estados Unidos. Lá, o chefe do departamento é conhecido como designer de produção, e o segundo no comando do departamento é conhecido como diretor de arte. Aqui no Brasil, o diretor de arte é o chefe do departamento e o assistente de direção de arte é o segundo no comando. Hoje essa nomenclatura está se misturando, mas, por enquanto, ainda é utilizada assim. [NT]

lembrar todo mundo que era mulher e fazê-los me chutar para fora do clubinho só de garotos do cinema. Na melhor das hipóteses, é desconfortável; na pior, você se sente isolada e deprimida.

Durante a produção do meu primeiro filme, eu fiquei menstruada a filmagem inteira — quase um mês no total. Começou na manhã do primeiro dia de filmagem e parou no dia em que encerramos. Depois de três semanas, eu fiquei preocupada. Eu estava dentro do meu próprio filme de horror, e o vilão era o meu útero. Mas eu não falei nada para ninguém nem tirei um dia de licença. Eu não queria parecer fraca por ir ao médico e lembrar todas as pessoas de que era uma mulher tendo "problemas de mulher". Ah, nossa, a única produtora mulher não pode trabalhar porque está *menstruada*, que saco.[9] No set, eu me sentia como um bondoso monstro de filme, esperando que os moradores do vilarejo não me notassem e formassem uma multidão raivosa para me expulsar. Eu escutei inúmeras histórias assim de outras mulheres na indústria do cinema.

A pasta seguinte estava cheia de fotografias tiradas durante a pré-produção de *O Monstro da Lagoa Negra*. Havia muitas fotos de bastidores do infame "teste do tanque", o dia em que a equipe de efeitos especiais enfiou o ator Ricou Browning no figurino da Criatura aquática e o jogou em um tanque aquático gigante para ver quão bem a roupa funcionava embaixo d'água. Uma equipe de câmera estava no set para capturar a filmagem teste para ver como o figurino ficava na câmera. Muitos membros da equipe foram fotografados trabalhando nas câmeras, na iluminação e no tanque. Homens, homens e mais homens. De repente, eu tirei a sorte grande.

Estava no fim da pilha e eu quase não percebi: uma única fotografia de Ricou dentro do figurino enquanto diversos membros da equipe trabalhavam nele. Quase imperceptível — graças a Deus ela estava em um vestido listrado fácil de reconhecer —, lá estava Milicent. Você não consegue ver o rosto dela, porque ela está atrás de Ricou, adicionando tinta ao figurino da Criatura. Ela não está sorrindo para a câmera. Esta não era uma foto promocional posada; ela está trabalhando

---

9   Não se preocupe, eu estava bem. O meu útero é cruel.

em sua arte. Eu queria pular na mesa e dançar, o que com certeza era contra as regras do local. Ali estava aquilo que eu vinha procurando. Evidência inegável de que ela não era namorada de alguém ou de que estava simplesmente passeando por ali porque era bonita.

Sentindo-me nas nuvens, eu continuei a abrir caminho pelas pastas. Eu precisava desesperadamente fazer xixi, mas só tinha mais uma hora, e me arrependi de ter comprado todo aquele café.

As caixas que faltavam estavam cheias de material promocional, planos de publicidade para *O Monstro da Lagoa Negra* e recortes sobre a turnê de divulgação de Milicent. Existiam incontáveis clippings de publicações de todo o país. Eu estava emocionada e tentei imaginar a emoção dela ao ver seu nome impresso por todo o país. Havia fotos dela segurando várias máscaras de monstros que havia criado. Ela parece feliz em cada uma das fotografias. Todos os artigos mencionavam sua história, seu trabalho como atriz e seu talento artístico. Infelizmente, assim como os artigos sobre mulheres nas publicações até hoje, todos descreviam a aparência dela em detalhes.

O memorando de um gerente de publicidade continha uma lista dos vários objetos de cena de monstros que iam com Milicent para serem exibidos na turnê de divulgação. No inventário estava um rascunho inicial da Criatura, feito por Milicent. Eu não precisava de mais nada para me convencer de que ela havia feito o design da Criatura. Eu queria pegar aquele memorando e anexá-lo como uma bandeira em um mastro gigante e desfilar Hollywood Boulevard abaixo.

Mas aqueles gerentes de publicidade da Universal nem sempre tinham as melhores ideias. Um deles sugeriu que eles inventassem um bom nome técnico para a Criatura, talvez combinando com uma das criações anteriores de Milicent, como o Xenomorfo de *A Ameaça Veio do Espaço*.[10]

"Que tal uma combinação de homem e halibut* chamada Xenobut?", ele escreveu. Xenobut, um nome para realmente despertar o medo no seu coração e arrastá-lo ao cinema.

---

10 É isso mesmo, H.R. Giger, morda-se de raiva. Seus xenomorfos na franquia *Alien* são lendários, mas Milicent os criou antes de você.

* Por aqui, esse peixe é conhecido como linguado. [NT]

O mesmo gerente fez outra sugestão de publicidade, desta vez para um dos atores de *O Monstro da Lagoa Negra*, a estrela Richard Carlson. O publicitário pontuou que, já que Richard "foi ameaçado por coisas em *A Ameaça Veio do Espaço*" e agora estava sendo ameaçado por coisas debaixo d'água, "se ele tiver sido ameaçado em algum outro filme recente, talvez tenhamos um padrão aqui". Eu espero que esse publicitário tenha sido ameaçado até sair do trabalho.[11]

Além da mídia impressa, eu encontrei uma lista de comerciais de TV e de rádio em que Milicent apareceu. Eu a imaginei sendo carregada de cidade a cidade para ser jogada em frente a câmeras, microfones e entrevistadores. Eu estava ficando exausta só de ler sobre tudo aquilo, mas pode ter sido a medicação para resfriado perdendo efeito.

Havia descrições de orçamentos para a turnê de divulgação: custos do transporte, dos quartos de hotel, de reparos nas roupas de Milicent. Havia um memorando curioso descrevendo em detalhes os danos ocorridos no guarda-roupa dela durante a viagem.

> Um vestido de coquetel — completamente arruinado.
> Um vestido de coquetel — pérolas quebradas e perdidas.
> Um terno de gabardine — encolhido e não pode ser consertado.
> Um casaco de renda — queimado, rasgado e encolhido
> — arruinado para além de reparo.
> Um vestido formal — rasgado, mas consertado.
> Um par de brincos — cortado no meio por um bêbado e com
> pedras perdidas.
> Uma blusa de veludo — rasgada, pode ser reparada.

O que aconteceu com ela na turnê? Quem eles mandaram para acompanhá-la, um bando de hienas? Ao abrir outra pasta de listas de orçamentos, um papel voou para fora e aterrissou, virado para cima, na minha frente. Eu levei um sobressalto. Agora, tinha certeza absoluta de que os outros pesquisadores queriam me esfaquear com seus lápis.

---

11 Na verdade, eu adoraria ler um artigo assim: "Rápido, alguém me consiga uma lista de todas as vezes em que Richard foi ameaçado!". — *Richard Carlson, o Homem Mais Ameaçado dos Estados Unidos.*

O papel era um cartão-postal preenchido por uma letra cursiva bonita. Era de Milicent, um bilhete dela para um dos diretores publicitários, Sam Israel.[12] Eu tinha em minhas mãos um bilhete original de Milicent. Até então, era o mais perto que eu havia chegado dela. Eu me esqueci de respirar por um momento. Foi enviado enquanto ela estava na turnê; ela atualizava Sam sobre como as coisas estavam indo bem.[13]

Meus olhos se encheram de lágrimas. Porque exatamente por baixo desse alegre cartão-postal estava uma pasta repleta de memorandos da Universal narrando a controvérsia que Bud Westmore começou. Meu coração parou. Eu tinha apenas trinta minutos. Precisava tanto fazer xixi que estava quase me mijando nas calças. Eu li tão rápido quanto pude, mantendo um dos olhos no relógio e preenchendo fervorosamente formulários de requerimentos de fotocópias.

Os memorandos começaram frustrantes e se tornaram cada vez mais alarmantes. Eles são de vários produtores, diretores de publicidade e gerentes da Universal. Lendo as palavras que Bud Westmore disse a esses homens sobre Milicent, eu estava tremendo de raiva. Décadas depois, o ressentimento de Westmore ainda fervia naquelas páginas. Eu me senti um pouco acalentada ao ler as respostas de alguns dos executivos da Universal que defenderam Milicent, o caráter e talento dela. Mas eles não fizeram diferença.

Finalmente, no término tanto dos materiais como do prazo do meu agendamento, eu guardei as minhas coisas em transe. Enquanto enfiava as fichas e o notebook na minha bolsa, eu peguei o cartão-postal de Milicent mais uma vez.

> Querido Sam, me perdoe por não ter escrito antes, mas, como você com certeza sabe, eu não tenho tido um minuto só para mim. E quando eu tenho, estou exausta demais para sequer levantar uma caneta — (agora estou no carro em direção a Kalamazoo). Aproveitando todos os momentos...

Ela não tinha ideia do que estava por vir.

12 Com sorte, não era o cara com as ideias mais terríveis.
13 Presumivelmente, não enquanto ela estava sendo queimada e seus brincos estavam sendo partidos ao meio.

Mulheres criando monstros — por que isso sequer importa? Existem tantos assuntos assustadores envolvendo mulheres por toda a indústria cinematográfica dos Estados Unidos. Por que essa pequena faceta do mundo cinematográfico significa tanto? Filmes de monstros não são o primeiro tipo de filme que vem à mente quando as pessoas falam sobre arte de verdade. Não é um crime que *Palhaços Assassinos do Espaço Sideral* não tenha sido indicado ao Oscar. Mas filmes de horror, especificamente aqueles com monstros, são uma parte importante da arte que é produzida pela sociedade.

Mesmo se você não gosta de filmes de monstro, eu aposto que já usou uma metáfora envolvendo um monstro para expressar sua raiva ou solidão. Quem nunca explodiu em um ataque de raiva e quis ser como o Godzilla, deixando Tóquio em pedacinhos? Ou foi falsamente acusado de algo e se sentiu como o monstro de Frankenstein, sendo perseguido por uma turba violenta de algozes? Talvez você tenha se sentido horrível em relação à sua aparência na adolescência e, atormentado por um ataque implacável de hormônios, tenha pensado: "Eu pareço um monstro".

Histórias de monstros são poderosas. Elas exploram preconceito, rejeição, raiva e todos os outros reflexos negativos de se viver em sociedade. No entanto, apenas metade da sociedade é refletida na lista das pessoas que criam esses monstros. Todo monstro icônico do cinema é masculino e foi criado por um homem: o Lobisomem, Frankenstein[14], Drácula, King Kong. As emoções e os problemas que todos eles representam também são vivenciados por mulheres, mas as mulheres têm mais chances de se ver meramente como vítimas desses monstros. As mulheres raramente têm a chance de explorar nas telas como é ser uma criatura gigante e raivosa. Essas emoções são deixadas de lado. Se uma mulher está com raiva ou chateada, ela será considerada histérica ou emotiva demais. Uma das coisas mais difíceis sobre misoginia na indústria cinematográfica não é enfrentá-la, é ter que controlar a sua raiva sobre ela para que, quando você fale a respeito

---

14   Olha, eu sei que é o Monstro de Frankenstein. Mas você entende o que quero dizer, eu não preciso escrever isso toda vez. Além disso, o sobrenome deles não seria o mesmo? Tecnicamente, você pode chamar os dois de Frankenstein.

do problema, seja levada a sério. As mulheres não têm a chance de sair quebrando tudo como Godzilla. Porque, se isso acontecer, alguém vai simplesmente perguntar se elas estão menstruadas.

Histeria é um termo que entrou pela primeira vez na consciência popular durante os julgamentos medievais de bruxas na Europa Ocidental. Se você tinha sintomas histéricos, como não se interessar por heterossexualidade, ter apetite sexual ou aversão ao casamento — ou seja, ser uma mulher que não queria dormir com o pretendente nojento —, você devia fazer parte do clubinho do Satanás. Você obviamente era uma bruxa e precisava ser executada. Histeria é um termo médico ridículo e falso que está em uso até hoje. Ele se originou de uma antiga crença grega de que todas as doenças começaram no útero, uma crença que muitos legisladores conservadores continuam a sustentar.

Toda essa história misógina e cagada foi refletida no mundo dos filmes de monstros, um lugar historicamente masculino. Quase todo monstro feminino que já passou pela tela do cinema foi uma dessas bruxas amantes de Satanás "histéricas" ou algum outro tipo de vilã hiperssexualizada — a vampira. Existem inúmeros exemplos de vampiras sexy no mundo do horror, desde as primeiras noivas de Drácula até a vampira coberta de couro da atriz Kate Beckinsale em *Anjos da Noite*, e quase todas elas foram criadas por homens.[15] Em filmes de horror as vilãs normalmente cabem em uma de duas categorias: ou você é uma bruxa verruguenta e sem apelo sexual que precisa ser morta pela imperdoável ofensa de prover atendimento médico de baixo custo — quero dizer, comer crianças e jogar maldições —; ou você é uma vampira peituda, sendo punida por seu apetite sexual por toda a eternidade por ter sufocado homens até a morte com o seu decote.

As mulheres não podem ser monstros colossais. As mulheres não têm a chance de destruir tudo.

---

15 Existem alguns exemplos menos conhecidos de mulheres lobisomens, mas a maioria delas são, obviamente, muito sexys e têm os mesmos problemas que as vampiras.

As mulheres não têm a chance de explorar sua raiva em uma escala catastrófica nos filmes, pelo menos não de uma maneira que passe no teste Bechdel.[16] A maioria dos monstros femininos, mesmo fora do mundo do horror, é definida pelo relacionamento com homens. Ou elas foram enganadas por um homem e agora querem vingança[17], ou são a noiva/filha/mãe do personagem masculino, ou têm ciúmes de outra mulher que está com um homem que querem. Até a mais famosa monstra de todos os tempos, a lendária interpretação de Elsa Lancaster da Noiva de Frankenstein, foi criada como uma noiva sem nome para o monstro.

É claro que existem exceções, mas, para cada exemplo de monstro feminino não sexualizado, existem literalmente centenas de outros sexualizados. Se você der um Google em "monstros femininos", os resultados são na maioria uma enorme lista de artigos como "As Top 5 Garotas Monstro Mais Sexy" e "As 10 Mais Belas Mulheres Monstros", às vezes até elencadas de acordo com quão "namoráveis" são. Elas roubam seu coração, sacou?

As que não são sexys são no mínimo diferenciadas de maneira exagerada como femininas. Isso, em geral, é feito por meio de um estereótipo tipicamente feminino, como maquiagem de olho ou lábios vermelhos, porque quando você está morando em uma caverna e comendo pessoas, definitivamente tem tempo para fazer o delineado de gatinha. Eu mal consigo fazer isso em um banheiro com boa iluminação. Quando fiz a minha tatuagem de uma mulher lobisomem, minha própria mãe disse que eu deveria "colocar uns cílios nela" para que as pessoas pudessem saber que era uma garota.

16 Esse é um teste feminista para obras de ficção. Se uma obra tem duas mulheres que conversam sobre qualquer coisa que não um homem (algumas vezes se adiciona a condição de que as duas mulheres tenham nomes), então ele passa no teste. Você ficaria surpreso com a quantidade de obras que reprovam nesse teste.

17 Existe todo um subgênero do horror para isso, normalmente classificado como filmes de "estupro e vingança". Isso mesmo. Eu posso contar nos dedos da mão — usando apenas os filmes de horror mais obscuros — os exemplos de monstros femininos que não são sexualizados, mas existe um subgênero inteiro com centenas de filmes sobre mulheres que foram estupradas e depois saem por aí matando.

É impossível não relacionar esses problemas com o fato de que as mulheres raramente opinam nesses designs e roteiros. Mas, surpresa, galera, mulheres ficam bravas por coisas que não têm nada a ver com homens. Mulheres sentem raiva e solidão com tanta intensidade quanto homens. As mulheres têm desejos de poder — de maneira destrutiva — que não são satisfeitos por fofocas mesquinhas e uma cor de batom ousada. As nossas únicas opções não deveriam ser o exílio em uma cabana na floresta ou desenvolver presas e se tornar parte de uma trupe de esposas-irmãs sedentas por sangue.

Mulheres raramente têm a oportunidade de opinar no design dos monstros, mas quando teve a chance, Milicent fez valer a pena.

Milicent havia ingressado na parte mais gratificante e bem-sucedida de sua carreira na Universal. Toda semana, ela acordava com aquele lindo nascer do sol da Califórnia e ia trabalhar no estúdio, novamente no papel de artista visual. Em casa as coisas estavam maravilhosas. Mais cedo naquele ano, ela havia conhecido e se apaixonado por um homem chamado Syd Beaumont. Ele não era ligado à indústria de cinema[18] e, mais importante, a nenhuma outra mulher. Era o relacionamento mais saudável que ela já havia tido. Até onde ela sabia, Syd era o amor de sua vida, uma vida que agora estava estável, segura e feliz.

Geralmente, carreira nas artes é algo incerto. Os artistas normalmente estão inseguros sobre de onde virá o próximo trabalho, quão longo esse trabalho vai ser e quanto vai pagar. Mas, na indústria de cinema, conseguir um trabalho estável em um estúdio como a Universal era uma das melhores coisas que você podia fazer. Muitos profissionais da indústria cinematográfica vão de um filme para o outro, mas estar empregado em um estúdio por si só já garante o trabalho, contanto que o estúdio continue funcionando.

Ela não estava contratada, mas Milicent estava tirando cerca de 250 dólares por semana (o mesmo que 2.291 dólares em 2018). Essa é uma belíssima quantia. Apesar de estar casada, eu imagino que era

---

18 Eu não consegui descobrir qual era a profissão de Syd, tampouco outros detalhes sobre ele.

gratificante ser uma mulher ganhando dinheiro o suficiente para se sustentar, especialmente considerando o histórico de romances turbulentos de Milicent. Ela estava exercendo um trabalho dos sonhos em Hollywood e ganhando dinheiro com sua arte. Tem coisa melhor?

Em 1952, a Universal — oficialmente conhecida como Universal International Pictures — havia acabado de ser comprada pela gravadora norte-americana Decca Records. Durante os anos que precederam a venda, a produção de filmes da Universal vinha sofrendo. A Universal não era a gigante da mídia que é hoje. Ela era famosa por criar filmes divertidos e de baixo orçamento, o tipo que você pode engolir um balde de pipoca enquanto assiste. A maioria dos grandes estúdios daquela época tinha uma lista de talentos; Warner Brothers tinha estrelas como Doris Day, John Wayne e Gregory Peck sob seu contrato. Os talentos contratados da Universal ainda não tinham esse poder estrelado. O chefe do estúdio na década de 1940, William Goetz, o homem que havia contratado Bud Westmore, teve a não muito brilhante ideia de cortar a produção de filmes de horror, filmes B[19] e outros tipos de filmes que não eram considerados sérios. A missão dele era trazer certo reconhecimento à empresa que costumava ser conhecida por seus (agora clássicos) filmes de horror.

Goetz não entendia seu público. Alguns desses novos filmes foram bem-sucedidos, mas, como um todo, a maioria desapontou nas bilheterias. Cara, as pessoas gostam de se divertir. Ele foi demitido antes do fim da década e substituído pelo gerente do estúdio Edward Muhl, que colocou o navio de volta no curso. Muhl decidiu que a melhor maneira de fazer o estúdio ganhar dinheiro novamente era desenvolver aqueles filmes divertidos, mas fazer com que parecessem bons. A Universal começou a inflar os orçamentos desses filmes, frequentemente os criando

---

19 Filmes B, assim como o lado B de discos de música, eram o segundo filme a aparecer em uma projeção dupla de longas-metragens. Porque esses filmes eram normalmente feitos com orçamentos baixos e eram normalmente faroestes, ficção científica ou horror, o termo filme B era usado para descrever um gênero de filmes bregas. O termo permaneceu mesmo depois que as projeções duplas e os filmes B não faziam mais parte da experiência do espectador que vai ao cinema.

em Technicolor, um processo que utiliza uma técnica de transferência de tinta que faz cores realistas e com aparência natural. Esses filmes não eram caros como os filmes de grande orçamento daquela época,[20] nem tão prestigiosos, mas faziam sucesso o suficiente para começar a atrair talentos de renome para a Universal Studios. Era uma ótima época para estar criando coisas no departamento de maquiagem deles.

Milicent era designer de maquiagem, não maquiadora. Ao olhar para os termos, você pensaria que são intercambiáveis. Mas existem algumas grandes distinções na indústria do cinema. Milicent nunca colocou um pincel no rosto de uma pessoa. Ela criava no papel os designs que os escultores e maquiadores trariam à vida.

Um maquiador é alguém que de fato aplica a maquiagem. Pode ser a maquiagem normal de sempre, também conhecida como maquiagem de beleza, ou uma maquiagem de efeitos especiais, variando desde cortes, machucados falsos e sangue à elaboração de maquiagem e máscaras de monstros. Artistas de efeitos especiais fazem exclusivamente esse tipo de trabalho. Artistas de efeitos especiais geralmente trabalham com o que é conhecido como efeitos especiais práticos — efeitos que estão, "na câmera", acontecendo na vida real. Sangue, entranhas, machucados falsos de bala, sets em miniatura, pirotecnia e bonecos. Qualquer coisa em que você possa tocar. Artistas de efeitos visuais usam imagens geradas por computador — CGI — para criar efeitos fora das cenas em live action. Nenhum dos termos para esses trabalhos faz sentido, mas é isso que eles são.

Tem havido muito falatório sobre o valor dos efeitos práticos versus o do CGI. Eles são ambas ferramentas para um cineasta utilizar; um não é melhor do que o outro. É verdade que o efeito prático tem certa dignidade na tela. Seu cérebro literalmente pode dizer quando algo realmente existe ou não, se aquela coisa está reagindo à luz e gravidade como um objeto de verdade faria. Pelo menos por enquanto os computadores

---

20 Os filmes de menor orçamento eram feitos com aproximadamente 900 mil dólares, o que hoje são aproximadamente 8 milhões de dólares. Se isso parece muito dinheiro para fazer um filme de gênero, tenha em mente que um filme qualquer de super-heróis custa (em 2018) cerca de 200 milhões de dólares para ser feito.

ainda não são avançados o suficiente para criar algo que engana totalmente a nossa mente. Mas, com o CGI, cineastas podem criar coisas com imagens digitais que são impossíveis ou inseguras de criar na vida real. O melhor é quando as duas técnicas são usadas em harmonia, cada método jogando com sua força. Muitos dos esnobes do horror exaltam "os bons tempos", os filmes de horror da década de 1980 com seus efeitos especiais práticos bregas. Não entenda errado, eu amo uma explosão ridícula de sangue zumbi feito de xarope tanto quanto qualquer outra pessoa. Mas o CGI pode te deslumbrar. É muito bacana ver aqueles dragões gigantes em *Game of Thrones*, não é? Por que não ter os dois?

Fica um pouco mais confuso quando você considera que muitos artistas de efeitos especiais também são os designers daquelas maquiagens, máscaras e figurinos que estão aplicando. Nos primeiros anos do cinema, como vimos antes de George Westmore aparecer, era esperado que os atores preenchessem os dois trabalhos de uma vez só: desenvolver a maquiagem, aplicá-la e depois atuar com ela. Lon Chaney — apelidado O Homem das Mil Faces — construiu o nome dele no mundo dos filmes por combinar poderosas e comoventes interpretações com a grande habilidade com a maquiagem. Talvez você o conheça tanto como O Corcunda de Notre-Dame original ou como O Fantasma da Ópera original.[21]

Mesmo hoje, às vezes, o artista que criou a maquiagem é aquele que a aplica, mas não sempre. O ponto de virada dessa prática foi, na verdade, Bud Westmore. O predecessor de Bud na Universal foi Jack Pierce, que talvez tenha sido o melhor maquiador da história do cinema. Na Universal, ele criou e aplicou a maquiagem em *O Lobisomem*, *A Múmia* e, trabalhando com o ator Boris Karloff, a icônica maquiagem para *Frankenstein*. Os designs de Jack Pierce foram parte do que construiu a reputação da Universal Studios. Mas depois de vinte anos de trabalho, ele foi demitido, sem qualquer cerimônia, quando William

---

21 Para criar a icônica maquiagem do Fantasma, Lon levantava a ponta do nariz com arame e a prendia, pintava as narinas de preto e usava um conjunto imenso de dentes falsos. Chaney era hardcore. Em 1923, ninguém havia visto algo tão desagradável. Espectadores desmaiavam nos cinemas.

Goetz teve a brilhante ideia de fazer filmes mais "sérios". Pierce foi resistente à pressão para usar técnicas mais novas de maquiagem de monstro, mas é mais provável que ele tenha sido demitido porque Goetz queria se distanciar da reputação de filmes de monstro que Pierce ajudou a construir. O substituto de Jack Pierce foi Bud Westmore. Goetz queria um dos Westmore, famosos pelas maquiagens de beleza, para substituir Jack Pierce, o rei dos monstros.

Westmore não estava aplicando todas as maquiagens em seu departamento, também não estava desenhando todas elas. Na verdade, ele passou a maior parte do tempo fazendo trabalhos administrativos. É por isso que ele precisava de talentos artísticos para ficar na oficina desenhando e criando. É por isso que ele precisava de Milicent.

Milicent chegava à Universal Studios e ia direto para o departamento de maquiagem, um lugar muito menos glamoroso do que os trailers para figurantes. Um departamento de maquiagem parece a cruza entre um ateliê de arte e uma sala de aula de uma oficina. É o sonho de um artista, preenchido com espuma, máscaras de monstro, manequins, esculturas, materiais de arte, mesas e pranchetas de desenho.

Assim como quando se juntou ao time de animação da Disney, Milicent havia entrado em outro clubinho masculino. Os outros designers, os escultores, seu chefe — todos eram homens. Desta vez, no entanto, ela era uma mulher casada, e não existe nenhum registro de que ela tenha lidado com qualquer tipo de assédio, pelo menos não dos colegas de trabalho.[22]

Milicent tinha um emprego dos sonhos. Mas quando se trata de tornar o sonho uma realidade nos bastidores de Hollywood, você precisa trabalhar muito. Assim como qualquer coisa que é criada, monstros e maquiagens passam por muitas interações diferentes antes de se tornar o que você finalmente vê na tela. Quanto direcionamento os designers recebem varia bastante. O roteirista pode descrever o monstro com muitos detalhes ou pode simplesmente escrever "homem-peixe"

---

22 Isso de maneira nenhuma quer dizer que não tenha acontecido. Mas eu posso ter esperanças.

e deixar por isso mesmo. Às vezes, os produtores ou o diretor vão dar as próprias ideias do que gostariam de ver; às vezes, o departamento de maquiagem tem que inventar algo completamente sozinho.

Isso é verdade para todos os departamentos responsáveis pela estética do filme: a direção de arte, o departamento de figurino, os cabeleireiros, os produtores de objetos. A maioria dos cineastas, estúdios e produtoras contratam artistas para criar algo chamado *concept art* — arte que mostra o conceito de um filme. Isso é especialmente útil em filmes de gênero, quando o que precisa ser criado, seja prático ou visual, tem elementos fantásticos. Não é arte para ser mostrada ao público, e sim apenas entre membros da equipe do filme para explicar e explorar ideias para sets de filmagem, personagens, criaturas, objetos de cena — qualquer coisa que precise ser criada para um filme. A arte pode variar de um rascunho rápido e sem acabamento até pinturas mais elaboradas.

Antes mesmo de Milicent colocar o lápis no papel, ela fazia pesquisas para conseguir alguma inspiração visual para o próximo design. Só então ela começaria a rascunhar. Os rapazes do departamento de maquiagem checavam o que ela estava fazendo e davam opiniões. Bud a orientava baseado no que os executivos do estúdio queriam. Alguns designs passam por muitas, muitas versões até todos estarem felizes com o resultado final. Depois, se for uma maquiagem, ela será aplicada em um rosto para ver como fica. Se for uma máscara ou figurino, será passado para o escultor. O escultor irá criar uma versão tridimensional do design — às vezes, começando com um modelo em escala feito de argila chamado maquete — e passará para uma versão em tamanho real. Esta versão em tamanho real vai ser moldada e engessada, normalmente com uma coisa chamada espuma de látex.

Você adivinhou, espuma de látex é uma espuma feita ao combinar borracha líquida látex com agentes químicos e misturá-los até que se forme uma espuma. Isso é despejado em um molde e cozinhado. A espuma de látex apareceu durante a década de 1930 e é até hoje indispensável nos departamentos de efeitos especiais de Hollywood. Eu lhe garanto que a maioria dos personagens de fantasia e ficção científica da sua infância de que você tem boas memórias foi em parte criada com espuma de látex. É fofa, leve e pode ser moldada para parecer qualquer coisa, desde armaduras de aço até orelhas como as do Yoda.

Assim que é retirada do forno, a espuma de látex vai ser pintada antes de estar finalmente pronta para ser vestida ou aplicada. Às vezes, os diretores e produtores verão o produto final e ficarão insatisfeitos, então volta-se para a prancheta de desenho para repetir todo o processo com um design diferente. É por isso que é tão importante ter um ótimo artista trabalhando no começo da linha de produção. Você poupa tempo, poupa dinheiro, você se poupa de querer assassinar seus produtores exigentes.

Milicent chegava ao departamento de maquiagem, com os sempre presentes saltos altos estalando no piso frio, e assumia sua posição na estação de trabalho com sua prancheta de desenho, nanquim, giz pastel, lápis e tintas. Artistas, membros da equipe, funcionários administrativos e talentos passavam apressados pelo ar arenoso da oficina. Mesmo nesse ambiente bagunçado e masculino, ela amava parecer glamorosa. Milicent não deixava a atmosfera predominantemente masculina limitar seu amor por expressar sua feminilidade por meio da moda.

A única coisa que a adolescente moleca dentro de mim estranhou foi ver Milicent resplandecente em vestidos longos e joias chamativas. Com o meu amor por filmes de horror e música heavy metal, eu estava sofrendo para me encaixar nas cenas tipicamente masculinas e tentava me vestir de acordo. Eu olhava torto para maquiagem, esmalte e qualquer tipo de produto para os cabelos. Eu não gostava nem de me ver no espelho. Com quem eu realmente queria parecer era o cantor principal de uma banda de heavy metal da década de 1980, mas eu provavelmente parecia mais com um sobrevivente desapontado de um acidente entre um alvejante e uma calça jeans. Ver Milicent inquestionável e atrevidamente feminina foi a única coisa que me incomodou sobre ela. Eu associava qualquer coisa feminina com frivolidade, uma ideia reforçada pelos filmes de horror que eu ansiosamente devorava.

Crescer como fã de filmes de horror é mais difícil se você é uma garota. Você tem bem menos modelos para se inspirar, e elas normalmente têm as mesmas aparências. Elas são brancas, elas são bonitas,

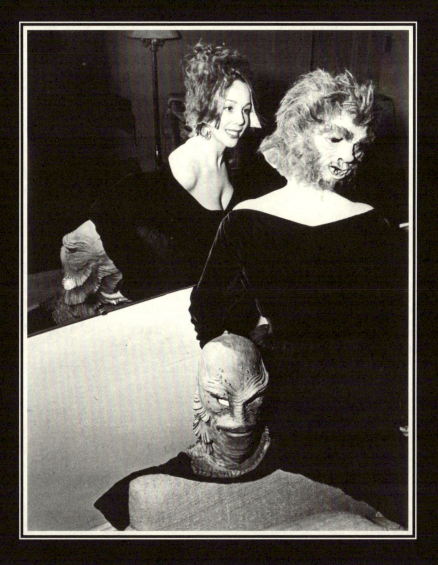

Milicent vestindo uma das máscaras que criou para *Abbott e Costello Encontram o Médico e o Monstro*. (Coleção da família)

elas são magras, elas são heterossexuais, elas não possuem nenhuma deficiência e elas só lutam contra o monstro porque precisam, porque todas as outras pessoas já foram mortas. Elas não controlam o monstro, elas não tomam as decisões, elas não saem por aí procurando aventuras com monstros. Isso faz qualquer coisa "de menininha" e feminina parecer fraca, e eu comprei essa ideia.

A misoginia internalizada é real e corre solta na comunidade do horror. Quando você é inundada por imagens de mulheres bonitas que não têm nem muitas roupas nem muita ação,[23] isso implica que as mulheres só têm valor pela beleza. Quando você só vê *rainhas do grito*[24] e vítimas de monstros, essas mensagens são absorvidas, profundamente absorvidas. Faz muitas mulheres perderem o interesse pelo gênero.

Entender e ter empatia com o porquê de as mulheres se afastarem do gênero horror foi algo que eu levei muito tempo para alcançar. Quando era adolescente, eu era uma entusiasta que apoiava a ridícula e tóxica bandeira do eu-não-sou-como-as-outras-garotas. Olha para mim! Eu consigo aguentar toda a misoginia no horror e ainda assim amá-lo! Não me afeta em nada! Eu sou mais legal do que as outras garotas!

O que eu não queria enfrentar era a dor causada por amar um gênero tão profundamente e não me ver refletida nele. Então, eu adotei uma postura que permitisse enxergar a mim mesma como uma exceção, como especial. Se eu conseguisse jogar com as regras, se eu conseguisse engolir toda a merda sexista, eu podia ser aceita. Eu podia ser um dos garotos. Com a minha camiseta de *The Evil Dead: A Morte do Demônio*, nenhuma maquiagem e fitas vhs de filmes de horror, eu podia fazer parte. Dava muito trabalho ver que o estado das coisas era um lixo. Envolvia mais raiva e angústia do que eu queria. Eu

---

23 Sim, eu assisti a *Alien*. Existem exemplos de mulheres incríveis em filmes de horror, mas a maioria das protagonistas femininas não é como Ripley.

24 Se você não está familiarizado com o termo, rainhas do grito (as *scream queens*) são atrizes famosas por seus papéis em filmes de horror, normalmente como vítima. Por ser um papel de vítima, geralmente envolve muita gritaria.

agia como se merecesse elogios por me recusar a ficar furiosa sobre quão gritante e terrível era a falta de mulheres e outras representações marginalizadas. Eu não me dava conta de que esses dois estados não eram mutuamente exclusivos. Eu podia amar os filmes de monstro velhos e bregas e simultaneamente querer que fossem melhores. Parecia mais fácil me moldar em alguém que eu pensava que seria incluída e evitar mulheres que não estavam dispostas a suportar a misoginia, como se eu fosse melhor e mais legal do que elas.

Quando me tornei adulta, eu me dei conta do quão prejudicial esse tipo de pensamento era. Eu estava participando de uma cultura tóxica. Eu estava sendo uma idiota de merda. Identificar-se como mulher e expressar sua feminilidade é incrível e corajoso. Meus sentimentos sobre as escolhas do guarda-roupa de Milicent mudaram drasticamente. Como era absolutamente incrível que ela estivesse criando esses monstros masculinos enquanto se deleitava na sua glória feminina. Como era maravilhoso que ela se recusasse a tentar fazer parte do Clube do Bolinha, que ela tão atrevidamente fosse ela mesma e marchasse por aquele espaço dominado por homens em seus saltos altos. Isso é corajoso demais. Para mim, foi uma revelação entender que você pode ser uma mulher forte usando um par de botas com ponteiras de metal ou um par de escarpins cintilantes.

Milicent adorava se arrumar. Ela amava ser glamorosa. Isso a fazia feliz. As maneiras como as mulheres são pressionadas a se apresentar para atrair homens são abismais. Eu levei anos para me dar conta de que era possível querer se vestir de certo modo só para você mesma, querer se arrumar e vestir coisas bonitas e chiques porque é disso que você gosta. Todo dia em que Milicent estava vestindo algo fabuloso, ela estava dando uma piscadela àquela garotinha em San Simeon que era forçada a usar roupas pesadas e drapeadas.

Aquela garotinha teria ficado animadíssima de ver onde Milicent estava em 1952, em Hollywood, atuando ao lado de todas aquelas estrelas e criando os designs das maquiagens para elas. Depois da maquiagem dramática dos piratas para *Contra Todas as Bandeiras*, Bud queria que Milicent fizesse o design de algo muito diferente.

Os filmes de horror que criamos refletem os medos que sentimos como sociedade, e os Estados Unidos da década de 1950 não eram diferentes. Aquela década foi o auge dos filmes de ficção científica. No pós-Segunda Guerra Mundial, o país estava em constante transformação. A Guerra Fria ganhava força. Os norte-americanos pararam de ter medo da invasão nazista e começaram a se preocupar sobre problemas em uma escala maior e mais difícil de entender. Ansiedades sobre uma guerra nuclear e a explosão da nova ciência e tecnologia formigavam dentro da mente norte-americana. Os olhos do governo começaram a se virar em direção às estrelas, seguidos pelo olhar nervoso do público. Na era atômica, os frequentadores do cinema não queriam filmes de fantasia, queriam ser fascinados e assustados pela ciência. Com uma leve camada de ciência cobrindo a narrativa desses filmes, eles pareciam críveis, possíveis e, por isso, absolutamente aterrorizantes.

O *baby boom* estava começando, e a migração para os subúrbios estava a todo vapor. Todo mundo estava ficando em casa, e a televisão estava se tornando o meio de entretenimento mais popular. Os estúdios de cinema precisavam de truques para atrair espectadores para fora de casa e para as cadeiras do cinema. Mais e mais filmes eram filmados em cor, tela panorâmica e, entusiasmadamente, 3D. Os estúdios se deram conta de que havia um mercado gigante e ainda inexplorado de possíveis consumidores — adolescentes. Os adolescentes eram vistos como a audiência perfeita para filmes de horror e ficção científica considerados muito imaturos para adultos. Além disso, adolescentes estavam desesperados para sair de casa.

Todos os estúdios se embaralharam para desenvolver projetos de ficção científica com insetos contaminados por radiação, invasões alienígenas, o poder nuclear dando errado, qualquer coisa que mostrasse humanos lutando com forças que haviam liberado involuntariamente ou que tivessem vindo até nós de outros planetas. Todo o espectro da indústria cinematográfica, das maiores empresas às pequenas independentes, estava tentando colocar filmes de ficção científica nas telonas.

Os executivos da Universal viram essa chance e a agarraram. A reputação deles com filmes de gênero e monstros se tornou uma vantagem em vez de uma falha. Os novos filmes que eles desenvolveram eram muito similares em narrativa e clima com os filmes de monstro, só que desta vez os monstros estavam vindo do espaço e vestindo roupas estranhas. O primeiro a sair foi *A Ameaça Veio do Espaço*, filmado em 1952.

A Ameaça Veio do Espaço foi uma estreia importante para a Universal. Foi a primeira aventura deles em ficção científica. Também foi o primeiro filme deles em 3D. Na verdade, foi o primeiro filme 3D feito por um estúdio grande. Na década de 1950, exibir filmes em 3D parecia incrivelmente bacana e tecnológico para as audiências. A Universal estava entrando no gênero de ficção científica com todas as armas em punho.

Por ser um filme tão importante, eles asseguraram um escritor peso-pesado de ficção científica para o roteiro: o lendário Ray Bradbury. Bradbury já havia reivindicado seu trono como rei do gênero ficção nos Estados Unidos. Suas coleções *Uma Sombra Passou Por aqui* e *As Crônicas Marcianas* foram lançadas respectivamente em 1950 e 1951 e se tornaram populares imediatamente. Ele escreveu um grande tratamento[25] para o filme, delineando a história sobre alienígenas que vêm à Terra e podem imitar pessoas. A essa altura, os Estados Unidos estavam nas garras do medo comunista e o macarthismo estava a toda, então o filme tocou numa ferida.[26] A Universal deu sinal verde para começar.

As primeiras versões do roteiro descreviam a forma real dos alienígenas como algo parecido com lagartos, mas Bradbury logo abandonou essa ideia. Eles deveriam parecer absolutamente aterrorizantes para

---

25 Um tratamento é basicamente um delineado curto e sem frescuras de um filme que muitos roteiristas precisam enviar para os executivos ou investidores antes de conseguir a liberação para escrever o roteiro completo. Dessa maneira, são evitadas grandes surpresas, como ter que filmar dentro de um vulcão ou precisar de uma horda de raivosos elefantes cor-de-rosa.

26 Alerta de spoiler: os alienígenas, na verdade, são benignos e estão apenas tentando consertar a espaçonave deles, o que mostra para você o que Bradbury sentia sobre o macarthismo.

os humanos, e sim, pessoas lagartos são definitivamente estranhas, mas não são horríveis o suficiente para desestruturar a frágil mente humana. Bradbury atualizou o roteiro para incluir a descrição de "algo que sugere uma aranha, um lagarto, uma teia voando no vento, alguma coisa branca como leite, assombrosa e terrível, algo como uma água-viva, algo que brilha suavemente, como uma cobra". Eu posso imaginar Milicent, Bud e o time inteiro de maquiagem recebendo essa descrição e indo em massa para o bar mais próximo.

A sugestão de Bradbury era para que os espectadores pudessem ver só uma simples e tenebrosa insinuação do monstro. Sem chance, colega. A Universal queria um filme de alienígena que faria aqueles baldes de pipoca voarem. Harry Essex, o roteirista que fez a versão final do roteiro, não ajudou a esclarecer muito mais a situação. Ele a descreveu como uma "criatura horrorosa" e deixou por isso mesmo.

Sobrou para Milicent desenhá-lo.

Dezenas e dezenas de designs foram rascunhadas, todas variações de um corpo gigante e amorfo.[27] A maioria parecia uma cabeça de brócolis com olhos. O design foi depois refinado para ter apenas um olho, braços curtos como os de um Tiranossauro Rex e um monte de bolhas. Parece com um olho que ficou preso em um saco Ziploc muito velho. Isso soa muito bobo, mas na década de 1950 era aterrorizante.

O filme foi produzido por um homem chamado William Alland e dirigido por Jack Arnold, que iriam se tornar dois dos principais cineastas de ficção científica daquele tempo. *A Ameaça Veio do Espaço* foi filmado nos estúdios de som da Universal e no deserto próximo a Los Angeles. Ele foi lançado no ano seguinte, em maio de 1953, com sucesso mediano de crítica e bilheteria. Foi apenas o 75º filme mais rentável do ano, mas deu início a uma tendência no cinema que continuaria nos anos subsequentes. Em 2008, foi indicado para a lista dos dez melhores filmes de ficção científica do American Film Institute. Nada mau para um filme brega com um monstro estranho! Milicent

---

27 Westmore guardou todos esses designs iniciais para usar mais tarde em outro filme de ficção científica que também se tornou um ícone do gênero. Falaremos sobre isso mais tarde.

havia encontrado um jeito de pegar a mais vaga descrição de uma criatura e tirar algo do cérebro dela que ajudaria a dar o pontapé inicial em um gênero cinematográfico inteiro.

Cobrindo suas apostas para o caso dessa coisa nova de ficção científica não funcionar, a Universal colocou ao mesmo tempo outro filme em desenvolvimento que era garantia de sucesso: *Abbott e Costello Encontram o Médico e o Monstro*. Era o quarto filme da Universal em que Abbott e Costello encontram um monstro desde o lançamento de *Abbott e Costello Encontram O Homem Invisível*, em 1951. A empresa tinha feito vários filmes com a dupla de comediantes, e a fórmula de horror e comédia era garantia de sucesso para eles. Os filmes estrelavam Abbott e Costello como personagens em uma história clássica de filme de horror, mas todos os sustos são substituídos por piadas hilárias. Funciona muito bem. Todas as emoções e mecânicas de assustar alguém são muito similares às mecânicas de fazer alguém rir. A antecipação, a surpresa. Normalmente, é só uma questão de perspectiva.

A fórmula também era um exercício eficaz de reciclagem para o estúdio. A Múmia, o Monstro de Frankenstein, O Homem Invisível — todos estes eram personagens que não estavam mais em voga em Hollywood e tinham ficado um tanto ultrapassados no mundo do horror. Bela Lugosi e Boris Karloff haviam sido grandes celebridades por seus icônicos papéis como monstros. Mas quase duas décadas depois, o maior sucesso que os dois atores haviam chegado a ter fora com aqueles papéis de horror. A Universal agora poderia reutilizar esses atores em seus icônicos personagens para obter um resultado hilário. Como não eram mais assustadores, a audiência poderia se deliciar ao vê-los perseguir Abbott e Costello. Boris Karloff odiava esse tipo de filme. Ele sentia que eles haviam feito um desserviço aos personagens originais. Mas, bem, todo mundo gosta de dinheiro. Boris concordou em fazer esse filme e até uma turnê de divulgação para ele, contanto que não tivesse que assisti-lo.

Em *Abbott e Costello Encontram o Médico e o Monstro*, os comediantes estão no famoso conto sobre dupla personalidade de Robert Louis Stevenson como uma dupla de detetives norte-americanos que se envolve na caça ao assassino Doutor Jekyll, interpretado por Boris Karloff sem maquiagem. Ao injetar seu soro secreto, Doutor Jekyll é transformado no malvado Senhor Hyde, que se parece com um javali particularmente violento e com tesão. Uma combinação de trapalhadas. Na verdade, Karloff não colocou a máscara e interpretou Senhor Hyde, apesar do que os créditos do filme dizem. Quem interpretou o papel foi Eddie Parker, um dublê. Milicent ajudou a fazer o design dessa máscara e de várias maquiagens diferentes que fazem parte da cena de transformação.

Naquele ano, depois que os dois filmes haviam terminado, Milicent passou por uma tragédia pessoal. A mãe dela faleceu em outubro.

Camille e Elise haviam se mudado bastante desde que Milicent saíra de casa. Enquanto viviam em Glendale, Camille estava trabalhando como engenheiro para o estado da Califórnia. Ele ajudou a construir grande parte da Angeles Crest Highway, uma rodovia de 106 km que começa em Burbank (em cima de Los Angeles) e se estende ao oeste até as montanhas San Gabriel. Eu realmente não sei qual a melhor maneira de elogiar uma rodovia, mas a Angeles Crest Highway[28] é uma boa rodovia. É bonita e fácil de dirigir. É principalmente usada por pessoas de Los Angeles que estão estressadas e sedentas por árvores para dirigir até o meio do nada, dar um tempo da cidade e voltar quando estiverem com saudade das casas de suco.

A construção na rodovia atrasou durante a Segunda Guerra Mundial e, assim que a guerra acabou, Camille procurou trabalho em outro lugar. Ele foi contratado pelo governo federal, e suas habilidades foram utilizadas pela Atomic Energy Commission. A AEC foi criada depois da Segunda Guerra para controlar a pesquisa e o desenvolvimento de energia atômica e ciência durante o período de paz, o que, considerando que a Guerra Fria estava ganhando força, é meio que um nome impróprio. A AEC era responsável por coisas como desenvolver o arsenal nuclear dos Estados Unidos e, então, testar armas nucleares. Coisas pacíficas.

---

28 Se você é fã de *Donnie Darko*, essa é a rodovia que você vê
bastante no filme, inclusive na cena de abertura.

Camille e Elise viajaram por todo o país por causa do novo trabalho de Camille. Eles agora não tinham mais o ônus dos filhos, já que Milicent, Ulrich e Ruth já haviam todos se mudado para a vida adulta em Los Angeles. Tanto Ulrich como Ruth estavam casados e tinham começado a ter filhos. Ruth, seguindo a tradição da irmã mais velha, foi renegada por Camille quando se casou. Ela e o marido fugiram porque Camille nunca teria lhes dado permissão para se casar. Mas Ruth secretamente manteve correspondência com Elise.

Durante os anos seguintes, Camille e Elise se realocaram da Califórnia para o Havaí, do Havaí para a Flórida e, finalmente, de volta para a Califórnia. O casal acabou retornando para sua cidade de origem, São Francisco, por um tempo antes de se fixar em Oakland, onde Camille se aposentou. Os dois estavam em meados dos sessenta anos quando Elise faleceu, 66 e 67 anos, respectivamente. Um serviço de funeral privado foi feito em Oakland antes de ela ser cremada.

A morte de Elise não foi o suficiente para consertar o afastamento entre Milicent e sua família, mas Camille fez as pazes com Ruth, cujos dois filhos nunca haviam conhecido nem Camille nem Elise. Camille pediu desculpas para Ruth e o marido e, então, os convidou para visitá-lo no norte da Califórnia. Camille terminou como muitos pais complicados terminam — ele se tornou um avô maravilhoso. Os filhos de Ruth o amavam, apesar da insistência dela de que ele não era um homem bom. Ruth não o perdoou, mas manteve o relacionamento para o bem dos filhos.

Os anos não haviam mudado a opinião de Ruth sobre a irmã. Os irmãos de Milicent e o pai mantinham os olhares enviesados sobre o estilo de vida dela. Eles estavam convencidos de que ela estava envolvida com coisas terríveis em Hollywood, de que era uma prostituta e de que merecia ser insultada. A maneira trágica como os dois primeiros relacionamentos dela terminaram, aliada ao fato de que ela morava com Frank Graham sem ser casada com ele, serviu como prova de que era uma mulher imoral.

Mas Milicent tinha Syd e também tinha seus amigos. Um dos melhores amigos que Milicent havia feito em Hollywood era um homem chamado George Tobias. George era ator de cinema e televisão e apareceu em mais de sessenta programas e filmes ao longo da vida. Ele é mais conhecido como o personagem Abner Kravitz, da série *A Feiticeira*. George era de Nova York e catorze anos mais velho do que Milicent. Ele trabalhava em Hollywood desde 1939.

Milicent e George eram uma rede de apoio um para o outro e com frequência iam a eventos da indústria juntos. Por causa disso, muitas pessoas sempre pensaram que eles estivessem envolvidos romanticamente, mantendo um longo caso. Nenhum deles confirmou ou negou nada de forma pública, mas eles eram apenas amigos, melhores amigos. George nunca se casou, e havia vários rumores de que era gay. Sem nenhuma nova descoberta de arquivo, é absolutamente impossível confirmar. O que eu sei é que eles amavam um ao outro e se mantiveram próximos para o resto da vida. George se manteve uma figura fixa na vida pessoal e social de Milicent.

A essa altura, Milicent estava morando em Beverly Glen, nos cânions e montanhas acima da cidade de Los Angeles. Beverly Glen é perto de um dos bairros mais conhecidos de LA, quer dizer, mais conhecidos se você gostava de *Um Maluco no Pedaço*. É uma área bonita. É um pouco difícil dirigir pelas estradas estreitas e sinuosas dos desfiladeiros, mas é extremamente verde e repleta de casas maravilhosas. Era especialmente difícil para Milicent dirigir por lá; ela nutria um amor por carros espaçosos, gigantes. Mas Beverly Glen era como um lugar mágico e secreto, e Milicent amava.

Apesar da perda na família, as coisas estavam indo bem na vida de Milicent. E estavam prestes a ficar ainda melhor. Sem saber, Milicent tinha o maior projeto de sua carreira inteira esperando por ela na Universal. Algo que ainda estava em desenvolvimento, mas que iria mudar tudo.

Tanto *Abbott e Costello Encontram o Médico e o Monstro* como *A Ameaça Veio do Espaço* fizeram sucesso modesto na bilheteria de 1953. Todos estavam felizes com o trabalho dela. *A Ameaça Veio do Espaço* se tornaria um clássico do gênero, influenciando cineastas por gerações, particularmente *Contatos Imediatos de Terceiro Grau*, de Steven Spielberg.

Enquanto criava designs para Bud Westmore, Milicent manteve a carreira de atriz. Ela estrelava uma série de televisão chamada *Ramar das Selvas*. No programa, *Ramar* significa "homem branco da medicina" em uma língua nativa não especificada, então você pode imaginar o racismo casual e o complexo de superioridade branca que vai aparecer quando você assistir. A série é sobre dois homens brancos, um médico e seu sócio, que são filhos de missionários que retornam para a África com a intenção de tratar os nativos de lá. Milicent estrelou como a Deusa Branca, a reverenciada moça branca e sexy de uma vila africana que misteriosamente havia permanecido jovem e bonita e aprendido um pouco de inglês. Ela apareceu em um arco de três episódios (que mais tarde foi editado em uma única história e lançada como filme no Reino Unido). A personagem dela está vestida com um conjunto de biquíni e saia com estampa de leopardo, complementada com um colar de conchas e uma capa com a mesma estampa. Ela fala com um sotaque que eu posso descrever apenas como o de uma "mulher da caverna mal-humorada".

Honestamente, não é nada incrível. *Ramar das Selvas* não foi um dos grandes sucessos da televisão da década de 1950, e Milicent não foi contratada por suas habilidades de atuação. Sendo justa, ela está fantástica em uma estampa de leopardo.

Esse foi seu único papel em 1953. Para sorte dela, Milicent estava ocupada criando monstros.

O lugar de Milicent como designer de criatura e maquiagem na Universal estava garantido. Quando veio o momento de criar algo para o novo projeto de ficção científica da Universal, Bud Westmore sabia exatamente qual artista o faria.

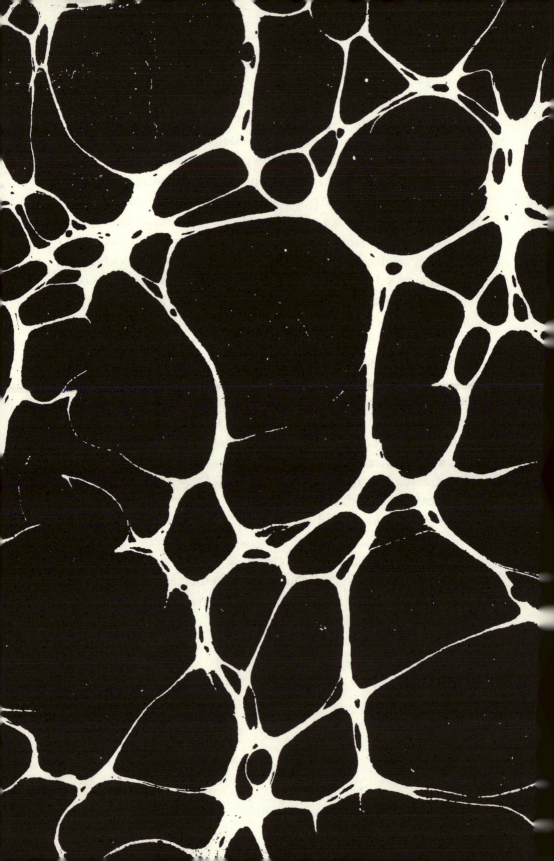

A BELA E A FERA

Eu estava começando a ficar sem recursos e lugares onde pudesse procurar traços de Milicent. Eu não tinha a menor ideia de como o resto da vida dela se parecia. Então, decidi ir na direção completamente oposta — eu iria procurar traços da morte dela. Pelo menos, eu assumi que seria sua morte. A essa altura, se estivesse viva, ela teria mais de 100 anos. Eu precisava começar a alterar a ordem da vida de Milicent: começar do fim e abrir caminho para o passado. Era algo sólido no qual eu poderia me basear. Não existem muitas constantes na vida, mas essa é uma delas.

Era o momento de procurar pela certidão de óbito de Milicent.

Assim que o trânsito da manhã diminuiu um pouco, eu dirigi até o cartório de Los Angeles. Ao parar o carro no estacionamento, eu aceitei outra constante da vida — as filas colossais e lentas nos prédios do governo. Mas eu fui preparada. Eu não tinha só um, eu tinha dois livros dentro da minha bolsa.

Durante a uma hora e meia em que esperei na fila, eu me dei conta de que, na verdade, não sabia se *poderia* procurar a certidão de óbito dela. Eu não sabia se qualquer pessoa podia fazer isso. Porque, não se engane, aos olhos da lei, eu sou uma pessoa qualquer. Eu não tinha nenhuma conexão familiar com Milicent. Eu sou tão pálida quanto um fantasma nervoso e o meu último nome é O'Meara. Eu estou tão longe de uma deusa italiana quanto uma batata. Eu tinha quase certeza de que a minha tatuagem dela também não contava como ligação de sangue.

Eu não sabia nem como perguntar sobre esse tipo de coisa. "Hm, oi. Você pode me dizer se essa pessoa está viva ou não?" provavelmente não era a melhor maneira de começar aquela conversa, especialmente se eu estava tentando convencê-los de que não era uma pessoa bizarra qualquer.

Mas eu já estava na fila há tanto tempo que agora era uma residente permanente do cartório de Los Angeles. Quando enfim me aproximei da janela pequena e suja, eu apenas vomitei o meu pedido para a mulher exausta sentada do outro lado.

"Oi, eu estou tentando encontrar a certidão de óbito ou na verdade qualquer tipo de certificado, mas principalmente a certidão de óbito, de uma mulher sobre a qual estou escrevendo um livro, mas eu não sou parente dela, então espero que seja tudo bem eu não sei se é permitido, mas qualquer coisa que você puder me contar seria ótimo ah cara muito obrigada!"

Eu respirei e sorri. Em vez de me expulsar, a mulher acabou sendo muito mais atenciosa e paciente do que precisava ser. Ela procurou para mim por "Milicent Patrick", digitando naquele tipo de teclado pesado e barulhento que hoje só existe em repartições e faculdades públicas.

"Hm, não existe nenhuma certidão de óbito com esse nome."

Com um olhar apologético para as hordas de pessoas esperando atrás de mim na fila, eu dei a ela todas as combinações em que consegui pensar. Milicent Trent, Milicent Rossi, Mildred Rossi, Mildred Trent, Mildred Patrick. Um L, dois L. Essa escrivã merecia um troféu por me deixar usar tanto do seu tempo. As pessoas atrás de mim mereciam um troféu por não se transformarem em uma multidão enfurecida e querendo me assassinar. Após alguns minutos pesquisando, ela enfim olhou para cima e disse: "Moça, eu sinto muito, mas nenhuma pessoa com esse nome morreu em Los Angeles".

Eu saí de lá e me sentei no carro alugado, um pouco abatida, mas esperançosamente intrigada.

Para onde ela foi? Ela mudou o nome de novo? Ela ainda estava viva?

A ideia para *O Monstro da Lagoa Negra* começou muitos anos antes de 1953. Em 1940, um homem chamado William Alland estava jantando na casa de Orson Welles. Welles estava no meio da criação de *Cidadão Kane*,[1] e Alland tinha um pequeno papel no filme.

Outro convidado do jantar era o diretor de fotografia mexicano Gabriel Figueroa, que contou uma história bizarra. De acordo com ele — e ele insistia que a história era verdadeira —, havia uma criatura meio homem, meio peixe que morava na Amazônia. Ela não era um mito; essa criatura era constantemente discutida pelos moradores da região. Mais do que com sua aparência, as pessoas estavam preocupadas com a tradição anual da criatura de entrar no vilarejo, reivindicar uma virgem[2] e ir embora, presumivelmente para comê-la, violentá-la ou fazê-la tricotar uma quantidade colossal de meias para pântano. Assim que o ritual acabasse, a vila estaria segura por mais um ano. Pelo menos dos ataques da criatura. Alguém realmente precisava checar as letras miúdas desse acordo.

Anos mais tarde, em 1952, Alland estava trabalhando na Universal, produzindo e escrevendo. Naquele outubro, ele estava tentando desenvolver alguma coisa nova e empolgante para apresentar aos executivos do estúdio. Ele se lembrou da conversa louca sobre o homem-peixe durante aquele jantar na casa de Welles e decidiu escrever um tratamento de roteiro chamado *O Monstro do Mar*. A história era basicamente uma versão mais molhada de *King Kong*. Cientistas escutam falar de uma lenda bizarra sobre um homem-peixe morando na Amazônia,[3] eles vão até lá para investigar com uma moça sexy a tiracolo, o homem-peixe a vê e se apaixona. Eles atiram no homem-peixe e o trazem para a civilização, onde ele escapa e ataca a cidade, mas é por fim abatido por causa da fraqueza pela moça. Fim. Alland inclusive reconheceu as similaridades entre *O Monstro*

---

1 Os Hearst têm uma presença bem estranha ao longo da vida de Milicent Patrick.
2 Eu fico sempre intrigada sobre como esses monstros conseguem saber só de olhar quando alguém é virgem. Um truque que freiras vêm tentando dominar há séculos.
3 Considerando o título, Alland devia ter um conhecimento limitado sobre geografia.

do Mar e *King Kong*.[4] Os executivos da Universal gostaram do *twist* nessa fórmula de sucesso para filme de monstro e entregaram o tratamento para um roteirista ver o que conseguia tirar disso.

O roteirista era Maurice Zimm, um homem que escrevia radionovelas há muito tempo, mas que nunca tinha escrito um filme. Dali saiu um tratamento detalhado que, honestamente, você não precisa ler. Envolve uma herdeira gostosa financiando uma expedição científica para a Amazônia. Ela se importa apenas em seduzir homens e acaba sendo usada como isca para atrair uma criatura-peixe emotiva e muito parecida com um humano chamada Homem-Peixe. O Homem-Peixe foge com ela. Um monte de escapadas e resgates e capturas acontece para os dois lados, até que o Homem-Peixe é enfraquecido e devorado por piranhas. Valeu a tentativa, Maurice.

A história não ia ganhar nenhum prêmio, mas deu a Alland o tipo de monstro que ele realmente buscava. Ele queria uma criatura digna, cheia de humanidade, algo que não chegava a ser monstruoso por completo. Ele queria tristeza e beleza, um pouco de romantismo, como algo sobre o que The Cure cantaria se a banda fosse composta por tritões. Um monstro horrível e nojento não cabia nessa visão do filme.

A Universal achou que a história prometia, mas reconheceu que era necessário trabalhar mais nela. O tratamento foi passado para outros roteiristas, Leo Lieberman e Arthur Ross, para ser transformado em um roteiro. Essa versão seguinte da história é muito mais próxima do filme final do que a que Maurice Zimm havia escrito, mas ainda não havia chegado lá. Mas era próxima o suficiente para o estúdio dar o pulo para a pré-produção. Nesse meio-tempo, Alland e o diretor Jack Arnold filmaram *A Ameaça Veio do Espaço*.

Os produtores da Universal começaram a desenhar o orçamento para o que estava sendo chamado de *Lagoa Negra*, título melhor e mais preciso do que *O Monstro do Mar*. A primeira grande decisão financeira que precisava ser tomada era se eles iriam filmar em cor ou

---

4 Para ser justa, a estrutura narrativa de *King Kong* foi tirada de O Mundo Perdido, de sir Arthur Conan Doyle, então eu não posso reclamar muito de Alland.

não. Essa foi uma época bastante ímpar na história do cinema. Alguns filmes estavam sendo filmados em cor, alguns em preto e branco. Foi parecido com o começo da década de 2000, quando a tecnologia digital começou a substituir o filme analógico tanto para a filmagem como para a distribuição. A cor era um chamativo para as audiências, mas era muito mais cara de se filmar. Além disso, quando você está fazendo um filme de ficção científica, é mais fácil criar um monstro convincente quando não tem que se preocupar com a cor dele.

A Universal também precisava decidir se iria ou não filmar em 3D. De novo, o 3D era chamativo para as audiências, mas era mais caro de filmar. A diferença nos orçamentos era grande o suficiente para levantar considerações importantes. Filmar em preto e branco teria feito o orçamento total custar 600 mil dólares (mais ou menos 5,5 milhões hoje); em preto e branco 3D, 650 mil dólares (6 milhões); colorido, 675 mil dólares (6,3 milhões); e colorido 3D, 750 milhões de dólares (7 milhões).

Assim como faço quando compro batons caros e sombras baratas para equilibrar as coisas, a Universal decidiu dividir a diferença de custo. O filme seria preto e branco e filmado em 3D. Mas a versão do roteiro que Ross e Lieberman tinham escrito ainda não estava pronta. Alland queria sua história à la *King Kong*. Ele queria um filme com elementos da Bela e da Fera. A última versão do roteiro era um filme inteiro de monstro com quase nenhuma emoção. O que isso significa é que a personagem feminina tinha menos espaço. Nessa versão, a Criatura quase não reage a ela. Na verdade, o monstro quase não reage a nada a não ser que a esteja atacando. Era mais como uma expedição encontrando um animal raivoso em um safári do que uma história de monstro com nuances, com o papel feminino sendo quase completamente insignificante. Quando encontra o monstro, ela está aterrorizada e fraca. Alland queria ver mais da personagem feminina, mais agência e uma conexão emocional maior com monstro. Ross discordou e, graças a Deus, outro roteirista, Harry Essex (o homem que escreveu o roteiro final para *A Ameaça Veio do Espaço*), foi contratado.

Se você acha que eu estou disparando demais os meus lasers feministas, a seguinte citação, do excelente livro *The Creature Chronicles*, de Tom Weaver, é o que Arthur Ross disse para Tom sobre o roteiro e os pensamentos de Alland. Ilustra muito bem como Ross se sente a respeito de mulheres nos filmes.

> [Alland] queria colocar *mais* da mulher. Aqui vem a grande Criatura com o seu pau de 1,5 m de comprimento, ele vai transar com ela, e ela consegue escapar bem a tempo — mas ela *de fato* pensa sobre ele [*risos*]!... Eu tinha colocado tanto [a Bela e a Fera] quanto achei que era correto, porque essencialmente aquela não era a história. O fato de a Criatura estar atraída por uma mulher não era a razão pela qual lutou de volta... Mas Bill queria mais daquele elemento *King Kong* em *O Monstro da Lagoa Negra*, então [Harry Essex entrou no projeto]. De verdade, tudo o que ele fez foi colocar mais da garota. Cenas embaixo d'água, a Criatura a vê, a Criatura tem uma ereção [*risos*]... Eu senti que a natureza da relação da Criatura com a mulher no filme era bem simplista.

Ross tinha orgulho da versão dele do roteiro. Ele disse a Tom Weaver: "Eu escrevi pessoas inteligentes fazendo coisas inteligentes". Aparentemente, Ross não considera mulheres pessoas. Para a felicidade das audiências futuras e de todos os envolvidos, Harry Essex ter "adicionado mais da garota" significava algo diferente do que Ross havia imaginado; ele escreveu uma personagem feminina como uma pessoa real, com objetivos, agência e sentimentos. Essex e Alland trabalharam com o supervisor de pós-produção da Universal Ernest Nims para chegar à versão final do roteiro. Nims rascunhou uma lista de sugestões para agilizar a história e chegar finalmente à versão que foi para as telas.[5]

---

5   Em entrevistas, Harry Essex tomou para si quase todo o crédito sobre o roteiro, o que deixou Arthur Ross irado. Roubar o crédito por qualquer coisa é desprezível, mas, honestamente, qualquer coisa que enfureça Arthur Ross me deixa feliz.

A história de *O Monstro da Lagoa Negra* começa com uma expedição geológica encontrando um fóssil na Amazônia — o esqueleto de uma espécie de mão com dedos grudados por membranas. A mão é prova de uma conexão entre os animais aquáticos e terrestres. O líder da expedição, um homem chamado dr. Carl Maia, visita o instituto biológico marinho próximo dali. Lá, ele encontra um ictiologista que conhece, o dr. David Reed, e a colega e namorada de Reed, Kay Lawrence. Ao ver a mão, Reed convence seu chefe no instituto, dr. Mark Williams, a financiar uma expedição à Amazônia para procurar mais fósseis. Mark, David, Carl e Kay formam o time, ao lado de outro cientista, dr. Edwin Thompson. Kay Lawrence, claro, é a única que não é doutora. Mas, pelo menos, ela é uma cientista inteligente e capaz e não está lá só para deixar a Criatura com tesão.

Toda a equipe embarca em um navio a vapor para uma viagem Amazônia adentro. Todos ali são pessoas brancas e sem nenhum tipo de deficiência física. As únicas pessoas não brancas nesse filme são os assistentes e o capitão do barco a vapor, Lucas, interpretado pelo ator luso-americano Nestor Paiva. No começo, o time não tem sorte e não consegue encontrar nenhum fóssil. É apenas quando eles exploram um afluente que deságua em um lugar que Lucas diz chamar Lagoa Negra que as coisas começam a ficar interessantes. É um lugar bucólico, mas com um pequeno porém... ninguém jamais voltou de lá. Geralmente, em filmes de horror, um grupo de pessoas escuta falar sobre um lugar de nome ameaçador e precisa ir até lá. Enquanto eles estão navegando em direção à lagoa, a Criatura vê Kay por um momento e se interessa de imediato. A Criatura segue o barco até a Lagoa Negra e a verdadeira aventura começa.

Considerando especialmente a forma como a história começou, e o que ela poderia ter se tornado nas mãos de Arthur Ross, ela é ótima para um filme de monstro da década de 1950. Tem bom ritmo, é interessante, é emocionante. No que diz respeito às primeiras heroínas de horror, Kay é uma das mais fortes. Ela é uma cientista, é corajosa e, ainda, tem um momento em que ela mesma luta contra a Criatura. Ela é bem diferente das mulheres desesperadas e indefesas sendo atacadas por alienígenas em outros filmes de ficção científica da época.

Alland estava feliz com essa versão do roteiro; ele tinha todos os elementos de a Bela e a Fera que queria. Infelizmente, de acordo com a MPAA (Motion Pictures Association of America), talvez o filme tivesse elementos de a Bela e a *Bestialidade* demais. Talvez você conheça a MPAA como a responsável por estabelecer a classificação de faixa etária dos filmes. Lá na década de 1950, ainda existia algo chamado Código Hays, ou Código de Produção, para filmes de grandes estúdios. Seu filme não poderia ser lançado se não passasse. O código era, basicamente, um guia "moral" do que você podia ou não podia mostrar nos filmes. Algumas coisas faziam sentido, como a proibição de exibir órgãos sexuais de crianças. Mas a lista do que você não podia ter no seu filme era ultrajante, de escravidão branca (mas qualquer outro tipo de escravidão era tranquilo) até danças que fossem muito sugestivas, o que era especialmente confuso, já que dava abertura à interpretação subjetiva.[6]

O chefe da Production Code Administration, um católico apostólico romano chamado Joseph Breen, precisou ter uma conversa com a Universal sobre *O Monstro da Lagoa Negra*. Breen era famoso pelas interpretações e pelo cumprimento rígido do código. Ele é o homem que fez Betty Boop pendurar o vestido decotado e trocá-lo por uma saia de dona de casa. Muitos cineastas se enfureciam por ter que editar os filmes para que cumprissem as demandas de Breen e odiavam o poder que ele tinha sobre a arte deles.

Breen estava preocupado com as sugestões de bestialidade em *O Monstro da Lagoa Negra*. Ele queria ter certeza de que o diretor ia evitar qualquer tipo de sugestão sexual nas cenas entre a Criatura e Kay, especialmente quando a Criatura carregasse Kay para sua caverna. A outra preocupação de Breen envolvia o traje e a anatomia da Criatura. Talvez ele tivesse lido a versão de Arthur Ross e tenha ficado com medo de ver o membro bestial da Criatura. O estúdio

---

6   Sorte que ele foi abandonado no fim da década de 1960 e, em 1968, o sistema de classificação que nós conhecemos hoje entrou em vigor.

garantiu a Breen que isso não seria um problema, condenando os fãs da Criatura a se perguntar para o resto da eternidade o que havia embaixo daquelas escamas.[7]

A pré-produção do filme prosseguiu quando o estúdio garantiu à MPAA que nenhum tipo de bestialidade iria aparecer na tela grande. A equipe do filme provavelmente estava tão aliviada quanto a MPAA. Eles já estavam ocupados o suficiente em criar uma versão da roupa da Criatura que fosse adequada para um público de todas as idades. O design seria diferente de tudo que Hollywood já tinha visto.

Alland queria que os elementos de a Bela e a Fera da história fossem evidentes no design da Criatura. Mas, como todo bom produtor, ele também queria economizar dinheiro. Um orçamento de 650 mil dólares para um filme em 1953 não era pouca coisa, mas esse era um filme de monstro de ficção científica que se passava majoritariamente em um barco na Amazônia. Eles precisavam de cada centavo daquele orçamento.

De início, Alland pensou que a Criatura poderia ser criada pelo departamento de objetos de cena e pelas pessoas responsáveis pelos efeitos especiais, com os escultores do departamento de maquiagem fazendo apenas a cabeça, as mãos e os pés. Os pobres coitados trabalharam no design do traje por dois meses antes de conseguir criar algo para Ricou Browning,[8] o homem que atuaria como a Criatura em todas as cenas embaixo d'água.

O traje, que é uma palavra extremamente generosa para descrevê-lo, era ridículo. Fazia Ricou parecer um peixe triste que havia sido forçado a usar um macacão de spandex. Ele tinha a cabeça e a pele lisas — nada de escamas — e grandes nadadeiras como pés. As mãos eram garras membranosas e, apesar de ter algumas poucas escamas

---

7   Breen se aposentou de filmes aterrorizantes em 1954, o ano em que *O Monstro da Lagoa Negra* saiu. Eu gosto de pensar que precisar debater sobre o pênis dos peixes o levou à aposentadoria.

8   Ricou Browning tinha 23 anos e era um nadador e mergulhador de sucesso que os produtores de locação conheceram enquanto visitavam o lugar que se tornaria a locação para o filme, Wakulla Springs, na Flórida. Jack Arnold se apaixonou pelo modo como Browning se movia enquanto nadava e decidiu contratá-lo para o papel da Criatura.

grandes na barriga e nas laterais, a maior parte da pele era só um material elástico. Parecia com a fantasia horrorosa de Halloween que a sua mãe fez para você na escola primária. Para ser justa, a equipe de objetos de cena estava seguindo as orientações de Alland. Mas, em vez de parecer romântico, triste e humanoide, só parecia estranho e assustador, o elo perdido que deveria continuar perdido.

A equipe colocou Ricou no traje e o fez nadar no grande tanque de água na Universal Studios. O visual não melhorava quando ele estava embaixo d'água. Eles fizeram algumas filmagens de teste e as passaram para os chefes do estúdio, o departamento de maquiagem, o departamento de objetos de cena, qualquer um que infelizmente tivesse qualquer coisa a ver com o traje. Eu chamaria de monstruosidade, mas isso é exatamente o que ele não era. Todas as pessoas odiaram. Os chefes do estúdio declararam que não era assustador e o visual era terrível.

Bom, todo mundo com exceção de Alland.

Alland iria preferir sua versão do traje da Criatura pelo resto da vida. Ele achava que era ao mesmo tempo amedrontadora e elegante, uma criatura com partes igualmente humanas e monstruosas. Alland sempre se perguntava como as coisas seriam se ela tivesse sido escolhida. Isso eu posso lhe dizer: provavelmente teria sido um filme de monstro ridículo e brega que não teria o impacto que *O Monstro da Lagoa Negra* teve. Por sorte, depois que os chefes do estúdio reprovaram a versão dele, Alland cedeu e deixou Bud Westmore e o resto do departamento de maquiagem assumir. Estava na hora de Milicent aparecer.

O macacão elástico não estava funcionando. Ninguém quer ver um monstro que parece ter saído de uma videoaula de aeróbica. O departamento se deu conta de que, com uma cabeça, mãos e garras, teria que desenhar e esculpir o traje completo. A referência para a verossimilhança havia sido elevada com o público moderno. A Criatura precisaria reverberar com a noção de realidade, de possibilidade.

Milicent, como uma artista trabalhando no filme, entendeu isso.

"As pessoas, incluindo crianças, são cientificamente tão bem informadas que até a ficção científica tem que alcançar certo padrão. A ficção não corre livremente com as rédeas soltas. Alguém vai reclamar se você for um pouco longe demais."

Parte do atrativo para o público de ficção científica era que os filmes pareciam poder ser reais, que tinham algum tipo de base científica. Você podia procurar conforto nos outros clássicos de monstros da Universal e se lembrar de que não eram reais. Lobisomens e vampiros não existiam. Mas até onde as audiências norte-americanas sabiam, um homem-peixe poderia existir nas águas do Amazônia. Com todas as inovações tecnológicas surgindo a todo momento na sociedade, parecia plausível. A estrutura do DNA havia acabado de ser descoberta naquele ano, em 1953. Um elo perdido anfíbio? Não é menos maluco do que um homem indo ao espaço. A Criatura tinha que ser uma espécie de monstro completamente nova e convincente.

Milicent procurou inspiração pesquisando por animais pré-históricos: répteis, anfíbios, peixes. Ela procurou especificamente ilustrações de animais do período devoniano, que é de quando o fóssil da garra da Criatura no filme veio. O período devoniano, há mais ou menos 400 milhões de anos, foi aquele em que a vida começou a sair do mar e se adaptar à terra. Ela passou semanas rascunhando designs.

A nova versão da Criatura que saiu da ponta do lápis de Milicent era mais ameaçadora, mais primordial, mais poderosa. O corpo era coberto da cabeça aos pés com uma armadura de escamas. Movimentando-se na lateral do pescoço estavam as brânquias, saindo de uma cabeça careca e texturizada, com as sobrancelhas proeminentes e lábios grossos e lustrosos. Existiu uma versão com rabo[9] e uma versão com uma protuberância parecida com a de um peixe-pescador na testa. Ambas foram rejeitadas. A Criatura passou por três variações até que Alland estivesse satisfeito. Havia diversos designs da cabeça que estavam competindo entre si e todos foram esculpidos e moldados para que fosse feito um teste de tela. Por fim, o design final foi aprovado e preparado para ser criado.

Agora preciso fazer uma pequena pausa. Você está lendo isso e tudo está fazendo sentido. Bacana, é, Milicent trabalha nesse lugar e ela foi incumbida de fazer essa tarefa e ela a fez. Incrível. Nenhum problema.

---

9   O rabo parece ter sido a única contribuição de Bud Westmore para o design. Foi rejeitado e subsequentemente removido por Milicent.

Milicent na oficina de monstros da Universal. Como esta foto foi claramente encenada, muitos historiadores de cinema concluíram que Milicent não havia feito o design da Criatura. Isso é estúpido. E também é chato, porque esta é uma ótima fotografia, mesmo que posada. (*Coleção da família*)

Mas, por décadas, até muito recentemente, a maioria das pessoas não sabia ou não acreditava que ela havia feito o design por razões que eu mencionei previamente neste livro. Então, o que parece ser muito simples tem sido um debate controverso por décadas. A essa altura do processo criativo, os designs de Milicent foram passados para o escultor Chris Mueller. Mais tarde, Chris Mueller insistiria que a Criatura, o monstro inteiro, fora desenhada por Milicent, que começou a trabalhar nela assim que o departamento de maquiagem recebeu a tarefa. O homem que esculpiu a Criatura diretamente dos designs disse que ela a criou. Isso é prova o suficiente para mim.

Muitas pessoas — homens, são sempre homens — argumentam que essa história não se sustenta. Existe um memorando que dá a Jack Kevan, que era um técnico de laboratório de maquiagem e colega próximo de Bud Westmore, um bônus de uma semana pelo excelente trabalho em desenhar e trabalhar no traje. Esse memorando tem sido alardeado com uma "prova" de que na verdade Milicent não desenhou a Criatura. No entanto, eu acho que ele é "prova" de outra coisa.

O traje da Criatura é ímpar entre os marcantes monstros da Universal. Foi o único que precisou ser capaz de ir para debaixo da água. Não só pular em uma poça, ele precisava ser submergido por longos períodos com uma pessoa que, se não estivesse confortável, ao menos não estivesse infeliz ou morrendo dentro dele. A Criatura também é o único monstro interpretado por duas pessoas.

Ricou Browning foi escalado para interpretar a Criatura em todas as cenas aquáticas, mas estas são apenas metade do seu tempo de tela. A Criatura também aparece em terra — caminhando por aí de maneira ameaçadora — durante muitas cenas do filme. Ricou foi contratado por causa de suas proezas subaquáticas, mas o estúdio precisava de um ator para interpretar o monstro em terra. Ben Chapman, com assustador 1,96 m de altura, foi o ator escolhido. Para comparar, Ricou Browning tinha pouco menos de 1,90 m. Se você olhar com cuidado, com uma atenção nerd bem entusiasmada, você consegue perceber que Ben Chapman, no traje da Criatura em terra, tem uma camada a mais de escama no peito para acomodar sua altura.

Parece lógico que versões de um traje que precisavam vestir dois homens diferentes, de diferentes pesos, tamanhos e alturas e precisassem ser usadas tanto em terra como embaixo d'água deveriam ser ajustadas por alguém com conhecimento técnico. Eu vou lembrá-los de que Milicent não construiu esse traje. Ela fez o design. Ela o guiou criativamente. Ela não esculpiu, ela não moldou, ela não vestiu ninguém com ele. Ela não era engenheira. Parece quase óbvio que depois que Milicent olhasse o traje correto, ele teria passado para alguém que poderia ajustá-lo para ter certeza de que funcionava em nível técnico. Não era o trabalho dela fazer isso.

Então, por que durante sessenta anos os nerds de monstros e historiadores de cinema têm usado esse memorando como evidência de que Milicent não fez o design do traje? Por que apenas ela, entre todos os designers de monstros, está em discussão? Por que só ela parece improvável? Bom, porque ela é uma *ela*.

Ricou Browning disse que não se lembrava de Milicent Patrick trabalhando no set de filmagem. Isso tem sido usado como prova de que Milicent estava lá apenas para propósitos publicitários, ou que era apenas a namorada de alguém (apesar de nessa época ela ser a sra. Beaumont), ou que ela simplesmente não estava lá. Ninguém levou em consideração que talvez Ricou Browning não soubesse que uma mulher havia desenhado o traje e que, já que todo o resto do departamento de maquiagem era formado por homens, tivesse assumido que Milicent não fazia parte da equipe. Talvez ele tenha pensado que ela era assistente de outra pessoa. Browning não conheceu muitas pessoas que estavam envolvidas com o filme. Ele nunca encontrou Ben Chapman enquanto os dois estavam trabalhando em *O Monstro da Lagoa Negra*, apesar de ambos estarem interpretando o mesmo personagem.[10]

Esse é um tipo de olhar masculino completamente diferente, um tipo com o qual eu tenho muita experiência. Eu tenho certeza de que aquele dublador que veio ao estúdio para gravar as falas para o meu filme, quando questionado, não se lembraria de uma produtora trabalhando no filme.

10 Eles foram finalmente apresentados um para o outro décadas depois, em uma convenção sobre a Criatura.

O traje apresentou problemas técnicos depois de ser construído. Os olhos foram um problema logo de cara, tanto para o traje de terra como para o que ia para debaixo da água. Óculos por baixo da máscara não funcionavam, já que deformavam o rosto e se enchiam de água depois de um tempo. No fim, Ricou teve que se contentar por olhar apenas pelo pequeno buraco nas pupilas da máscara, o que criava desconforto para ele. Versões diferentes dos olhos podiam ser colocadas e retiradas da máscara e, na maioria dos takes, Ben Chapman podia usar as que tinham buracos. Mas, em planos fechados, ele tinha que usar a máscara sem nenhum tipo de buraco, deixando-o completamente sem visão. Ele podia parecer intimidador no traje, mas estava bastante indefeso.

Outro problema era que, como o traje era feito de espuma de látex, ele flutuava. O traje não submergia porque era muito leve. A equipe teve que colocar pequenas placas de chumbo no peito, coxas e calcanhares de Ricou para que ele conseguisse ficar embaixo d'água. A partir de determinado momento, a espuma de látex também começou a absorver água, tornando o traje mais pesado. Isso era bom para manter Ricou embaixo d'água, mas ficou mais difícil para ele se movimentar. Apesar de todos esses problemas técnicos, ninguém estava apontando dedos para Jack Kevan, dizendo que ele provavelmente era o namorado de alguém.[11]

Para esculpir o traje foram feitas placas de gesso de Ricou Browning e Ben Chapman. A maioria dos trajes de monstros é feita para vestir especificamente o ator que está interpretando.[12] Mas nem sempre era assim. Nos primórdios dos monstros, os trajes eram feitos em um formato que supostamente servia para todos os tamanhos.

---

11 Cinco anos depois que *O Monstro da Lagoa Negra* foi lançado, Jack Kevan produziu um filme independente chamado *O Monstro de Pedras Brancas*, em que monstro é uma cópia descarada da Criatura, com exceção da cabeça, que parece um rato-toupeira-pelado. Caso você não lembre, nos capítulos anteriores falamos que Piedras Blancas foi onde Milicent cresceu, em San Simeon. Estranhamente, o filme não foi filmado lá. Eu me recuso a assistir esse filme por puro despeito.

12 Se você está interessado na história dos trajes de monstro e da atuação com eles, eu recomendo muito que assista ao documentário *Men in Suits*, criado pelo meu querido amigo e mentor, Frank Woodward. O título, porém, é um tanto enganoso. Também há mulheres no filme.

No entanto, isso causou alguns contratempos cinematográficos ridículos. Se você assistir ao filme *A Ameaça do Outro Mundo*, vai notar que o alienígena, interpretado pelo ator Ray "Crash" Corrigan, está um pouco estranho. Estranho além de "é um filme brega de ficção científica".

O alienígena foi criado pela lenda dos filmes B Paul Blaisdell.[13] Corrigan não quis atravessar Los Angeles para ir até onde Blaisdell morava para tirar as medidas e fazer a placa de gesso para o traje, uma disputa que atores e maquiadores travam até hoje. O problema era que Corrigan era um homem bem grande, então, quando o traje do alienígena foi finalizado, Corrigan não cabia muito bem nele. Na verdade, ele mal cabia. O queixo saía pelo buraco da boca e Blaisdell acabou o pintando para que parecesse a língua do alienígena.

Para evitar situações assim, foram feitos os moldes de gesso de Ben e Ricou usando nadadeiras, para deixar o nado de Ricou mais fácil e tranquilo. Peças individuais de espuma de látex do traje foram grudadas em um *collant* para que se movessem com mais naturalidade, em vez de se entortar de maneira desajeitada. Elas também deixavam o traje mais confortável.

Os designs eram esculpidos com argila nos moldes de Ben e Ricou. Depois, essas esculturas de argila eram usadas como moldes, e esses moldes eram preenchidos com espuma de látex. Esta era assada, secada e, depois, pintada. Uma vez que estivessem pintados e montados, estavam prontos para ser vestidos. Finalmente o traje podia ser submergido no tanque aquático para o teste de filmagem. Ricou experimentou todos os tipos diferentes de cabeça e uma delas, a infame cabeça da Criatura com todas as suas texturas, barbatanas e guelras, foi escolhida. A Criatura da Lagoa Negra nasceu.

---

13 Blaisdell é conhecido por ter criado as criaturas em filmes B como *A Besta do Milhão de Olhos*, *Day the World Ended* e *It Conquered the World*. Não é legal estar no mundo dos filmes de Paul Blaisdell. Ele criou o traje para o filme de 1956 *The She-Creature*, que, aliás, nada tem a ver com a nossa querida Criatura. Infelizmente, não era um filme bom. A "criatura feminina" não é interpretada por uma mulher e se parece com um inseto gigante, violento e com seios raivosos.

Menos de um mês depois de o traje original ser rejeitado pelos executivos da Universal (e por todas as outras pessoas), o departamento de maquiagem, liderado pelo design e pela criatividade de Milicent Patrick, criou um traje completamente novo que estava pronto para as imagens. Esse novo traje se tornaria o último monstro a ser conhecido como "clássico" da Universal e um dos mais conhecidos e mais amados monstros do cinema de todos os tempos. Era o primeiro traje em que a criatividade e a arte não estavam apenas na cabeça ou na máscara, como também cobriam o corpo inteiro, da cabeça às garras. Ele se tornou parte da história do cinema.

Milicent amava o trabalho feito na Criatura, que acabou se tornando sua criação favorita para a Universal Studios. Ela o descreveu em uma entrevista com as seguintes palavras:

> Ele é um monstro completo... Eu acho fofa a forma como ele está agora. Mas isso é porque trabalhei nele por tanto tempo. Espera-se que ele assuste outras pessoas. Ele provavelmente causaria comoção se entrasse aqui e pedisse uma bebida, mas ninguém olharia duas vezes se estivéssemos em Hollywood.

A produção do filme começou em setembro de 1953, quase exatamente um ano depois que Alland se sentou e escreveu o tratamento para *O Monstro do Mar*. As filmagens iniciais duraram três semanas, mas os detalhes finais e as filmagens extras para a abertura ainda estavam sendo trabalhadas em novembro. Até outubro, o filme ainda estava sendo chamado de *Lagoa Negra* o que, levando em consideração todos os outros títulos possíveis, é bem bom. Mas, em novembro, a equipe da Universal foi instruída a chamar o filme de *O Monstro da Lagoa Negra*, e assim entrou para a história dos monstros. Para surpresa de ninguém, Alland odiou o novo título. Ele achava que soava brega e barato. Ele também provavelmente queria que o pôster do filme fosse uma foto da Criatura sentada na beirada de uma janela tocando violão e olhando sonhadoramente para a noite.

Em outubro, a TV *Guide** fez uma pequena nota sobre Milicent. *Ramar das Selvas* ainda estava sendo exibido, e a revista a descrevia como uma artista por trás e em frente das câmeras. Existe uma bela foto de divulgação de Milicent em um vestido e também uma foto mais rara, mais íntima. A segunda fotografia é dela desenhando no estúdio em casa. Ela usa uma camisa larga, abotoada e com as mangas arregaçadas e está curvada sobre a mesa de desenho coberta por ilustrações.

Essa época foi o auge da vida de Milicent como artista profissional, mas, mesmo quando não estava trabalhando em um estúdio, ela estava ocupada em casa. Ela possuía uma sala transformada em ateliê, que estava sempre coberto de trabalhos em diferentes estágios de conclusão. A maioria deles eram retratos e figuras. Milicent conseguia desenhar qualquer coisa, mas pessoas em movimento era o que realmente amava capturar e no que era excelente em colocar no papel. Ela dava vida a qualquer coisa. O cartão de visitas dela dizia simplesmente "Milicent Patrick: artista".

Enquanto o filme estava em produção, os publicitários da Universal já estavam cozinhando todos os esquemas em que podiam pensar para o marketing do filme. Os chefes do estúdio suspeitavam que tinham algo especial com *O Monstro da Lagoa Negra*. Depois de Milicent passar aproximadamente seis semanas trabalhando na Criatura, estava na hora de ela voltar ao caderno de rascunhos para outro filme. Ela não tinha ideia de que essas seis semanas iriam mudar drasticamente a sua vida.

Átila, o Rei dos Hunos era um drama histórico sobre o ataque de Átila e dos hunos a Roma no século XV. O filme foi anunciado assim que *O Monstro da Lagoa Negra* encerrava a produção, e o departamento de maquiagem logo começou a trabalhar desenvolvendo o visual

---

* A TV *Guide* é uma revista que existe até hoje nos Estados Unidos. Na época, ela fornecia a programação da televisão e do cinema (era um menu analógico da sua televisão por assinatura), mas, além da programação, claro, também inclui até hoje fofocas de famosos e dos bastidores de Hollywood. [NT]

dos bárbaros. Milicent fez o design das maquiagens dos bárbaros, o que, na maior parte do tempo, envolvia fazer com que as pessoas parecessem cruéis, e seus pelos faciais, pontudos. As ilustrações e os retratos que ela criou para o filme são maravilhosos.

Em *Átila, o Rei dos Hunos* Milicent sentou ela mesma na cadeira de maquiagem e interpretou uma das mulheres bárbaras figurantes. No entanto, isso não é tão interessante quanto você deve pensar. Milicent passou muito tempo parada, vestindo muitas coisas marrons e parecendo que precisava de um banho. Entretanto, o que era interessante era o que estava crescendo dentro das salas de exibição de O *Monstro da Lagoa Negra*.

No começo do novo ano, em janeiro de 1954, começaram as sessões de teste de audiência. O filme tinha 79 minutos, ou uma hora e dezenove minutos fora da linguagem chata das pessoas de cinema. Logo de cara ele testou muito bem com as audiências. No geral, as avaliações eram boas, na maioria, "excepcional", "excelente" ou "muito bom". Depois da estrela Richard Carlson, a Criatura era o personagem mais popular. No teste de audiência as pessoas reclamavam que os atores interpretando a Criatura não estavam creditados. A maior parte dos espectadores estava encantada com as cenas embaixo d'água e o fato de ser em 3D. Os cartões de comentários foram reunidos em um relatório que foi distribuído entre os executivos por todo o estúdio. Eles começaram a se dar conta de que tinham algo impressionante em mãos.

Depois do teste de audiência, *O Monstro da Lagoa Negra* permaneceu com 79 minutos. Nada precisava ser mudado. Era hora de decidir como promover o filme por todos os Estados Unidos.

Os chefes do estúdio haviam prometido a Joseph Breen que não haveria sexo de peixe, mas, assim que chegou a hora de começar a planejar o pôster do filme, as coisas começaram a ficar bem sugestivas. "Monstro de uma Era Perdida! Enfurecido pelas paixões reprimidas!"

Eu acho que dava para passar pelo radar da MPAA dizendo que a paixão reprimida da Criatura era por assassinato, mas todos nós sabemos que eles estavam falando de um intenso caso de frustração pré-histórica. Você acha que é difícil levar uma garota para o apartamento caindo aos pedaços que você divide com seu amigo? Tente fazê-la ir com você até uma lagoa assustadora.

Além de insinuações de abuso sexual entre espécies[14], o time publicitário da Universal estava trabalhando duro para criar quantos esquemas malucos conseguisse para promover o filme. Todo tipo de coisa foi repassado entre os escritórios da Universal. Da velha e batida técnica de tirar fotos da Criatura com celebridades gostosas a brinquedos e máscaras de látex da Criatura, passando por iniciativas mais grandiosas, como a curadoria de uma exibição de fósseis e pegadas pré-históricas para dar destaque aos aspectos científicos do filme. Peitos! Brinquedos! Ciência! A Universal estava abrindo todas as portas para descobrir como vender esse filme para o país.

Essa é provavelmente uma boa hora para falar sobre os apelidos que a Criatura tinha na Universal Studios — o Homem-Guelras. A Criatura é o único monstro da Universal com tantos nomes diferentes. Existe, claro, apenas Criatura da Lagoa Negra, Criatura, Homem--Guelras e o meu favorito — Creech. Ele me faz sentir como se eu e a Criatura fôssemos melhores amigos. Em grande parte do material promocional de *O Monstro da Lagoa Negra*, ele está referenciado como o Homem-Guelras, o que soa muito bacana... até que você pensa sobre isso. É como chamar o Super-Homem de o "Homem da Capa". Existem vários outros aspectos impactantes da Criatura, mas, ei, guelras.

Enquanto a equipe de publicidade desenvolvia ideias promocionais, o departamento de maquiagem estava elaborando os designs de outro filme. Lembra dos rascunhos descartados de Milicent para *A Ameaça Veio do Espaço*? Eles foram tirados da gaveta para um novo filme que a Universal estava desenvolvendo, *Guerra Entre Planetas*.

---

14 Se você me permite um comentário rápido, isso é bastante ruim. Muitos desses amados e bregas filmes de gênero usam a fascinação de assistir a um monstro abusar sexualmente de uma mulher como publicidade.

Guerra Entre Planetas era outro filme com produção de William Alland e direção de Jack Arnold, apesar de ter um segundo diretor, Joseph Newman.[15] Era baseado em um romance de ficção científica de mesmo nome escrito por Raymond F. Jones, lançado em 1952. A história começa com um homem alienígena de um planeta chamado Metaluna aparecendo para os principais cientistas da Terra e os convidando para ir até sua incrível mansão na Terra. Ele quer que eles o ajudem a construir um projeto alienígena supersecreto, o que, é claro, nenhum cientista pode recusar. Até onde eu sei, a principal razão para se tornar cientista é ficar disponível para esses tipos de situação cinematográfica. Os cientistas logo se dão conta de que o alienígena quer usar seus conhecimentos atômicos na construção de um escudo para proteger Metaluna dos inimigos do planeta Zahgon. Ele amontoa alguns cientistas dentro da espaçonave e os leva para o sofrido planeta Metaluna, onde eles precisam lidar com, entre outros problemas, mutantes rabugentos.

Se comparado com a maioria dos filmes de ficção científica da década de 1950, *Guerra Entre Planetas* é coisa de qualidade. Geralmente é considerado um dos melhores filmes dessa era, no que tange à arte e história. O enredo se sustenta, o visual do filme se sustenta. Foi filmado em Technicolor e, além de ter um aspecto fantástico, era realmente encantador para as audiências ver os alienígenas em cores. Uma coisa é criar um alienígena em preto e branco. Com a cor, você tem tanto o desafio como a oportunidade de fazer com que algo realmente se destaque.

O design final do mutante acabou como algo que parece uma cruza entre um cérebro gigante e um caranguejo. Pode parecer bobo, mas na verdade é bem legal, especialmente se você considerar que veio inspirado pela descrição completamente abstrata de Ray Bradbury de um alienígena. É bem mais do que um olho dentro de um saco plástico. Exatamente o mesmo time que fez o traje da Criatura fez o do Mutante de Metaluna — Jack Kevan e Chris Mueller. Era quase um traje

---

15 Aparentemente, os chefes do estúdio não estavam satisfeitos com o modo como Newman dirigia as cenas com alienígenas e pediram por Jack Arnold, que, a essa altura do campeonato, já tinha dois grandes filmes de ficção científica no currículo.

completo — a cabeça parece um cérebro gigante exposto, com globos oculares imensos e uma boca primitiva. O tronco é um exoesqueleto brilhante, o braço termina em pinças muito longas e as pernas são só pernas depiladas com cera. Aparentemente, existiam pernas (que você pode ver em algumas das fotos promocionais e nos pôsteres do filme) que combinavam com o exoesqueleto nos braços, mas a equipe não conseguiu fazer com que elas se encaixassem e se movessem bem o suficiente, então as abandonou em prol do par de calças que tinha mais cara de coisa alienígena que se pôde encontrar. Uma das minhas partes favoritas sobre cinema e fazer filmes é que, mesmo em filmes de grande orçamento feitos por grandes estúdios, todo mundo está meio que se virando do jeito que dá.

Bud Westmore e o departamento de maquiagem estavam imensamente animados com o Mutante de Metaluna. É uma combinação fantástica de design incrível e ótima execução. Bud depositou todas as esperanças no Mutante de Metaluna, em parte porque tinha expectativas baixas para a Criatura. Ele discordava profundamente da visão de Alland de um monstro capaz de expressar emoções. Na verdade, ele realmente odiava a ideia. E, ainda assim, as pessoas nos testes de audiência adoravam a Criatura porque desenvolviam sentimentos por ela durante a história do filme, e não de uma maneira com a qual a MPAA precisasse se preocupar.[16] O público sentia empatia por ela e a via como mais do que um monstro. Alland pode não ter conseguido o design que queria, mas conseguiu transmitir a mensagem que queria: a história de um monstro imbuído de humanidade.

Bud achava isso bem tosco. Mesmo antes do lançamento de *O Monstro da Lagoa Negra*, ele começou a depreciar o visual da Criatura. Em entrevistas, ele reclamava que o monstro não era assustador o suficiente. Ele achava que a audiência simpatizar com o monstro era algo ruim. Ele odiava que Jack Arnold houvesse filmado a Criatura sob a luz do sol. Bud achava que monstros deveriam estar à espreita, na escuridão, e que o filme não ia se sair bem.

16 Mas, olha, eu não estou aqui para julgar. Você faz o que quiser.

É estranho que Bud estivesse tão disposto a criticar a Criatura e tão disposto a fazer isso publicamente. Um dos testes mais difíceis de passar em efeitos especiais é ser visto na luz do dia; é muito mais fácil esconder as falhas nas sombras. O fato de o traje da Criatura ter sido filmado durante o dia e ainda assim parecer tão bom é prova da competência de toda a equipe do departamento de maquiagem; o design, a construção, a pintura, a aplicação. Bud deveria ter orgulho da criação do seu time.

Ele deveria, se fosse um bom artista e líder de equipe.

Mas o que você precisa saber sobre Bud Westmore é que ele era um imbecil.

Lembra que Bud se sentia desconfortável com a maneira como havia conseguido o emprego na Universal, que ele não era o Westmore que a Universal originalmente queria? Ele cresceu em um ambiente competitivo e traiçoeiro com o pai e os irmãos. Bud passou toda a carreira na Universal tentando se provar, mas, em vez de trabalhar duro e criar excelentes peças de arte para deixar todos para trás, ele roubou crédito do trabalho dos outros.

Também era difícil lidar com Bud no dia a dia. Ele era egocêntrico, arrogante e sedento por poder. Ele tinha um comportamento tóxico com a equipe, chegando a demitir um maquiador porque não gostava da maneira como o homem ria. Tom Case, membro da equipe de maquiagem de *O Monstro da Lagoa Negra*, demitiu-se assim que o filme foi lançado porque não aguentava mais trabalhar para Bud.

Ele era um homem se afogando em insegurança. Frank, o mais novo dos irmãos Westmore, escreveu em seu livro *The Westmores of Hollywood*:

> Quando alguém que ele havia contratado começava a mostrar sinais de criatividade própria, Bud ou o demitia ou recorria ao seu famoso 'tratamento silencioso', tornando a vida do maquiador de maneira geral tão miserável que ele acabava pedindo demissão.

Se ele não estava perturbando seus funcionários, estava roubando o crédito pelo trabalho deles. O tempo de Bud na Universal foi majoritariamente gasto com tarefas administrativas associadas com a manutenção do imenso departamento de maquiagem em funcionamento. Quando não estava se preparando para um filme lendo roteiros e indo a reuniões de produção e orçamento, ele estava designando artistas para trabalhos específicos, encomendando materiais, treinando novos contratados.

Eu não estou menosprezando essa parte do trabalho dele. É isso que acontece quando você é o chefe de um dos departamentos principais. Você não faz muito trabalho criativo. É assim em quase toda indústria. O *showrunner** da sua série favorita não está escrevendo todos os episódios, o chefe do departamento de cirurgia de um grande hospital não está na sala de operação o tempo todo.

O que eu estou desprezando é o hábito dele de correr até o ateliê assim que uma câmera aparecesse, para que pudesse se jogar em uma foto de uma escultura ou de um design e fingir que era ele quem estava trabalhando naquilo. A minha imagem favorita de Bud Westmore é dele no ateliê de maquiagem com um largo sorriso irônico, de terno e gravata, parado em frente a uma das esculturas das costas do traje da Criatura. Ele segura um pincel *ao contrário* contra a peça.

Chris Mueller disse a Tom Weaver para seu livro *The Creature Chronicles*: "Westmore assinava os cheques e aparecia nas fotografias. Só isso".

Esse tipo de coisa acontecia com frequência lá na década de 1950. Lembre-se, a única pessoa que aparecia nos créditos do filme era Bud Westmore. Não havia nenhuma lista pública detalhada no IMDB de quem estava fazendo o que em qual departamento. O departamento de maquiagem era de Bud; era o seu reino. Ele achava que tinha o direito de tomar apenas para si o crédito pelas criações. Era como as coisas funcionavam.

Os estúdios nunca sabem exatamente como lidar com maquiagem de efeitos especiais e trajes de monstros. É um universo confuso dentro da indústria cinematográfica. É maquiagem, são efeitos especiais, é um tipo de objeto de cena? Mas o ator usa? O Oscar não teve uma

---

* *Showrunner* é como se chama o chefe de criação de séries de televisão. Ele normalmente teve a ideia do programa ou tem experiência nessa área. Ele comanda a equipe de roteiristas que ficará responsável pela história e guia a produção e a direção para que a série se mantenha coesa. Nas séries de televisão norte-americanas, o *showrunner* tem mais poder do que o próprio diretor, que tende a ser diferente a cada episódio. [NT]

categoria para maquiagem e penteados até 1981. Os atores dentro dos trajes raramente recebem reconhecimento. Ben Chapman e Ricou Browning não foram creditados no filme, apesar de interpretar um dos principais papéis. É quase uma regra: se você não consegue ver o rosto do ator no filme, então ele não vai ser indicado para nenhum tipo de reconhecimento, apesar do incrível nível de habilidade necessário para se mover, atuar e transmitir emoções dentro de um traje gigante de borracha.

Por isso, o comportamento de Bud era tolerado. Afinal de contas, ele era um Westmore cobiçado, e a equipe dele fazia um trabalho fantástico. Para aqueles que trabalhavam para ele, era difícil deixar uma posição estável no departamento de maquiagem de um grande estúdio. Então, eles ficavam.

Se você não trabalhava para ele ou era uma mulher bonita, Bud Westmore era uma pessoa completamente diferente do imbecil que controlava o departamento de maquiagem. Ao redor de qualquer outra pessoa, ele era encantador — engraçado e doce. Este é o homem que havia contratado Milicent, e provavelmente o homem com quem ela precisava trabalhar todos os dias. Afinal, ela era a única mulher que trabalhava no departamento inteiro. Eu duvido bastante que Bud a visse como uma ameaça.

Com fome de poder? Arrogante? Grosseiro com quem trabalha para ele? Soa familiar? Mesmo que ele fosse duro com ela, Milicent cresceu lidando com esse tipo de homem. Tolerar esse tipo de comportamento era quase um hábito para Milicent. Bud Westmore era um Camille Rossi que sabia trabalhar com um tubo de batom em vez de um rolo de plantas. Então, enquanto Bud zombava publicamente do trabalho de design de Milicent e da criação da equipe, ela permanecia tranquila: Milicent amava o trabalho no departamento de maquiagem.

Assim que ficou sabendo como a equipe de publicidade da Universal queria promover *O Monstro da Lagoa Negra*, Bud mudou de tom. E mudou rápido.

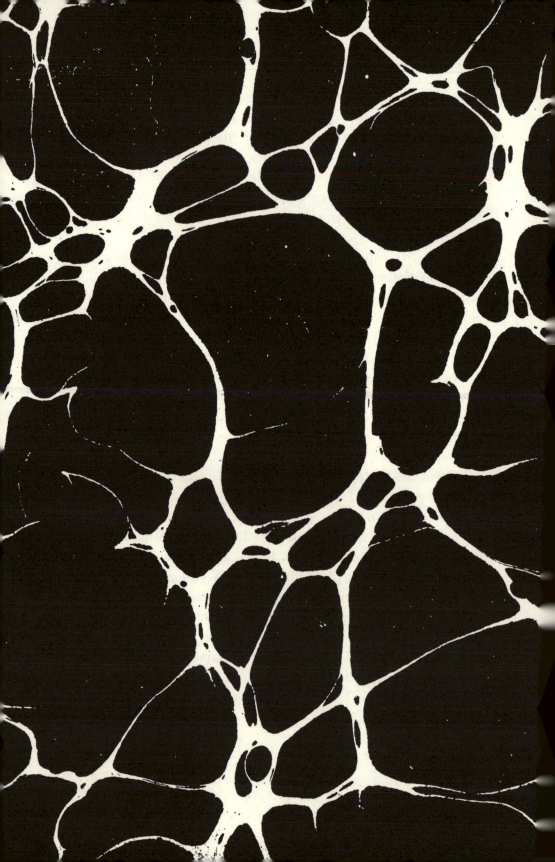

O BRILHO DA ARTE

A Universal levou alguns meses para perceber que a melhor maneira de promover seu novo filme de monstro estava bem debaixo do nariz. Talvez um pouquinho acima dele. Depende de quão alto você é. No mínimo, ela estava caminhando pelo estúdio todos os dias, usando salto alto e encantando as pessoas ao seu redor.

Na verdade, eu fico surpresa que levou tanto tempo para a equipe de publicidade se dar conta. Especialmente surpresa se levar em consideração que uma das ideias promocionais que circularam era lançar uma história em algum lugar sobre as medidas perfeitas de Julie Adams, incluindo a dos calcanhares, panturrilhas e coxas. Existe algum fetichista de calcanhares decidindo ou não se compra ingresso baseado nas medidas da protagonista? Os homens dispostos a lançar uma história erótica sobre panturrilhas foram lerdos no que tange a se dar conta de que a moça que criou a Criatura também era um arraso, e isso era um ótimo direcionamento para a publicidade.

Algumas das outras ideias eram vender "seguros para sustos" na entrada dos cinemas[1] e apresentar o filme para escolas, do ensino fundamental até faculdades, como semi-educacional por causa dos aspectos científicos da história. Promover a maravilhosa dama que fez o design do monstro era uma das ideias mais sólidas.

---

1 Eu não consegui encontrar mais informações sobre isso. No que isso ajudava? Quando você mijava nas suas calças? Estou brincando, mas, aparentemente, o músico Alice Cooper, aficionado por horror, viu *O Monstro da Lagoa Negra* quando era criança e saiu correndo assustado do cinema. Então talvez não fosse uma ideia tão ruim.

Milicent havia sido incluída em fotos promocionais sobre a criação da Criatura porque fazia parte da equipe de maquiagem muito antes de a Universal começar a traçar planos de usá-la especificamente para promover o filme. Algumas das fotos nas quais Bud Westmore adorava se enfiar também tinham Milicent trabalhando ocasionalmente no ateliê de maquiagem, cercada por maquetes de argila, máscaras de borracha, partes de trajes de monstros e materiais de arte, enquanto Bud a observava trabalhar. Em vez de focar em Milicent, essas fotos destacam o processo da criação da Criatura — a criação do design, o esculpir e vestir o traje, um processo do qual Milicent era parte importante.

Mas agora a Universal queria colocá-la no centro dos holofotes.

Em janeiro de 1954, alguém no estúdio teve a ideia de enviar Milicent em uma turnê de divulgação para promover *O Monstro da Lagoa Negra*. Ela poderia falar sobre a criação do monstro, o design e o trabalho que o departamento de maquiagem fazia. Milicent era eloquente, amigável e charmosa. Ela seria perfeita para programas de rádio, comerciais de TV e entrevistas com jornalistas. Ela era dona de um visual elegante e profissional e representaria bem o estúdio. E, óbvio, ela era linda. Vamos deixar isso claro. A Universal não estava vendendo Milicent como a designer de monstros mais brilhante e talentosa. Eles não estavam nem interessados no fato de ela ser a única mulher a ter trabalhado nessa área até então, apesar de isso fazer o departamento de maquiagem da Universal um lugar importante nessa época da história do cinema. Eles a queriam por causa do seu visual.

"A Bela Que Criou a Fera" seria o nome da turnê, promovendo Milicent como esse espetáculo de mulher (que, para ser justa, ela era) que era capaz de conjurar designs para todo tipo de monstro aterrorizante, como se ser bonita negasse qualquer criatividade, interesse em monstros ou talento artístico e, ainda, transformando Milicent em um tipo de joia rara. Ironicamente, porque tão poucas mulheres conseguiram seguir os passos dela, a Universal acabou tornando isso uma verdade. Eu certamente achava que esse era o caso.

O time de publicidade começou imediatamente a cozinhar todo tipo de ideias para combinar com a turnê. Como queriam usar a palavra *Bela*, eles pensaram que podiam criar parcerias com empresas de cosméticos e esteticistas locais. Eu não tenho certeza de como isso funcionaria, já que todo o ponto era que a "Bela" criou os monstros e qualquer penteado ou maquiagem inspirada pela Criatura provavelmente não seria muito sexy.[2]

Eles queriam enviar Milicent com os rascunhos originais de todos os monstros que havia criado, para mostrar na televisão, na entrada dos cinemas, em exibições ou apenas aos fãs. Isso aconteceria com histórias de destaque em jornais e revistas sobre como os monstros eram feitos — dos desenhos originais de Milicent, passando por todos os passos de aprovação, de esculpir o traje e, finalmente, um monstro de verdade. Eles queriam até fazer festas especificamente para tirarem fotos que mostrariam todos os monstros de Milicent na Universal, e uma comemoração de despedida da turnê, talvez até transmitindo isso pela televisão. Eu fico profundamente triste que isso nunca tenha acontecido de verdade, porque é assim que meus sonhos se parecem.

Essa turnê teria sido revolucionária. Uma mulher, não sendo ameaçada por um monstro, e sim sendo exibida como sua criadora, como uma artista talentosa. Sim, o "Bela" no título é um tanto ridículo, mas *era* a década de 1950. Nós estamos em 2018 e continuamos fazendo esse tipo de marketing. Teria sido sem querer uma jogada feminista da Universal. Eles estavam usando Milicent como um artifício para divulgação. Ha, ha! Que inovador e maluco! Uma dama tão bonita cria coisas que são assustadoras! Quem teria pensado nisso? Agora compre um ingresso e assista ao filme!

Mas para as mulheres e garotas tendo a chance de presenciar isso, aquela turnê poderia ter sido transformadora. Ver uma mulher tão capaz e talentosa sendo elogiada pela criatividade, em vez de ser perseguida por alienígenas e monstros, uau.[3] Era inebriante.

---

2   Digo isso, mas não é como se eu não fosse comprar todos
    os batons e esmaltes temáticos da Criatura.
3   Eu não tenho a intenção de diminuir as rainhas do grito. Julie Adams é uma
    atriz talentosa e eu amo a assistir na tela. Mas quando isso é tudo que você vê,
    começa a internalizar a ideia de que isso é tudo o que as mulheres podem fazer.

Pena que Bud Westmore ficou sabendo dessa ideia.

Ele cancelou tudo imediatamente. Ou, pelo menos, tentou.

Quando Clark Ramsay, do time de publicidade, ligou para Bud Westmore para discutir o empréstimo de Milicent por pelo menos algumas semanas, Bud ficou instantaneamente furioso. Só o nome da turnê já o deixava inflamado. "A Bela Que Criou a Fera" estava em violação direta à ideia de Bud de que tudo que era desenhado ou criado na sua oficina era dele, que ele teria o crédito por aquilo. A ideia de Milicent viajando ao redor do país, dizendo ao público em geral que ela havia feito o design da Criatura o enfurecia. *Apesar de ser a verdade*.

Ele disse a Clark que a Criatura era completamente resultado do seu trabalho, apesar de meses antes a equipe publicitária ter tirado fotos que mostravam Milicent na mesa de desenho trabalhando ela mesma no design. A história de Bud era que muitas pessoas haviam contribuído com os rascunhos e os designs no começo, mas que todas elas haviam deixado o projeto porque era muito trabalho e o design era muito complicado. Ele afirmava que, depois que todas essas pessoas haviam ido embora, ele teria passado mais ou menos um mês trabalhando no design, o design que se tornou a Criatura final.

Bud negociou com a equipe de publicidade dizendo que estaria disposto a fazer qualquer coisa que eles quisessem para promover o filme, menos creditar a Criatura a outra pessoa. Já que envolvia sua reputação profissional, ele disse a Clark que simplesmente não ia acontecer. Coisas assim simplesmente não aconteciam. Ninguém iria expor o chefe de um departamento por não fazer o trabalho dele. Muito menos uma mulher. Bud deve ter se dado conta de que, se o estúdio estava disposto a investir tanto na promoção desse filme, este provavelmente seria muito maior do que ele inicialmente achava. Eu me pergunto se esse telefonema foi o momento em que ele começou a falar mal da Criatura para jornalistas.

O time da publicidade cedeu. Eles não poderiam fazer essa turnê sem a cooperação de Bud e, honestamente, por que se preocupariam com isso? Era mais importante para eles promover o filme e fazer dinheiro, não lutar pelos direitos das mulheres. Bud Westmore tinha todo o poder e o prestígio, Milicent era apenas uma artista freelancer.

Eles voltaram à estaca zero e tiveram uma reunião de equipe para, como nós dizemos hoje, renovar a marca da turnê. Essa foi uma daquelas reuniões em que um bando de homens muito bem pagos se senta por horas só para encontrar uma palavra diferente.

O time se decidiu por "A Bela Que *Vive Com* as Feras" para substituir "A Bela Que Criou a Fera". Milicent foi rebaixada de criadora para a fofa colega de quarto dos monstros que precisa lidar com a louça suja e reclamar para que eles coloquem o assento da privada para baixo.

Dessa maneira, a Universal ainda poderia capitalizar com a beleza e o charme de Milicent ao mandá-la na turnê para discutir a Criatura. Mas agora eles poderiam enviá-la com todos os tipos de monstro da Universal, não apenas os que ela havia criado. Eles inventaram uma história de que ela não era só uma designer criativa, como também precisava cuidar desses monstros, garantindo que ficassem felizes e bem preservados. Eu só posso imaginar como ela fazia isso. Escovando o Lobisomem todos os dias? Espirrando água na Criatura? Dando um hidratante de mãos para a Múmia? Em vez de ser uma artista, Milicent foi relegada ao papel de figura materna e cuidadora. Porque, é claro, ela era uma mulher. Eles falavam que ela entendia os monstros, que ela gostava deles. Isso é verdade, mas não porque ela era a estranha babá de monstros deles. E sim porque os havia criado.

Bud Westmore aprovou essa ideia, claro que ele aprovou. Uma bela moça saindo em turnê para mostrar como cuidava bem dos monstros que ele e seus predecessores homens criaram? E ele pode manter todo o (não merecido) crédito? Bud provavelmente estava vibrando. Ele concordou em deixar Milicent ficar fora do estúdio nas duas primeiras semanas de fevereiro.

Milicent estava animada com a turnê. Eu honestamente não acho que ela sabia que a turnê deveria ter sido algo completamente diferente. Clark Ramsay ligou para Bud para falar sobre a ideia inicial, não para ela. Até onde eu sei, a turnê "A Bela Que Vive Com as Feras" foi a única da qual ela teve conhecimento. Para lhe dar crédito, ela, assim como Bud, deve ter percebido que o filme seria um sucesso estrondoso. Ela negociou para receber 300 dólares por semana de turnê, ao contrário dos 250 dólares que normalmente recebia. Isso dá aproximadamente 2.750 dólares hoje. Isso é muito dinheiro. É por isso que as pessoas querem trabalhar com cinema.

Concordar com a turnê significava que Milicent teria que colocar diversos projetos em pausa. Como freelancer, essa não era uma escolha fácil, mas a ajudava a barganhar por um salário de viagem mais alto com a Universal. Quando você é freelancer, nunca há a garantia de que vão te trazer de volta para o próximo projeto. Mas como Milicent poderia recusar essa oportunidade? Ela era cheia daquela recompensa indescritível e intangível para o artista — exposição. Ela esperava que ganhar fama como designer de maquiagem da Criatura seria ótimo para sua carreira. Conquistar fama trabalhando com sua criatividade é algo que a maioria dos artistas quer. Mesmo que eles não queiram a recompensa duvidosa da fama, isso normalmente significa que você vai garantir aquela coisa tão desejada: mais trabalho. Ser conhecido no seu campo de trabalho é inestimável. A maioria dos produtores e chefes de departamento não procura muito por pessoas para contratar. Eles querem artistas que já conhecem ou de que pelo menos tenham ouvido falar. Ser conhecido também significa que você pode pedir mais dinheiro. É uma vitória certa, e Milicent sabia qual decisão tomar.

Ela estava trabalhando nos primeiros rascunhos para maquiagem e cabelo de um próximo filme da Universal chamado *Sangue Rebelde*. Era um filme de época estrelando o jovem Rock Hudson como um ladrão do século XIX que rouba ricos pelas colinas de Dublin, na Irlanda, até que o jogo vira e uma moça rouba seu coração. O filme seria gravado em locação na Irlanda, e Milicent estava ocupada pensando sobre quão sexy assaltantes e suas namoradas seriam.

Milicent também teve que dar uma pausa no trabalho com figurinos e designs do monstro para *Guerra Entre Planetas*, algo que Bud garantiu que ela iria retomar assim que voltasse da turnê.

Fora da Universal, os irmãos Westmore também haviam contratado Milicent para fazer as ilustrações de seu próximo livro de beleza, criativamente intitulado *The Westmore Beauty Book*. Todos os Westmore contribuíram com o livro, que era um guia com segredos de cabelo e maquiagem. Milicent trabalhou nas ilustrações de rostos, técnicas de blushes, penteados, formato de sobrancelhas. Se qualquer coisa no seu rosto lhe causasse constrangimento, os Westmore tinham uma dica que poderia ajudar. As ilustrações eram simples e bonitas. A habilidade de Milicent de representar movimento e expressão com apenas alguns traços era perfeita para esse livro.

Assim que Bud aprovou a ideia e Milicent concordou com a turnê, a equipe de publicidade não perdeu tempo em decidir exatamente o que fazer com ela. Eles queriam mandá-la com uma "galeria de monstros" — fotos dos monstros famosos da Universal. Eles queriam produzir em massa cabeças da Criatura de látex. Se você acha que fazer uma parceria com o McDonald's para criar um molho especial ou um milk-shake temático é estranho, isso não é nada. A Universal queria "homens de campo", ou seja, representantes da produtora para investigar, em nível local, corpos d'água que tivessem reputação assustadora e renomeá-los de "A Lagoa Negra". Como alguém poderia fazer isso? O que isso iria alcançar?

Eles começaram a marcar aparições para Milicent em rádios e programas de TV de alcance nacional, especialmente nos que ficavam na área de Los Angeles. Eles criaram sessões de fotos promocionais. As antigas fotografias de Milicent trabalhando no departamento de maquiagem não eram mais suficientes. Eles encenaram várias fotos dela trabalhando no design da Criatura em uma "galeria dos horrores", sentada em frente à uma mesa de desenho, cercada por máscaras, morcegos de borracha e uma grande cabeça de borracha da Criatura.

O que é deprimente sobre essas fotos é que sua natureza encenada contribuiu por décadas para a ideia de que Milicent não tinha realmente feito o design da Criatura. As fotografias são, se você tem conhecimento sobre monstros, design de criaturas, efeitos especiais ou qualquer coisa assim, muito obviamente encenadas. Por que Milicent estaria trabalhando no design da Criatura se uma versão de borracha finalizada estava bem ao lado dela? Claro, ela está bem-vestida, mas era impossível que as pessoas soubessem que era assim que ela gostava de se vestir todos os dias, mesmo quando estava realmente fazendo o design de monstros, não só posando.

Eu fico sempre muito dividida sobre essas fotos porque, tenho que admitir, eu as amo profundamente. Uma delas foi a inspiração para minha tatuagem da Milicent. Elas realmente são ótimas fotografias. Durante uma sessão de fotos, Milicent está usando um estonteante vestido de veludo com os ombros descobertos, cinco cordões de pérolas e brincos grandes e chamativos. Em uma das fotos ela abraça a cabeça da Criatura e sorri para a câmera. Em outra, ela está sentada no chão com várias máscaras de borracha de monstros espalhadas sobre seu lindo vestido. Uma das minhas favoritas mostra Milicent posando com um desenho da Criatura em um bloco de rascunho sobre o joelho.

Nessas fotos Milicent parece orgulhosa e feliz. Ela não parece um artifício, uma solteirona doida que mora em uma cripta e garante que Frankenstein mantenha seus parafusos lubrificados.

Minha foto definitivamente favorita, no entanto, não é um dos retratos. É uma foto de Milicent com a máscara do monstro de *Abbott e Costello Encontram o Médico e o Monstro* na cabeça, mas a máscara está levantada para revelar o rosto dela. Ela está se olhando no espelho e rindo. Aquele sorriso está cheio de tudo que você poderia sonhar para aquele momento — felicidade e confiança. Aos 37 anos, ela estava sendo divulgada como uma artista pela primeira vez. Eu imagino que ela estivesse animadíssima em fazer aquela sessão de fotos, com todo o seu glamour. O grande acontecimento para o qual ela vinha se arrumando todos os dias finalmente havia chegado. Milicent estava surfando na crista de uma onda de sucesso.

Todo o entusiasmo com Milicent estava tendo o efeito oposto em Bud. Quanto mais rebuliço se fazia sobre ela, mais ressentido e raivoso ele ficava. Ele não estava orgulhoso de um membro da sua equipe. Ele não estava tirando nenhuma satisfação do fato de que havia sido ele a descobrir o talento de Milicent em criar monstros. Ele fervia de raiva porque não estava recebendo toda aquela atenção.

Bud invadiu o escritório de Sam Israel, o assistente do diretor de publicidade do estúdio (o cara que precisa lidar com todos os problemas chatos no lugar do verdadeiro diretor de publicidade do estúdio). Bud disse a Sam quão irritado estava com todo aquele plano de turnê com Milicent.

Julie Adams no set com a Criatura.

Ele se recusou a admitir o quanto se ressentia por causa da atenção que ela estava recebendo e, em vez disso, disse a Sam que tinha certeza de que Milicent ia querer o crédito da criação da Criatura só para ela.

Dando algum crédito para Sam, ele entendeu muito bem o que Bud tentava esconder. Ele entendeu o ataque nervoso de Bud pelo que realmente era — raiva de que seu envolvimento limitado com o trabalho criativo do departamento de maquiagem fosse revelado para o mundo. Em suas cartas para o escritório da Universal em Nova York, Sam reclamou de Bud. Até onde Sam tinha escutado, o trabalho de Milicent na Criatura era muito importante, e ele acreditava nisso. Mas a Universal não queria arriscar uma turnê na qual eles já estavam injetando muito dinheiro porque o ego infantil ranzinza de Bud Westmore estava sendo ameaçado. Bud tinha muita influência no estúdio. Era uma batalha por crédito que Milicent estava destinada a perder.

Bud queria uma garantia de que as pessoas iriam pensar que ele havia feito o design da Criatura. Ele exigiu que Milicent reforçasse que ele supervisionava o processo do começo até o fim e queria que ela dissesse que o trabalho dela era meramente pegar as ideias dele e transformá-las nos rascunhos. Bud queria que ela prometesse renunciar ao crédito do próprio trabalho e que dissesse ao público que o monstro era dele e somente dele.

Ela concordou.

Faltando pouco tempo para fazer 40 anos, eu acho que Milicent viu isso como sua grande oportunidade. Até esse momento, ela vinha trabalhando com cinema, modelando e atuando por quase toda a vida adulta. Ela estava ganhando decentemente, quer dizer, ela estava ganhando muito bem. Ela morava em Hollywood, ela estava vivendo o sonho. Mas ela não tinha *chegado lá*. Não havia nenhum papel de protagonista para Milicent Patrick. Ser enviada em uma turnê por todo o país para promover o grande filme no qual ela trabalhou? Essa era a maior coisa que havia acontecido em sua vida, a maior.

A cultura era da superioridade masculina. O ego dos homens vinha primeiro. Qualquer coisa dos homens vinha primeiro. Bem-vinda a Hollywood, sim, mas seja também bem-vinda ao patriarcado.

Provavelmente, foi muito desanimador para ela não poder reivindicar a Criatura como dela, mas eu duvido que isso a tenha surpreendido. A década de 1950 era uma época de sexismo e racismo sancionados. O Equal Pay Act (assinado em 1963) estava a anos de distância, e a maioria dos trabalhos não estava disponível para mulheres, mesmo para mulheres brancas. Não era incomum que empresas tivessem uma determinação de que mulheres deveriam receber menos do que homens e, de maneira geral, as mulheres ganhavam apenas 60% do que os homens recebiam. Novamente, este era o caso para mulheres brancas. Mulheres não brancas enfrentavam ainda mais sexismo, combinado com todas as restrições e injustiças do racismo (foi apenas no ano seguinte à turnê, em 1955, que Rosa Parks* se recusou a ceder seu lugar no ônibus para um homem branco). No aspecto político e social, as mulheres eram cidadãs de segunda classe, e menos de 40% delas faziam parte da força de trabalho. Havia uma pressão descomunal para que a mulher se concentrasse apenas em se casar e constituir uma família. O lugar da mulher era em casa, não na oficina de monstros. Milicent já era um ponto fora da curva para seu gênero. Eu imagino que ela estava aceitando abrir mão do crédito da criação do design da Criatura em troca de poder agarrar essa oportunidade.

Havia mais uma questão que preocupava o estúdio. Assim que Sam viu Milicent, ele ficou nervoso sobre o que iria acontecer quando ela encontrasse os outros funcionários da Universal Studios. Eram homens de negócios de todos os cantos do país que iriam dar assistência a ela na turnê. Dois anos antes, em 1952, Milicent havia sido entrevistada pelo *Los Angeles Examiner* por causa do trabalho no design da maquiagem de *Contra Todas as Bandeiras*, e o artigo a descreveu:

---

* Rosa Parks foi uma ativista negra norte-americana. A recusa dela em ceder o lugar do ônibus para um homem branco serviu de estopim para um movimento de boicote aos ônibus de Montgomery, cidade onde Rosa morava. O movimento acabou vitorioso, com a lei de segregação sendo julgada inconstitucional, e serviu de marco para o início do movimento pelos direitos civis nos Estados Unidos. [NT]

Mil é uma criatura deslumbrante. Ela se apresenta em seu elegante 1,62 m, meia-calça preta translúcida, cabelos cor de noite e uma linha de busto de 104 cm... Ao andar pelo estúdio em direção aos seus trabalhos de maquiagem, ela é uma das poucas garotas que ganham assobios até dos desinteressados contrarregras e eletricistas. Talvez isso não seja uma surpresa. Esses trabalhadores dos bastidores serão os primeiros a dizer que ela tem um andar muito sedutor. O efeito final é de um doce balanço.[4]

Sam estava preocupado que os homens que iriam auxiliá-la não conseguiriam resistir à tentação de provar um pouco desse "doce balanço". Se um jornalista não conseguiu entrevistar Milicent sobre o trabalho dela sem literalmente medir seu busto, eu diria que Sam estava certo em se preocupar. O fato de Milicent ser casada não servia como repelente de assediadores porque em público ela era *senhorita* Patrick. Não senhora Beaumont. Todos os trabalhos dela no cinema foram usando o nome Mil Patrick ou Milicent Patrick. Muitas mulheres casadas que trabalham no mundo do entretenimento não assumem o último nome do marido. Quando você cultua uma carreira no entretenimento usando um pseudônimo em particular, você não quer trocá-lo e perder parte do reconhecimento que está agregado a ele.

Mas não foi com homens lascivos que Milicent teve que se preocupar. Como eles dizem nos filmes slasher, a ligação estava vindo de dentro da casa.

Se você nunca teve que falar com a imprensa, o que a maioria das pessoas não fez, é parecido com vender limonada para estranhos na beira da estrada, só que a limonada é você. Você precisa pensar em uma frase de apresentação sucinta e atraente sobre si mesmo, que possa ser repetida até enjoar. Tem que ser algo fácil de entender, que não requer uma explicação extra porque, não importa o quão claro

---

4   Lendo esse artigo ridículo foi a primeira vez que vi alguém
    além do Papai Noel ser descrito dessa maneira deliciosa.

você pense que a informação que está dando é, ela vai ser um pouco distorcida para deixar a história mais interessante. Também precisa ser majoritariamente verdadeira, ou honesta o suficiente. Claro, a limonada é "fresca". Ela foi feita há meia hora, com água fresca da torneira, um copo de açúcar e um saquinho de refresco em pó Tang.

Milicent vinha distorcendo a própria limonada há muito tempo. Há anos ela dizia que era da realeza italiana e, recentemente, tinha reestruturado a história pregressa. Em vez de ter herdado o título, ela na verdade havia crescido na Itália e estudado arte com os melhores instrutores particulares da Itália. Nessa versão, Milicent tinha vindo aos Estados Unidos especificamente para trabalhar como designer de maquiagem em Hollywood, deixando dramaticamente de lado a posição de baronesa italiana. Era um ótimo chamativo para a imprensa, especialmente porque ninguém ia checar os fatos na internet. Estar afastada da família também lhe dava alguma licença poética. Eu não sei se os Rossi acompanhavam os passos dela pela imprensa, mas eles com certeza nunca refutaram publicamente nada do que ela disse.

No fim de janeiro, Milicent deu um beijo de despedida em Syd e alçou voo para além de Los Angeles. O mês anterior havia sido um turbilhão de preparação. Armada com fotos promocionais e uma mala cheia de roupas chiques, ela se foi.

Enquanto Milicent voava, cheia de entusiasmo, Bud Westmore estava no escritório dele, fervendo de ressentimento. A garantia de que Milicent ia creditá-lo pela Criatura fez pouco para apaziguá-lo. Para assegurar a permissão de Bud, com uma sinopse da história e notas de produção para compartilhar em entrevistas, Milicent levou também uma lista de créditos "apropriados" (o nome de Bud Westmore). Sabendo que Bud ia manter um olhar vigilante em toda a situação, os funcionários do departamento de publicidade da Universal não queriam que Milicent falasse nada que eles não tivessem aprovado. Eles não queriam que ela fosse muito a fundo nas entrevistas. Por ser uma mulher sozinha, a qualquer lugar que ela fosse, era escoltada ou se encontrava com um representante da Universal ou da emissora na qual seria destaque. A turnê não era o vale-tudo animado que você talvez imagine. Era trabalho duro, foram muitas viagens, era estressante — e Milicent amava tudo isso.

Ela começou a turnê em Nova York em 1º de fevereiro, dando entrevistas para NBC, ABC e outras letras da televisão diurna. Milicent também participou de programas de rádio, com a equipe de publicidade da Universal constantemente marcando mais aparições para ela.

Bud já estava dando para trás nos seus sentimentos iniciais sobre *O Monstro da Lagoa Negra*, pelo menos publicamente. Ele se deu conta, em pânico, do quanto o público em geral estava se apaixonando pela Criatura mesmo antes de assistir ao filme. Pensar sobre o público se apegando ao monstro o deixou ainda mais furioso enquanto Milicent estava na turnê. Ele estava convencido de que ela ia se aproveitar da popularidade da Criatura e (com razão) reivindicar seu crédito. O que ele não havia considerado era o quanto o público iria se apaixonar por Milicent.

Apenas quatro dias[5] depois de Milicent começar a dar entrevistas em Nova York, comentários começaram a chegar sobre como ela estava se saindo bem. Ela era eloquente, preparada e simplesmente uma delícia de entrevistar. A resposta do público era excelente. A Universal começou imediatamente a marcar ainda mais entrevistas para ela — entrevistas para periódicos, fotos para os jornais de domingo, uma entrevista com a *Associated Press* e uma coletiva de imprensa com sessão de fotos para todos os jornais de Nova York. Uma louca semana depois de pousar em Nova York, Milicent saía em direção a Detroit para passar uma semana no Michigan.

Fazer uma turnê pelo Michigan não parece particularmente glamoroso (me desculpe, Michigan), mas a Universal estava a tratando com estilo. Milicent ficou no hotel Sheraton Cadillac em Detroit, um maravilhoso arranha-céu histórico que havia sido reformado recentemente. Ela dormiu lá todas as noites em que esteve no Michigan e foi de carro para as diversas cidades que estava visitando.

O filme estava a apenas alguns dias da estreia, e os fãs de monstros estavam ficando animados. Milicent estava absorvendo todo aquele entusiasmo, mas também estava trabalhando até ficar só o pó. A agenda dela era intensa. Um dia normal de eventos com imprensa era assim:

---

5   Na era das redes sociais isso pode parecer uma vida inteira,
mas, na década de 1950, isso era muito rápido!

Chegada a Detroit na sexta-feira, 5 de fevereiro, 23h.

Estar em East Lansing (cidade do Michigan), até as 9h15.

Sábado, 6 de fevereiro, entrevista durante o almoço ao meio-
-dia, seguida de três entrevistas consecutivas.

A semana seguiu assim: muitas viagens de carro e três ou quatro entrevistas por dia. Milicent tinha que se manter enérgica, divertida e animada enquanto repetia a mesma coisa diversas vezes e a vida dela se resumia a uma mala de roupas. Ela parece um pouco cansada em algumas fotos da turnê no Michigan, mas nunca parou de sorrir. Talvez seu corpo californiano estivesse se rebelando contra o frio gelado do inverno no Michigan.

Milicent carregava uma coleção de reproduções de borracha das máscaras do Monstro de Frankenstein, da Criatura e do monstro de *O Médico e o Monstro*. Ela as levava consigo para as entrevistas em jornais e na televisão para mostrar para o entrevistador e falar sobre o processo de criação. Qualquer pessoa com quem ela estivesse conversando ficava inevitavelmente chocado e entusiasmado com as máscaras. Um jornalista escreveu:

> Ao olhar para Milicent Patrick, você nunca acreditaria que ela faz as pessoas gritarem de horror, mas ela faz — como maquiadora para os filmes de horror com monstros de Hollywood. Ela também faz alguns trabalhos atuando, e aí os gritos de horror se tornam suspiros de prazer.

Os canais de imprensa já estavam errando informações básicas para agilizar suas histórias. Milicent era citada como "a Bela Que Ama as Feras" em vez do título aprovado. O nome dela era frequentemente escrito errado, com dois "Ls". Também erraram o nome da empresa responsável por *O Monstro da Lagoa Negra* e às vezes até mesmo o título era deixado de lado. As pessoas queriam focar em Milicent. Os entrevistadores simplesmente não conseguiam lidar com o fato de que essa mulher linda e articulada criava monstros em Hollywood. Era extravagante. Parecia uma vocação maluca e que não deveria, ou não poderia, ser feita por uma mulher. Para eles, era como entrevistar um cachorro que fazia tortas. Não importava em qual padaria o cachorro trabalhava — as pessoas estavam interessadas no cachorro. Os entrevistadores não estavam nem interessados no tanto de talento que ela demonstrava nos designs — eles estavam focados na beleza dela. Quase todo artigo devotava uma quantidade desproporcional de tempo ou espaço para falar sobre o que Milicent estava usando e para descrever o visual dela.

Em Kalamazoo, no Michigan, organizaram uma coletiva de imprensa. Milicent se encontrou com um grupo de adolescentes estudantes de arte para um almoço com monstros. Uma das garotas usava uma máscara de monstro que Milicent havia levado. Alguns dos gerentes (homens) dos cinemas locais também participaram, e dois deles também vestiram máscaras. Milicent posou para fotos com a estudante e os gerentes usando máscaras, o grupo todo segurando pratos de comida desajeitadamente porque obviamente não conseguiam enxergar. É um evento de publicidade estranho e bobo, mas é um tanto adorável ver Milicent em um elegante vestido preto expondo sua arte e as máscaras de monstro para um grupo de estudantes nerds. Tem uma foto incrível em que Milicent segura a cabeça da Criatura e conversa com um grupo de garotas. Uma delas usa óculos gigantes e engraçados, e ela acabou vestindo a máscara do Monstro de Frankenstein para a sessão de fotos. É emocionante. Eu espero que aquelas garotas tenham sido inspiradas a explorar uma carreira nas artes.

Lá em Los Angeles, Bud Westmore estava monitorando a turnê e o que ele viu nos jornais o deixou enraivecido. O nome dele era o único que deveria ser associado à concepção da Criatura[6], mas não aparecia na maior parte da imprensa. Apesar de seus esforços, os piores medos de Bud estavam se confirmando rapidamente, e o filme ainda nem tinha saído. Os leitores não estavam interessados nele, estavam interessados em Milicent. Era ela quem aparecia nas fotografias, era dela o rosto na televisão, era dela a voz no rádio. E ela era deslumbrante.

6   Isso inclui Jack Kevan e Chris Mueller.

Milicent entregava as falas aprovadas, mas não tinha como controlar o que os jornalistas decidiam imprimir. Não importava que ela creditasse "Bud Westmore e sua equipe" com a criação do design da Criatura. Os artigos estavam a classificando como uma "designer de filmes de monstro", e os repórteres ligavam os pontos. Não importava o que Bud queria, era ridículo pensar que a Universal poderia mandar Milicent em uma turnê para promover o filme como uma artista e esperar que o público não se desse conta de que havia sido ela quem criara o design da Criatura.

Enquanto Milicent fazia a turnê pelo Michigan, os rolos do filme a seguiram. Os espectadores do Michigan puderam assistir ao filme antes do resto do país, que estava programado para vê-lo em março. Muitas dessas pré-estreias aconteciam à meia-noite como um filme único, o que significava que ele não era combinado com outro filme. O público se enfileirava do lado de fora do cinema para assistir a *O Monstro da Lagoa Negra*, mesmo nas noites escuras e frias do Michigan.

Na noite de 12 de fevereiro, o filme teve sua estreia em Detroit. O time de publicidade não poupou esforços nas ações promocionais ridículas. Naquela tarde, um boneco de papelão da Criatura foi fotografado saindo de um avião em Detroit. Depois, dois homens, um com a máscara da Criatura e o outro com a do monstro de *O Médico e o Monstro*, pegaram um carona pela cidade em um conversível dirigido por uma linda mulher. O carro estava coberto de bandeiras incitando as pessoas na rua a ir ver o filme. Para um estúdio que anos atrás estava pronto para abandonar sua história de filmes de monstro, a Universal estava finalmente voltando a dar às estrelas de terror o tratamento de tapete vermelho que mereciam.

Naquela noite de estreia, a estrela Julie Adams participou com Milicent. Ter as duas estrelas femininas do filme — uma que ficava diante das câmeras e outra que ficava nos bastidores — deve ter deixado a audiência impressionada. A estreia correu bem: o público amou *O Monstro da Lagoa Negra*. Milicent estava no topo do mundo.

Ela escreveu o cartão-postal que eu encontrei nos arquivos da Universal para Sam Israel, da Universal, alguns dias antes.

Querido Sam,

Me perdoe por não ter escrito antes, mas, como você com certeza sabe, eu não tenho tido um minuto só para mim. E, quando eu tenho, estou exausta demais para sequer levantar uma caneta...

Aproveitando todos os momentos + espero que os resultados também estejam bons para você...

Mande lembranças para todo mundo + não se esqueça de incluir Buddy Westmore + Jack Smith + Vejo você na semana que vem —

Está 7°C negativos hoje no Michigan + nevando, saio para N.Y. hoje, e depois???

Com carinho — Milicent Patrick.

Estava na hora de deixar o Michigan e voltar para a Grande Maçã. A missão de Milicent até então havia sido um sucesso, e o entusiasmo com o filme estava aumentando. Entre isso e a crescente adoração do público por ela, a Universal ampliou a agenda de Nova York com cinco novas entrevistas, uma delas com Ern Westmore na ABC TV.[7] Quando ela chegou à cidade, o escritório da Universal em Nova York já queria adicionar mais datas. Eles escreveram para a sede em Los Angeles e a avisou que queriam que Milicent continuasse a turnê após a data final programada.

Milicent estava alcançando um nível de fama que era, e ainda é, inédito para artistas trabalhando em filmes. É extremamente raro que qualquer pessoa por trás das câmeras, além de diretores e produtores, seja amplamente conhecida. O cidadão comum não tem um fotógrafo favorito, nem um editor nem um figurinista. A não ser que você seja cineasta ou cinéfilo hardcore, esses não são nomes com os quais está familiarizado. Os atores são as pessoas mais conhecidas

---

7 Eu não consegui encontrar a transcrição dessa entrevista, mas aposto que por ser o Westmore quem deveria estar chefiando o departamento de maquiagem da Universal, Ern deve ter se divertido com a desgraça alheia assistindo Milicent ganhar toda a atenção pela Criatura.

em um set de filmagem pelo óbvio motivo de serem eles que estão em frente das câmeras. São deles os nomes grandes nos pôsteres dos filmes. Os espectadores os veem, não veem o diretor de arte, o roteirista ou o colorista. Diretores ficam conhecidos porque estão no topo da cadeia de produção. Em muitos casos (se são bons diretores), eles estão guiando todos os chefes de departamento e direcionando o visual e o tom do filme. Eles representam os trabalhadores por trás das câmeras. Mesmo assim, apenas pequena parcela dos diretores é conhecida do público em geral.

Normalmente, apenas os atores e diretores são entrevistados para os jornais e para a televisão na promoção de um filme. Na verdade, eu não consigo pensar em nenhum outro momento, além de Milicent Patrick, no qual o estúdio tenha enviado um designer de criatura para promover um filme. Porque existe muita confusão ao redor da criação de efeitos especiais (é maquiagem, é objeto de cena, CGI?), muitos artistas nesse campo são ignorados pelos veículos da mídia mainstream. Isso se mostra verdade especialmente para a criação de trajes de monstros.

O espetacular filme de 2017 *A Forma da Água* é um exemplo disso.[8] A obra-prima de criatura de Guillermo del Toro varreu a temporada de prêmios, no fim ganhando os muito merecidos Oscar de melhor filme e melhor diretor. O filme foi indicado para 234 prêmios no total e ganhou 82. O longa é tanto um filme de monstro como uma história de amor centrada em uma faxineira muda que se apaixona por uma criatura similar ao Homem-Peixe que está sendo mantida em cativeiro na agência governamental na qual ela trabalha. A criatura, interpretada pelo renomado ator Doug Jones, é um dos personagens principais, e a maquiagem e o traje que ele usa no filme são absolutamente magníficos. É um requintado casamento visual de elementos digitais com traje físico, uma técnica que Guillermo del Toro usa com frequência, e muito sucesso, em seus filmes.

---

8 *A Forma da Água* é um filme que com certeza não existiria sem o trabalho de Milicent em *O Monstro da Lagoa Negra*. Falaremos mais sobre isso depois.

Até a finalização deste livro, de todos aqueles prêmios, Doug Jones foi indicado a apenas um, pela Austin Film Critics Association, da qual ele recebeu um prêmio especial honorário, em vez de, você sabe, melhor ator. De todos esses prêmios, a equipe de maquiagem responsável pelo traje da criatura só foi indicada para três prêmios de melhor maquiagem. *Três*. Mike Hill e Shane Mahan só foram indicados para melhor maquiagem de efeitos especiais em um longa-metragem pela Make-up Artists and Hair Stylists Guild, pelos Critics' Choice Awards e pelos Saturn Awards. Hill e Mahan não foram indicados ao Oscar de melhor maquiagem e penteados, apesar de o design e a execução da criatura que eles fizeram desempenharem papel crucial para que *A Forma da Água* seja a façanha cinematográfica que é. Trata-se de um crime hediondo do qual o meu coração nunca irá se recuperar. Eu vou para o túmulo furiosa com essa injustiça artística.

Então, sessenta anos atrás, em uma época antes das faixas comentadas de DVD e dos vídeos de bastidores, quando as pessoas sabiam ainda menos do processo de fazer um filme e criar monstros, foi uma decisão histórica a Universal mandar a designer da Criatura em uma turnê para promover *O Monstro da Lagoa Negra*.

A vida artística de Milicent estava prestes a mudar para sempre.

Só que não da maneira como ela pensava.

Com Milicent de volta a Nova York conversando com apresentadores de rádio e televisão e jornalistas, a promoção de *O Monstro da Lagoa Negra* estava chegando a seu ápice. Na semana anterior de ela deixar a cidade, o público da televisão finalmente conseguiu ver a Criatura pela primeira vez. Os nossos colegas Abbott e Costello gravaram um curta promocional em que visitavam a Universal Studios e acabavam encontrando o Monstro de Frankenstein, O Homem Invisível e a própria Criatura, introduzida como a mais recente criação de horror da Universal.

Propagandas televisivas para o filme começaram a passar em Los Angeles mais ou menos ao mesmo tempo. Os trailers do filme eram bastante intensos para a audiência dos anos 1950: explosões, gritos, cenas do monstro agarrando Kay e insinuações de que a Criatura quer sequestrar a heroína por razões libidinosas. A Universal estava mirando a audiência de crianças e adolescente, veiculando os comerciais entre episódios de programas infantis populares. Essa decisão em particular fisgou a atenção de um homem chamado Stockton Helffrich, que trabalhava na NBC e era conhecido como o primeiro sensor para redes de televisão. Ele não estava feliz com *O Monstro da Lagoa Negra*. Você não pode mostrar comerciais com temática bestial antes de um show intitulado *Howdy Doody*.* A NBC editou sua própria versão do trailer, que a Universal odiou. Então, a Universal editou outro trailer e a NBC o aceitou para ser agendado a qualquer hora, com crianças assistindo ou não. Essa versão foi bem suavizada, mas não há muito que se possa fazer para filtrar um filme de horror sobre um monstro antigo e aterrorizante que rapta uma mulher.

Apesar do incômodo de ter que editar o trailer, os executivos e o time publicitário da Universal não podiam pedir uma promoção melhor do que aparecer nos jornais que o trailer deles era muito intenso para o público. A NBC não foi a única emissora que se incomodou com os trailers para televisão de *O Monstro da Lagoa Negra*, especialmente aqueles que rodavam com programas infantis. Essas emissoras praticamente garantiram uma grande audiência juvenil para o filme. Quando você é adolescente e o trailer de um filme de monstros é tirado de circulação porque é assustador demais, você definitivamente precisa assistir a esse filme.

Versões mais longas e um pouco mais explícito dos trailers estavam passando nos cinemas de todo o país, e o time de publicidade estava ocupado conseguindo histórias sobre o filme na imprensa. A Universal Studios tinha finalmente saído do breve período em que tinha vergonha do pedigree de filmes de monstro. Agora, eles exaltavam esse legado. O Fantasma da Ópera, Drácula, o Monstro

---

* *Howdy Doody* foi o primeiro programa infantil nos Estados Unidos televisionado para o país, apresentado por Buffalo Bob Smith e estrelado por um fantoche chamado Howdy Doody. [NT]

de Frankenstein e o Lobisomem foram todos destacados em artigos sobre o filme, lembrando ao público que a Criatura era só a mais recente em uma longa linha, testada e comprovada, de monstros clássicos da Universal.

As entrevistas de Milicent e os artigos normalmente incluíam uma sinopse do filme, informações sobre o processo de criar o traje e algumas palavras sobre o processo artístico de Milicent. Ela se manteve firme ao roteiro que a Universal havia lhe entregado, dizendo coisas como:

> Eu vivo com esses monstros muitas semanas antes de eles irem para a frente das câmeras trabalhar. Eles crescem no bloco de rascunhos e, às vezes, depois que ganham vida em um filme finalizado, eles me assustam tanto quanto assustam qualquer outra pessoa.

Ela tomava cuidado para não dizer que eles cresciam no bloco de rascunho *dela* ou no bloco de rascunho em sua frente. Os artigos depois incluíam alguma informação bibliográfica sobre Milicent, creditando seu currículo como atriz e com frequência o trabalho como designer. Alguns deles a descreviam como sendo a primeira mulher animadora da Disney e a filha de "C.C. Rossi". Um dos artigos, na *Mirror Magazine*, diz: "...filha de C.C. Rossi, um dos mais notáveis engenheiros estruturais dos Estados Unidos (o que, de alguma forma, pode explicar sua surpreendente estrutura)...".

Milicent provavelmente incluiu esses detalhes sobre a própria vida para mostrar que, assim como a Criatura, era parte de um legado artístico, não para que um jornalista qualquer fizesse piadas sobre os seios dela. Infelizmente, piadas e comentários de cunho sexual sobre o visual e o corpo de Milicent normalmente representavam grande porção desses artigos.

Aquele mesmo artigo de revista começa com: "Milicent Patrick, uma beleza monumental abundantemente favorecida pela natureza para se aproveitar ao máximo das técnicas de enquadramento de Hollywood...".

Os Estados Unidos estavam loucos com a ideia de que uma gata maravilhosa estava fazendo monstros. Os leitores não se cansavam de ler sobre o assunto. Em quase todos esses artigos, a Criatura e o próprio filme ficavam em segundo plano em relação a Milicent. O time de publicidade estava certo — ela era um sucesso.

Uma entrevista com o *Brooklyn Eagle* intitulada "Monstros da ficção científica — Quem os inventa? Uma garota!", descrevia Milicent como:

> ...A voluptuosa Milicent Patrick, com seus olhos sonhadores enquanto toma um gole de uísque e soda, aconchegadamente escondida em uma banqueta no canto do Toots Shor's,* parecia estar tentando decidir o que vestir para um encontro. Mas não era sobre isso que ela estava falando. 'O Homem-Guelras é o meu favorito', ela estava dizendo...

O Monstro da Lagoa Negra também estava destinado a ser um sucesso. A Criatura estava pronta para assumir seu lugar no panteão de monstros clássicos da Universal, e o filme estava pronto para trazer dinheiro para o estúdio. O público estava entusiasmado, e os executivos estavam satisfeitos. Todos os membros da equipe estavam orgulhosos e felizes, exceto um. Bud Westmore estava de saco cheio.

Ele resolveu agir.

Bud escrutinava as viagens de Milicent. Para cada cidade que ela visitava, ele registrava os jornais que a entrevistavam. Ele contatava cada um deles e exigia saber os detalhes da história que iriam publicar. Independentemente do que Milicent tivesse dito, não havia nenhuma menção a Westmore, nenhuma. Bud continuou fazendo isso com mais jornais em cidades espalhadas por todo o país, os que a haviam entrevistado e os que estavam planejando escrever histórias baseadas em comunicados de imprensa. Não havia nenhuma menção a ele em nenhum deles. Bud não tinha tempo para fazer o

---

* Um famoso restaurante de Nova York durante as décadas de 1940 e 1950. [NT]

design dos monstros, mas ele parecia ter todo o tempo do mundo para perturbar jornalistas e ficar de olho em Milicent. É engraçado como as coisas funcionam.

Ele não culpava as publicações, o editor ou mesmo o entrevistador por imprimir uma história que desviava da versão aprovada pela Universal. Bud culpava Milicent. Apesar de ela ser cuidadosamente vigiada por um acompanhante da empresa em cada uma de todas as entrevistas que dava, não importa qual formato de mídia, Bud assumia que não só era culpa de Milicent, como ela estava fazendo de propósito.

Para Milicent, sua turnê promocional pelo país parecia a trilha de uma estrela em ascensão. Para Bud, parecia um incêndio impossível de controlar. O maior medo da carreira dele era real; sua maior fraqueza estava sendo exposta para o mundo. Ou pelo menos era isso que ele pensava.

Os Westmore eram um grande nome na indústria cinematográfica de Hollywood, mas não eram um nome de destaque. Os fãs não iam em bando para as bilheterias para ver um novo filme no qual um dos irmãos Westmore havia trabalhado. O público não sabia quem Bud era. Ninguém estava lendo aqueles artigos sobre Milicent e rindo sobre como Bud Westmore estava sendo exposto por não ser tão bom quanto seus predecessores gênios dos monstros. Ninguém se importava, nem mesmo em Los Angeles, nem mesmo na Universal. Os leitores só viam uma bela e talentosa moça recebendo reconhecimento por algo que havia feito. Mas, como dizem, para os privilegiados a igualdade é sentida como opressão. Bud era um imbecil que estava acostumado a receber o crédito pelo trabalho dos outros. Quando um desses artistas finalmente recebeu seu merecido lugar ao sol, para Bud, isso pareceu um roubo.

Na cabeça de Bud, Milicent estava o tornando motivo de piada e roubando o que era dele por direito. Ela estava recebendo crédito pelo trabalho dele, ela estava aproveitando a fama que ele deveria estar aproveitando. Ela mentiu quando prometeu dar o crédito a ele. Ela mentiu e depois foi embora para agarrar a chance dela.

Ela precisava ser punida.

Na véspera do lançamento nacional de *O Monstro da Lagoa Negra*, Milicent havia sido convidada de mais de quarenta programas de rádio e televisão diferentes de todo o país e havia recebido destaque em incontáveis jornais e revistas. Ela vinha trabalhando no mundo da arte há quinze anos, dentro e fora da indústria cinematográfica. Ela havia sido uma profissional criativa por quase toda a vida adulta, abrindo caminhos para mulheres no cinema. Finalmente, ela estava recebendo o reconhecimento público que merecia, sua estrela estava em ascensão.

Bud Westmore apareceu e a arrastou de volta ao chão.

Enquanto ela ainda estava viajando em Nova York, ele decidiu que Milicent nunca mais iria trabalhar na oficina de maquiagem dele.

Bud disse aos executivos da Universal que não iria mais usar Milicent como designer. Ele deixou claro que ela não era mais bem-vinda no departamento de maquiagem da Universal. Milicent era freelancer, então era fácil para Bud se livrar dela. Claro, ela deveria terminar o trabalho em *Guerra Entre Planetas*, mas não estava sob contrato como membro da equipe de produção daquele filme. Ela era apenas uma contratada pelo departamento de maquiagem, apesar de estar trabalhando lá havia dois anos. Como Bud era o chefe do departamento, era decisão dele trazê-la ou não de volta. Bud havia dito que o trabalho de Milicent a estaria esperando quando ela voltasse para casa, mas Milicent também havia dito que iria dar o crédito apenas a ele pela Criatura. Eu acho que ele provavelmente se sentiu no direito. Na cabeça dele, ela quebrou sua promessa, então ele podia quebrar a dele.

Desde o começo, os caras no time de publicidade da Universal sabiam o que estava realmente acontecendo. Eles eram as pessoas para quem Bud reclamou sobre Milicent, então, quando a notícia se espalhou, eles sabiam o que tinha acontecido e o porquê. Eles sabiam que não era culpa de Milicent. Eles sabiam que a culpa era unicamente do ego inflamado de Bud Westmore.

Memorandos começaram a circular pelos escritórios da Universal sem que Bud soubesse.

O time de publicidade concordou entre si que se os chefes do estúdio forçassem Bud a trazer Milicent de volta, ele transformaria a vida dela em um inferno. Se Bud já tinha o hábito de ignorar os artistas que considerava talentosos demais, com certeza perturbaria Milicent o máximo possível. Eles sabiam que ele nunca ficaria feliz enquanto ela trabalhasse para ele. Mas o estúdio havia acabado de gastar todo esse dinheiro desfilando Milicent pelo país porque ela era uma artista tão valiosa, e agora era tudo em vão.

Então eles bolaram um plano.

Não para demiti-lo, apesar de Milicent ser só a mais recente de uma fila de artistas talentosos e merecedores que perderam emprego ou se demitiram por causa do ambiente tóxico de trabalho de Bud. Não para que ele fosse repreendido por deixar o ego frágil entrar na frente do sucesso do seu departamento. Não para ajudar Milicent a encontrar um novo trabalho em outro departamento de maquiagem em outro estúdio que não estivesse sob a influência de um dos Westmore. (Apesar de que isso teria sido a coisa certa a fazer, já que foram eles que desde o começo quiseram mandar Milicent na turnê.)

O plano deles era apaziguar tanto o ego de Bud que talvez, só talvez, ele voltasse atrás ou desistisse da decisão. Apesar do fato de que esses homens concordaram privadamente que Bud Westmore estava sendo infantil e que o que estava sendo feito com Milicent era errado, especialmente porque não era de maneira nenhuma culpa dela. Isso é quão longe as corporações estão dispostas a ir para não tocar no ego masculino.

Eles pensaram que seria uma boa ideia Bud Westmore receber "espontaneamente" algumas cartas dos chefes do estúdio elogiando ele, seu trabalho *e a decisão dele de escolher Milicent para a turnê*. Esses homens preferiram perder crédito pelo próprio trabalho duro e pela criatividade do que confrontar Bud sobre seu comportamento tóxico.

Nas cartas eles incluíram insistentemente que Milicent era leal à "organização Westmore",[9] com alguns comunicados da imprensa creditando Bud, e somente Bud, pelo trabalho na Criatura.

Isso parece louco? Pois é. Isso parece algo que acontece o tempo todo? Exatamente. Acontecia o tempo todo nos anos 1950 e acontece o tempo todo hoje. Corporações, estúdio de cinema, qualquer tipo de entidade gigante que faz muito dinheiro vai se virar do avesso para proteger predadores e imbecis que trazem grana e lhes dão prestígio.

Depois que abusadores sexuais seriais como Harvey Weinstein foram expostos pelas mulheres corajosas que sofreram nas mãos deles, pessoas no mundo todo ficaram chocadas. Por pessoas eu quero dizer homens. Como isso podia estar acontecendo? Como é possível que homens assim tenham sido protegidos, escondidos atrás do poder por tanto tempo? Por que ninguém disse nada?

Todas essas pessoas ignorantes que, provavelmente em razão de seus privilégios por serem brancas, heterossexuais, cisgêneros, não possuem nenhuma deficiência ou alguma combinação desses quatro, não conseguiam acreditar nas histórias de horror que estavam escutando. Mulheres, pessoas não brancas, pessoas com deficiências, pessoas LGBTQ+ e qualquer uma que fosse de um grupo marginalizado estavam menos surpresas. Na verdade, elas não estavam nem um pouco surpresas. Elas sabem que corporações dão mais valor ao dinheiro do que aos direitos humanos.

Bud Westmore era um troféu para os estúdios Universal. Eles queriam um Westmore da mesma maneira que alguém pode querer um Rolex ou uma bolsa Chanel. Contanto que Bud fizesse um trabalho decente (e não enquanto bêbado, como Ern), ele não precisava se preocupar. Eles não o queriam por causa do seu portfólio pessoal. Eles não o queriam pelo seu nome. A Universal, como uma companhia de cinema em ascensão, queria mostrar que era uma empresa

---

9   Era um grande problema irritar a família Westmore. Eles podiam estar constantemente tentando apunhalar uns aos outros pelas costas, mas também se mantinham unidos. Durante muito tempo, eles foram uma presença poderosa e influente em Hollywood, para o bem e para o mal.

séria. Bud Westmore nem era tão bom em maquiagem de monstros. A dinastia Westmore foi fundada sobre maquiagem de beleza e tinha uma reputação bem merecida. Era nisso que os irmãos eram bons. Era nisso que Bud era bom. Mas assim que a Universal trocou os chefes do estúdio e decidiu voltar para suas raízes nos filmes de horror, a empresa não ia abrir mão do chamativo chefe do departamento de maquiagem por alguém que poderia ser melhor no trabalho, mas não tão conhecido. A reputação dele era um recurso.

É a mesma razão pela qual todos aqueles atores e produtores e diretores canalhas que abusaram sexualmente de mulheres puderam continuar por baixo dos panos por tanto tempo. Muitos, muitos deles continuam por baixo dos panos. A única razão pela qual a corrente começa a lentamente, *lentamente*, inverter é a bravura das vítimas que vieram a público. Em última análise, o que importa para as companhias não é a ética. É dinheiro e poder. Por décadas, elas se mantiveram alegremente cúmplices desse sistema de merda desde que o dinheiro estivesse entrando. Homens como Harvey Weinstein não estão perdendo a carreira porque os estúdios de cinema estão se tornando mais humanos. Eles estão perdendo a carreira por causa da quantidade monumental de evidência que se empilha na altura do Everest contra eles e porque a indignação do público pode fazer com que esses estúdios percam dinheiro. Ainda assim, homens como Casey Affleck ganham prêmios Oscar, e mulheres como Brie Larson têm que entregar esses troféus para esses baldes de merda.

Se parece insano que a equipe de publicidade iria se desdobrar para manter Bud Westmore feliz, isso era apenas parte da vida. E, 64 anos depois que Bud Westmore demitiu Milicent Patrick, ainda é. Nós estamos só começando a descascar esse abacaxi.

Isso tudo estava acontecendo enquanto Milicent estava finalizando a turnê, no fim de fevereiro. *O Monstro da Lagoa Negra* estava programado para ser lançado nacionalmente no dia 5 de março. Cartas foram mandadas para lá e para cá na Universal Studios enquanto os homens da publicidade lutavam por Milicent. Talvez eles se sentissem responsáveis, talvez se sentissem culpados, talvez alguns deles estivessem genuinamente enojados com o comportamento repreensível de Bud. Não adiantou.

Milicent pousou de volta em Los Angeles. Depois de quase um mês longe, ela estava finalmente em casa para se recuperar do turbilhão da imprensa. Todo o entusiasmo pelo futuro que ela sentia e o orgulho que resplandecia pelos seus feitos foram destruídos assim que Milicent foi comunicada pelo estúdio de que não trabalhava mais para a Universal.

Enquanto ela processava a traição de Bud, a luta continuava. As "espontâneas" cartas lisonjeiras para Bud não foram o suficiente para mudar a cabeça dele. Então, um dos homens da publicidade — Charles Simonelli — organizou um memorando do homem que cuidou de todas as entrevistas de rádio e televisão que Milicent deu em Nova York. Ele detalhava a "atitude cooperativa" de Milicent, confirmando que ela seguira as instruções que a Universal havia enviado e nunca "mudara a programação". Também atestava que Milicent havia falado de Westmore em cada uma das entrevistas, dando a ele todo o crédito, e que ela nunca, nem mesmo uma vez, tentou transmitir para qualquer publicação uma ideia diferente.

Outros representantes em campo envolvidos na turnê de Milicent forneceram relatórios completos, falando sobre o trabalho maravilhoso que ela havia feito, quão duro ela havia trabalhado e quão bem-sucedida ela havia sido no objetivo de criar um burburinho tremendo para *O Monstro da Lagoa Negra*.

A equipe de publicidade enviou para Bud a biografia que usou para Milicent. Ela foi entregue para cada veículo com o qual Milicent conversou e era a base para todas as histórias escritas sobre ela. Eles também enviaram a cópia de imprensa que nomeava Bud como único designer da Criatura e como o homem para quem Milicent trabalhava. Eles insistiram que ela havia se comportado "acima de qualquer crítica". A única outra coisa que eles poderiam ter feito era ter contratado um avião para escrever "BUD WESTMORE FEZ O DESIGN DA CRIATURA" pelo brilhante céu do sul da Califórnia.

Esses homens, seja lá por qual razão, pura ou prática, realmente se comoveram com a situação e queriam fazer qualquer coisa que pudessem para ajudar Milicent.

Também foi revelado que, além de Milicent ser entrevistada por Ern Westmore em Nova York, Frank Westmore estava em Detroit durante a estreia de *O Monstro da Lagoa Negra*. A equipe de publicidade especulou que os dois irmãos reportaram para Bud sobre toda a atenção que Milicent estava recebendo da imprensa e colocaram mais lenha na fogueira.

No dia 5 de março, enquanto o time de publicidade estava implorando para Bud em nome de Milicent, *O Monstro da Lagoa Negra* finalmente chegou aos cinemas norte-americanos.

Os lobbies dos cinemas de todo o país foram decorados com pôsteres e materiais promocionais destacando o rosto assustado dos atores e a glória escamosa da própria Criatura. Todo aquele trabalho promocional valeu a pena; o filme foi um sucesso instantâneo. *O Monstro da Lagoa Negra* fez aproximadamente 1,3 milhão de dólares na bilheteria doméstica (mais ou menos 12 milhões hoje). Ainda assim, não foi o sucesso tão estrondoso que muitas pessoas envolvidas no filme gostavam de afirmar. Jack Arnold se gabava em dizer que o filme salvou a Universal da falência, mas isso simplesmente não é verdade. Um bom número de outros filmes da Universal fez muito mais dinheiro naquele ano. Não me entenda mal, ele foi muito bem. Bud Westmore, de acordo com o livro *The Creature Chronicles*, de Tom Weaver, começou a chamar a Criatura de seu "monstro ganha-pão".

As resenhas do filme eram majoritariamente positivas, um grande feito para um filme de monstro. O *Hollywood Reporter* o chamou de "sólido entretenimento de emoção e horror" e o *Los Angeles Examiner* disse que "as cenas embaixo d'água são fantásticas". Nem todas as publicações estavam impressionadas com a história ou o monstro (ou a atuação), mas, de maneira geral, *O Monstro da Lagoa Negra* foi bem recebido pelo país. [10] Além do mais, vamos falar a verdade.

---

10 Em 2018, o filme mantinha uma classificação de 84% no popular site de resenhas Rotten Tomatoes. O filme resistiu ao teste tanto do tempo como o da internet.

Fãs de horror geralmente não vão assistir a filmes baseados no que as críticas dos jornais dizem. Você quer ver monstros, você vai ver monstros. Nós estamos acostumados com a imprensa não considerar os nossos filmes favoritos entretenimento intelectual. Entusiastas de monstros estavam animadíssimos com o filme e apaixonados pela Criatura. As cenas embaixo d'água surpreenderam as audiências, especialmente quando exibidas tarde da noite nos drive-ins, em que alguns dos espectadores disseram que parecia como se a Criatura estivesse flutuando pela noite na frente deles.

As publicações elogiavam as sequências embaixo d'água, o terror e, acima de tudo, a Criatura. A estrela Julie Adams creditava a popularidade do filme à Criatura, comparando-a com King Kong. Ela estava convencida — e eu acho que está certa — de que os verdadeiros monstros clássicos inspiram o sentimento de compaixão do público. Apesar de o traje ser muito mais aterrorizante e monstruoso do que William Alland originalmente queria, ele conseguiu realizar o desejo de uma Criatura que causasse empatia.

A compaixão pela Criatura é o que separava *O Monstro da Lagoa Negra* de vários outros filmes de monstros de ficção científica daquela época e, na verdade, de muitos outros filmes de monstro ao longo da história do cinema. É claro que assistir a monstros gigantes pulverizando prédios é catártico e divertido. Mas existe algo profundamente atraente na empatia mais sofisticada que *O Monstro da Lagoa Negra* incita, que faz as audiências voltarem por décadas, de novo e de novo. Isso fez do filme um clássico cult instantâneo. A Criatura ganhou seu lugar no panteão de monstros clássicos logo de cara.

Há uma cena no filme em que a Criatura está nadando embaixo de Julie Adams enquanto ela se movimenta pela superfície da lagoa. É provavelmente o momento mais famoso de todo o filme. É icônico. No primeiro momento, é uma cena assustadora, algo como *Tubarão* antes de *Tubarão*: grandes garras e uma pele escamosa se escondendo na turbidez da escuridão. Mas logo algo muda. A Criatura assiste à Kay do fundo da água, olhando para ela com tanta tristeza e saudade que é difícil se lembrar de que aquela é apenas uma máscara de borracha, e não uma maquiagem facial articulada. Em vez de se sentir como uma vítima assustada, pronta para correr para fora da lagoa, você começa a se lembrar de momentos da vida em que esteve no papel da Criatura.

A primeira vez que eu assisti a *O Monstro da Lagoa Negra* e cheguei a essa cena, tudo em que eu podia pensar era sobre o meu eu adolescente. Coberta de acne, desconfortável, sentindo-me gorda e feia, eu não sabia como me aproximar das pessoas que achava atraentes. Eu olhava para elas no corredor da minha escola da mesma maneira como a Criatura olhava para Kay. Graças ao meu transtorno de ansiedade generalizada, as palmas das minhas mãos também estavam no mesmo nível de umidade.

Eu senti uma empatia e uma compreensão incontroláveis pela Criatura. Isso deu ao filme uma profundidade emocional que é rara em qualquer gênero. Os melhores filmes de monstro não só desfilam algum tipo de besta aterrorizante na frente dos seus olhos. Eles puxam um elemento escondido na sua mente, a parte que faz você se sentir feia, com medo ou solitária. Eles dão a ela corpo e sangue, e às vezes dentes afiados. O poder de um filme de monstro reside em ver aquela sua parte sombria correndo pela tela. Você pode assisti-la causar destruição e devastação que você nunca deve causar na vida real. É catártico ver o que acontece se você deixar aquela parte de você livre em vez de ignorá-la e bani-la para a sua própria Lagoa Negra.

Graças ao trabalho de design de Milicent, Jack Kevan e Chris Mueller de trazê-la à vida e Ben Chapman e Ricou Browning de incorporá-la, a Criatura se tornou um desses monstros especiais que são muito mais do que um susto. O lugar da Criatura tanto no horror como no cinema estava garantido.

Milicent havia voltado da turnê para promover *O Monstro da Lagoa Negra* feliz e animada para o que estava por vir. Ela estava ansiosa para uma maravilhosa carreira na Universal Studios, fazendo design de monstros e maquiagem durante o dia e retornando para casa e para o amado marido todas as noites.

O que a Universal havia criado em Milicent Patrick era, não existe outra palavra para isso, uma estrela. O seu próximo filme de ficção científica a ser produzido, *Guerra Entre Planetas*, agora tinha um nome famoso atrelado a ele. Eles haviam investido muito tempo e dinheiro construindo o nome de Milicent, e o público havia respondido. Agora ela era uma mercadoria para o estúdio, um nome especial que eles podiam atrelar a projetos, uma personalidade e um talento que podiam usar para promover filmes de monstro.

Milicent também havia se tornado uma embaixadora para uma parte pouco compreendida do mundo do cinema, a indústria da maquiagem e efeitos especiais em que a Universal estava derrubando barreiras e fazendo história. Sua turnê de sucesso era uma grande oportunidade para alavancar o pedigree da criação de monstros do estúdio. Nem mesmo o lendário Jack Pierce foi enviado para promover os filmes dele. Para uma empresa que estava abraçando completamente sua herança de horror e a usando para atrair audiência, que pessoa melhor para ter a seu serviço do que a elétrica e talentosa designer de monstros e porta-voz que já havia se provado uma atração para multidões e a imprensa?

Mas Bud Westmore não se importava com a indústria de maquiagem e efeitos especiais como um todo. Ele não se importava com a Universal. Ele não se importava nem com o bem-estar do próprio departamento. Ele se importava com seu ego e sua reputação, duas coisas que, para ele, Milicent havia arranhado de maneira grave e irreparável.

Uma semana depois do lançamento do filme, Bud continuava firme em sua decisão. Apesar do apelo dos homens do time da publicidade e do grande sucesso de *O Monstro da Lagoa Negra*, Milicent estava permanentemente fora do departamento de maquiagem. Os chefes da Universal não se dignaram a se envolver no assunto. Ninguém com mais poder do que Bud interveio. Em vez de passar aquele março celebrando o lançamento de *O Monstro da Lagoa Negra*, Milicent passou se ajustando ao desemprego.

Ela não revidou. Ela aceitou a remoção do departamento de maquiagem com a graça que era esperada das mulheres do seu tempo. Não houve nenhuma invasão no escritório de Bud, não houve nenhuma carta raivosa ou ligação para os executivos na Universal, nem uma conversa com a imprensa. Ela acreditava que não havia muito que pudesse fazer.

Milicent foi removida do time de desenvolvimento de *Guerra Entre Planetas*. Ela não foi creditada pelas ilustrações no *Westmore Beauty Book*. *Sangue Rebelde* e *Guerra Entre Planetas* seguiram em produção, ainda usando os designs de maquiagem, penteados, figurinos e monstros que ela havia ajudado a criar.

Ela nunca mais trabalharia por trás das câmeras em Hollywood. Com Milicent fora do departamento de maquiagem da Universal, Bud estava livre para espalhar para o mundo que havia criado a Criatura, um mito que persistiria por décadas. Já que ele era um Westmore bem-relacionado, isso significava que Milicent não seria mais bem-vinda na maioria dos departamentos de maquiagem. Nessa época de Hollywood, desentender-se com a mais famosa dinastia de maquiagem era um golpe devastador na carreira. Bud continuaria seu reinado na Universal durante anos.

Enquanto isso, a vida de Milicent estava prestes a ter outra virada dramática.

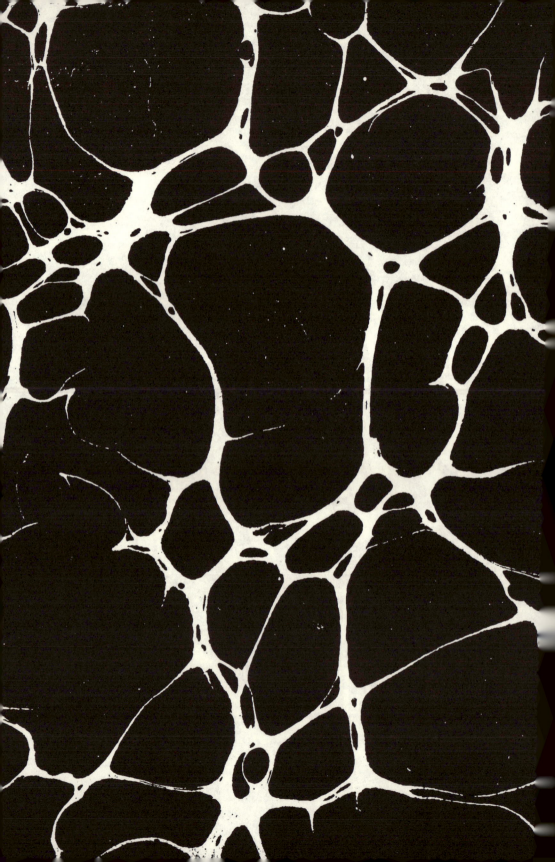

MONSTROS DA VIDA REAL

Eu levei muito tempo para perdoar Milicent.

Eu queria que ela exigisse a cabeça de Bud Westmore em uma bandeja. Eu queria que ela fosse uma deusa dos monstros amazonenses, de mãos dadas com a Criatura, enquanto os dois juntos empurravam Bud do topo de uma cachoeira. Ou talvez dentro de um vulcão.

No início, fiquei furiosa por ela, como eu enxergava, ter simplesmente aceitado essa ofensa grosseira tanto a ela como a sua carreira. Ela deveria ter feito um grande estardalhaço, ela deveria ter batido de volta, ela deveria ter, ela deveria ter, ela deveria ter.

Muitas vezes, o ônus dessas situações é colocado sobre as vítimas. Você não deveria ter usado aquela minissaia se não quisesse ser apalpada. Você não deveria ter sido rude com aquele policial se não quisesse ser agredida. Você deveria ter dito alguma coisa quando o seu chefe estava te assediando sexualmente. Você deveria ter lutado com mais força, sido mais inteligente, mais cuidadosa. A verdade é que essas situações nunca deveriam sequer acontecer. Milicent Patrick deveria ter voltado triunfante da turnê da Criatura e avançado para uma longa e bem-sucedida carreira fazendo o design de monstros para a Universal Studios.

Sim, teria sido absolutamente porreta se ela tivesse marchado escritório de Bud Westmore adentro e despejado um balde de estrume na cabeça dele. Sim, teria sido incrível se ela tivesse voltado a todos aqueles jornais que a entrevistaram e tivesse entregado uma nova história sobre o quão bosta Bud Westmore era. Mas por que eu estava sendo tão dura com ela? Ela não podia dizer "foda-se isso"?

Em que ponto as mulheres são perdoadas por não serem amazonas sobrenaturalmente resistentes que passam todas as horas acordadas lutando contra as injustiças? Milicent tinha 37 anos e vinha trabalhando em uma indústria artística dominada por homens há quinze anos. Ela teve uma carreira mais bem-sucedida e variada do que muitas pessoas poderiam sonhar em ter. A frustração que eu sentia por ela era uma maneira de proteger o meu coração partido.

Eu precisava perdoá-la e direcionar a minha raiva para um lugar em que, em vez de corroer as minhas entranhas como ácido de bateria, ela pudesse de fato realizar alguma coisa.

Após o beco sem saída que encontrei na minha visita ao cartório de Los Angeles, todas as minhas fontes haviam secado. Eu não sabia que era possível, mas eu tinha finalmente ficado sem amigos nerds de monstros para importunar. A internet não guardava nada para mim, e eu tinha exaurido os motores de pesquisa da Biblioteca Pública de Los Angeles.

Eu estava conseguindo bastante informações sobre a carreira de Milicent, mas sentia como se houvesse uma parte de sua vida pessoal, uma parte dela como pessoa, que eu estava perdendo. Eu tinha escrito cartas e e-mails para pessoas que talvez a tivessem conhecido e não tinha recebido nenhuma resposta.[1] Eu tinha descoberto o escopo da sua incrível carreira, mas estava apenas mordendo as beiradas da personalidade dela. Quem Milicent era como pessoa permanecia um mistério para mim.

Desabafando sobre minhas mágoas com a pesquisa para Belinda, a doce e maravilhosa amiga que me deixou morar com ela e seu parceiro de negócios, Chuck, logo que me mudei para Los Angeles, eu tive um surpreendente avanço no meu caso.

"Bom, você sabe o que precisa fazer. Você precisa ir até os mórmons."

"Os mórmons? Eu não quero dirigir até Salt Lake City."

---

1   Eu acho que maioria delas já deve ter falecido.

"Não, de verdade, você precisa falar com os mórmons. Eles também estão aqui em LA."

Eu ri. Eu achei que ela estivesse brincando. Mas Belinda insistiu que eu visitasse o centro mórmon em Los Angeles. Eu cresci em uma casa laica, então não sabia muito sobre mormonismo além do fato de que eles gostavam muito de Utah. Mal sabia eu que Belinda estava certa. Os mórmons seriam os meus salvadores.

Se você já usou o website Ancestry.com, também recorreu aos mórmons para ajuda. Ancestralidade familiar e genealogia são definitivamente os rolês deles. Quando existe poligamia na história da sua igreja, famílias grandes acontecem. O que eu não sabia era que uma coisa chamada necrogamia também era o rolê deles. Sim, você leu corretamente. Necrogamia. O processo de casar o morto. Não de maneira necrófila/*Beetlejuice*, mas de maneira espiritual. Existem diversas razões para essa prática e elas são todas estranhas.

Mórmons acreditam que casamentos, ou "selamentos", duram até a eternidade e além. Eles não querem que ninguém fique para trás e solitário. Eles acreditam que você pode se casar quando está morto, seja com uma pessoa viva ou outra pessoa morta.[2] Essas duas almas vão se encontrar na vida após a morte e, eu acho, vão ficar de boa e assistir à Netflix por toda a eternidade. Então, convém aos mórmons saber sobre o máximo de pessoas possível, como um tipo de pesquisa para necrorrelacionamentos.

Belinda me disse que se eu fosse ao templo mórmon de Los Angeles e oferecesse a eles minhas informações pessoais, teria acesso aos extensos arquivos genealógicos deles. Em troca de ser uma noiva fantasma em potencial para algum solitário homem mórmon, eu poderia pesquisar em uma das melhores bases de dados de família do mundo. Por um breve momento eu pesei a chatice de uma eternidade recusando propostas de caras mortos aleatórios em

---

2 A boa notícia é que se você, como uma pessoa morta flutuando por aí na ideia de vida após a morte dos mórmons, receber uma oferta de casamento, pode rejeitar o seu parceiro em potencial.

comparação com a perspectiva de encontrar Milicent. Ei, eu estava desesperada. Nunca diga que eu não me dediquei para escrever este livro. Eu decidi fazer isso.

Sempre que eu vou a algum lugar "sério", acabo sofrendo sobre o que usar. Não era apenas no ambiente de trabalho que isso se transformava em um problema para mim. Como uma pessoa não familiarizada com religiões que estava se jogando à mercê dessas pessoas mórmons boas e corretas para que elas esperançosamente me deixassem usar os arquivos, não queria ser rejeitada por eles acharem que eu era uma degenerada tatuada. Eu coloquei botas pretas, longas calças pretas, um suéter preto largo e um gorro preto. Isso servia para cobrir todas as minhas tatuagens e uma boa porção do meu cabelo roxo e azul. No posto de gasolina no meu caminho até o templo, eu me dei conta que isso também me deixava exatamente igual a um assaltante.

Além de uma levantada controlada de sobrancelha da parte do funcionário muito educado na recepção, eu não tive nenhum problema. Talvez porque eles estivessem com medo de que eu fosse roubar o lugar. Poucos minutos depois da minha chegada, eu fui indicada a um computador. Eu havia imaginado os arquivos de genealogia dos mórmons como um lugar empoeirado e sagrado, com pilhas de livros grossos e corredores em labirinto. A sala na qual eu acabei me sentando parecia mais com a sala de informática da minha escola de ensino fundamental, provavelmente com o mesmo tipo de computadores.

Eu me sentei em frente ao computador ancestral e barulhento e preenchi o meu novo login para os arquivos digitais deles.

Valeu a pena vender meu tranquilo pós vida.

Eu escorreguei pelo desconfortável arco-íris mórmon e aterrissei em um pote de ouro de pesquisa. Eu encontrei o certificado de nascimento de Camille e documentos, a certidão de nascimento de Milicent, artigos sobre ela como Mildred Rossi, papéis de censos com o nome dos pais dela e endereços em que ela morou em Los Angeles. Eu quase me levantei e dei um *toca aqui* na senhorinha fazendo pesquisa familiar no computador ao meu lado, mas como alguém que parecia um assaltante, senti que deveria permanecer quietinha no meu lugar.

Horas se passaram enquanto o meu pendrive se enchia com todos os tipos de documentos digitais inestimáveis. Os arquivos eram compostos por um grupo de diferentes bases de dados de pesquisa genealógica. Alguns são regionais, alguns são gerais. Quase todos tinham algum tipo de informação sobre Milicent. Graças à propensão dela por mudanças de nome, levou um tempo para pesquisar todos os nomes conhecidos dela em cada base de dados. Depois de quase uma manhã inteira gasta em cima do teclado, eu tinha um tesouro. Eu estava me arrependendo da minha hesitação inicial em me tornar uma noiva fantasma. Podem levar minha vida após a morte.

Eu cliquei em uma base de dados que organizava nomes em pequenas árvores genealógicas. Era bem fofo. Nada havia aparecido para os nomes de Milicent, então eu comecei a pesquisar apenas por Rossi. Até aquele momento, eu não sabia muitas coisas sobre os irmãos dela. Ela nunca falou sobre nenhum deles em nenhuma entrevista. O único membro da família sobre o qual ela realmente falava em público era o pai.

Um gráfico em forma de árvore apareceu para Camille Rossi. Eu cliquei com as minhas expectativas baixas. Os registros de Camille e Elise eram de muito tempo atrás e bem irregulares. Eu havia encontrado muitos becos sem saída durante toda a manhã. Então, quando dois pequenos galhos se estenderam abaixo do nome de Ruth, eu fique intrigada. O nome dela não estava listado como Ruth Rossi, e sim como Ruth Green,[3] a primeira vez que eu havia visto o nome de casada de Ruth.

Eu encarei aqueles dois galhos por um momento antes que as engrenagens começassem a girar na minha cabeça. Se Ruth era alguns anos mais nova do que Milicent e tivera dois filhos, eles não podiam ser mais velhos do que...

Dois espaços, mas apenas um nome. Lawrence Green. O outro espaço estava em branco.

As engrenagens na minha cabeça estavam tocando um sino, um alarme, uma sirene ecoando dentro do meu crânio.

---

3   Esse nome e o nome dos filhos dela foram todos alterados.

Esse cara poderia ainda estar vivo.

Eu pesquisei pelo nome dele em algumas bases de dados, mas não estava aparecendo nada. Eu respirei e tentei o canivete suíço digital — o Google. Eu digitei o nome na barra de pesquisa, e um dos primeiros resultados era uma listagem no website YellowPages.com. Ele morava na Costa Oeste.

Tinha um número de telefone.

Eu devo ter ejetado o meu pendrive do computador mágico mórmon e arrumado as minhas coisas e abanado para o simpático recepcionista. Eu devo ter encontrado um banco próximo à entrada e me sentado ao sol. Mas tudo que eu me lembro é de encarar a minha mão esquerda tremendo enquanto eu segurava com a mão direita o iPhone contra a orelha. O número funcionava.

O trabalho de Milicent por trás das câmeras havia terminado, e os filmes nos quais ela havia começado a trabalhar nos designs continuaram sem ela. Mas ela nunca falou mal de Bud Westmore em público. Mesmo para os amigos e a família, assim que tudo havia terminado, ela nunca reclamou. Ela não cultivou nenhuma raiva. Enquanto eu teria feito pelo menos um alvo de dardos com a cabeça dele no meio, Milicent aceitou seu destino e seguiu com a vida da melhor maneira possível.

Com os Westmore contra ela, a carreira de designer de maquiagem de Milicent estava morta. No entanto, Bud não tinha nenhuma influência sobre os diretores de elenco da Universal ou qualquer outro lugar. No ano seguinte, ela continuou no trabalho como figurante, tanto na Universal como em um punhado de outros estúdios, como Columbia e MGM.

Durante o restante de 1954, apenas um filme foi lançado em que ela havia ganhado um papel como figurante, *A Farra dos Malandros*, estrelando Dean Martin e Jerry Lewis. Era um filme cantante, dançante, maluco e vendido como "o filme mais excêntrico de todos os tempos", feito pela York Productions, o que significa que Milicent teve uma pausa da Universal Studios. Ela não precisou voltar lá até o fim do ano, para filmar *Homem Sem Rumo*.

Milicent em sua explosão de xadrez desenhando Kirk Douglas no set de *Homem Sem Rumo*. (*Coleção da família*)

Era um faroeste estrelando Kirk Douglas. Milicent está no filme como Boxcar Alice, mas não está creditada. Ela é uma "animadora do saloon" com sua amiga, a também atriz Mara Corday. Milicent aparece em muitas fotos de bastidores usando um tipo adorável de figurino de "dama do faroeste", o que significa xadrez. Muito xadrez. Ela está sempre sorrindo e rindo nas fotos espontâneas. Milicent ainda amava estar em um set de filmagens, mesmo depois do que aconteceu em *O Monstro da Lagoa Negra*.

O incidente com Bud Westmore também não diminuiu o amor dela por desenhar. Apesar de não fazer nenhum trabalho de design para *Homem Sem Rumo*, ela continuou com o hábito de retratar estrelas do filme no set de filmagem. Eu encontrei uma única foto de Milicent segurando um — muito bem-feito, eu devo dizer — desenho de Kirk Douglas usando um chapéu de caubói. Ela levou o hábito para os sets de filmes feitos por outras produtoras, mas isso nunca mais lhe rendeu um emprego.

De qualquer maneira, foi um ano difícil para Milicent e não só porque ela havia sido traída e expulsa do seu trabalho dos sonhos. O ano de 1954 iria marcar o começo de um declínio longo e lento. O marido dela, Syd, foi diagnosticado com câncer. Tudo na vida de Milicent estava chegando a um fim prematuro.

Syd acabou sucumbindo à doença. Ele não tinha filhos de casamentos anteriores, então Milicent estava cuidando dele sozinha. Pelo resto da vida, ela sentiria falta dele e o consideraria seu grande amor.

Milicent sempre foi suscetível a problemas de saúde mental, algo que pode ter herdado da mãe. Mas, depois da morte de Syd, ela começou a afundar na depressão. A única coisa que ajudava era sair de casa, ver os amigos e voltar ao trabalho.

No ano seguinte, em 1955, o trabalho de figurante melhorou um pouco. Ela teve um papel sem crédito em *O Filho Pródigo*, épico bíblico da MGM Pictures estrelando Lana Turner, escrito pelo nosso colega Maurice Zimm de *O Monstro da Lagoa Negra*. Filmes de monstros, filmes bíblicos, eles são meios similares, certo? Muito drama, forças poderosas, a carne como alimento.

Milicent teve outro papel como figurante não creditada em *Homem Até o Fim*, filme de aventura dirigido e estrelado por Burt Lancaster. Ela também teve alguns pequenos papéis (vendedora e garçonete) em uma série de comédia na televisão chamada *It's a Great Life*.

Com a depressão e a perda do marido, havia outra coisa afetando tanto a saúde mental quanto o trabalho de Milicent como atriz. Em 1955, ela fez 40 anos. Essa é a idade do, como a comediante Amy Schumer diz, ponto de virada da mulher, quando ela se torna brochante. Em Hollywood, aos 40 anos, você é idosa. Uma bruxa velha. Talvez seja melhor você viver num pântano e fazer chá de musgo. Prepare-se para começar a assustar as crianças da vizinhança com sua verruga. Para Milicent, como atriz, isso era um enorme problema profissional.

"Mas espere!", você diz. Existem várias mulheres mais velhas e sexy! Olhe para Helen Mirren!

Existem algumas exceções, mas é verdade. Depois dos 40 anos, papéis para mulheres nos filmes caem dramaticamente, em especial aqueles baseados em quão sexy a personagem é, que eram a maioria dos papéis de Milicent. Personagens para mulheres acima dos 40 eram ainda mais escassos nos anos 1950. A maioria dos personagens femininos em filmes está relacionada a um homem de alguma maneira, então eles já são limitados desde o começo: namoradas, mães, esposas. Segundo um estudo recente realizado pelo Center for the Study of Women in Television and Film na San Diego State University, mulheres são apenas 12% dos protagonistas dos filmes. Mesmo em papéis secundários, as mulheres são apenas 29%. As mulheres são apenas um terço dos personagens com falas nos filmes. A maioria das mulheres está na faixa dos 20 aos 30 anos, enquanto homens com mais de 40 são mais do que a metade dos personagens em tela. Eu posso nomear aproximadamente 5 milhões de filmes em que uma mulher mais jovem está com um homem muito mais velho ou em que uma atriz mais jovem está interpretando um papel que deveria ser de uma mulher mais velha.[4]

---

4 Vamos ser honestos. Todos nós amamos Jennifer Lawrence, mas quem decidiu que ela precisava começar a interpretar mães e mulheres de negócio mais velhas aos 22 anos?

Mulheres jovens conseguem mais papéis do que os homens. Mas isso se inverte fortemente perto dos 40 anos. Homens são considerados maduros e sexys com suas barriguinhas de cerveja, e as mulheres são mandadas para o asilo. A revista *Time* fez uma análise de mais de 6 mil atores e atrizes e descobriu que o auge da carreira dos homens é aos 45, enquanto o das mulheres é aos 30.

Nos papéis que as mulheres conseguem pegar, personagens masculinos têm o dobro de tempo de tela, em média, e o dobro da quantidade de diálogo. Mesmo que você finalmente consiga um papel, quando você é mulher, ainda é mais provável que você seja mais vista do que ouvida, se é que será vista.

Para alguém cujo amor próprio estava tão fortemente ligado à aparência, como muitas mulheres, fazer 40 anos foi um período difícil para Milicent. Quando era uma jovem mulher, os pais dela a ensinaram que a beleza dela era algo a ser escondido, que era algo do qual sentir vergonha. Quando, já adulta, ela rompeu com eles e começou a trabalhar na indústria cinematográfica, a beleza se tornou o ponto focal para a maioria das interações das pessoas com ela. Ao longo dos anos, ela se convenceu mais e mais de que a aparência dela era a única coisa com a qual as pessoas se importavam. Ela acreditava que era a coisa mais importante sobre ela e agora a estava perdendo.

A questão com a depressão é que ela mente para você. A depressão vai encontrar a única coisa com a qual você está preocupada e vai te convencer de que é real. O problema com os medos de Milicent é que eles não eram completamente sem fundamento. Olhando todos os artigos escritos sobre ela, você também chegaria à mesma conclusão. Era nisso que todo mundo se concentrava. A arte dela é quase sempre secundária para algum jornalista esquisito ocupado demais olhando de soslaio para os seios dela. Ela frequentemente era contratada para figuração por causa do visual. Essa não era a única razão, mas com certeza era um dos principais fatores. Trabalhar em frente das câmeras não é um trabalho fácil quando você tem esses tipos de medo.[5]

5 E quase todo mundo tem medos assim.

Se você ler quase todo artigo sobre qualquer mulher em Hollywood em qualquer época, é a mesma coisa. Na verdade, não é só em Hollywood. É na maioria das indústrias. É necessário ser uma pessoa muito forte para não sucumbir, para enfrentar o sexismo ridículo de merda. É um trabalho duro constante resistir à pressão de pensar que seu único valor como mulher é sua beleza juvenil, mesmo para alguém que não está lidando com problemas de saúde mental. Essa não era uma época em que conseguir tratamento para saúde mental era socialmente aceito ou mesmo amplamente disponível. Sem o trabalho na Universal para alavancar a autoestima, os medos de Milicent começaram a dominá-la.

Milicent não estava completamente sozinha durante esse período horrível, mesmo sem Syd. Ela manteve contato com os amigos, especialmente George Tobias. Eles a ajudaram nessa fase difícil. Ela continuou fazendo arte. Milicent passou por 1955 sem se entregar à depressão que lhe dizia que ela não tinha valor. Ela continuou até conhecer o último homem que iria mudar a vida dela.

O telefone tocou por alguns poucos segundos. Enquanto ele tocava, a noção de que eu não tinha absolutamente nenhuma ideia do que ia dizer me atingiu como uma bigorna em um desenho do Papa-Léguas. Minha mente ficou em branco.

"Alô?"

Oh, deus.

Lawrence Green soava como um simpático homem mais velho. Ele estava provavelmente cortando a grama e tomando uma limonada feita em casa. Definitivamente não estava fazendo algo fora do comum, como vasculhar arquivos mórmons secretos vestido de assaltante. Como eu ia fazer isso não soar estranho?

"Oi! Meu nome é Mallory, Mallory O'Meara, e eu sou escritora. Eu estou escrevendo um livro sobre Milicent Patrick e estava pesquisando sobre a vida dela e o encontrei listado como um dos parentes, com um número público de telefone,[6] então eu, hm, pensei em ligar."

6   Eu quase falei que havia encontrado o número online, mas isso faria eu parecer mais ainda com uma perseguidora bizarra.

"Você quer dizer a tia Mid?"

Lawrence estava um pouco desconcertado e confuso. Era compreensível. Depois de alguns minutos de conversa e de convencê-lo de que eu não era louca, o tom dele se apaziguou. Ele explicou que não tinha sido próximo da tia, mas que a irmã sim. Ele disse que ligaria para ela e daria meu número de telefone para que ela me ligasse mais tarde. Eu o agradeci repetidas vezes e, depois, ele desligou.

Tia Mid. Tia Mid!

Em um posto no caminho de volta dos arquivos, um fato importante finalmente veio à superfície do meu entusiasmo. Lawrence estava confuso *porque mais ninguém havia os contatado por causa de Milicent*. Mais ninguém sabia que eles existiam. Eu estava adentrando território desconhecido. Isso não era só um furo sobre Milicent Patrick. Isso era tudo... Eu não sei. Um buraco? Uma cratera? Um furo? Mas um furo exatamente do quê?

Quando cheguei em casa, eu tive que me deitar no chão por um longo tempo. Eu estava elétrica demais para fazer qualquer outra coisa. Eu ficava tentando me lembrar que isso podia não dar certo. Essa família pode pensar que eu sou uma esquisitona e nunca falar comigo de novo. Eles poderiam não saber de nada. Eles poderiam ser canibais malucos. Mas algo me fez concluir que qualquer pessoa que se referia a Milicent como "tia Mid" deveria ter mais a contar.

A irmã de Lawrence de fato me ligou naquela noite. Quando eu atendi o telefone, uma mulher mais velha se apresentou como Gwen e pediu desculpas por ligar um pouco tarde (eram 19h). Ela explicou que trabalhava como terapeuta em uma faculdade. Gwen era doce e paciente e não se assustou nem um pouco comigo. Ela disse que fez uma pesquisa antes de me contatar e que eu parecia uma boa menina.[7] Eu me derreti de carinho por essa mulher.

---

7   Artistas e escritores, esse é um exemplo excelente do quão importante é ter um website profissional que de maneira nenhuma faça você parecer um perseguidor.

Respirei fundo e expliquei o projeto para ela. Entrei em mais detalhes do que quando falei com Lawrence, dizendo a Gwen sobre como Milicent era a minha heroína e que eu trabalhava na mesma indústria que ela havia trabalhado. Depois, eu tive que fazer a pergunta mais importante.

"Ela ainda está viva?"

"Oh, não, meu bem. Ela faleceu em 1998."

Eu estava quase duas décadas atrasada.

A chance de encontrar Milicent viva sempre foi muito pequena. Mas eu tinha esperança, mesmo que ela fosse ter mais de 100 anos. Depois de todo esse tempo, eu queria muito conversar com ela. Eu levei alguns segundos para engolir meu luto.

Mas lá estava eu, falando com a sobrinha dela! Isso era o mais próximo que eu já havia estado de Milicent, e agora, sabendo que ela havia falecido, o mais próximo que eu jamais estaria.

Nós continuamos conversando, e Gwen respondeu algumas das minhas maiores perguntas. Depois de alguns minutos, nós duas nos demos conta de que isso não era algo que poderia acontecer em um telefonema. Muito gentilmente, Gwen perguntou se eu gostaria de fazer uma visita. Ela possuía todos os pertences de Milicent guardados em grandes caixas de plástico na casa dela no norte da Califórnia e se ofereceu para tirar tudo do lugar para que eu pudesse vê-los. Gwen só precisava conversar com o marido, Frank, e entraria em contato comigo para combinarmos o final de semana ideal.

Nós desligamos o telefone e eu saltitei pelo quarto enquanto simultaneamente ligava e mandava mensagens para todas as pessoas mais próximas. É isso.

Em 1955, a viúva Milicent Park conheceu Lee Trent. Ela provavelmente o viu antes de falar com ele; ele chamava a atenção em qualquer lugar que estivesse. Lee tinha 42 anos, 1,98 m de altura e a cabeça cheia do tipo de cabelo branco espesso que provavelmente faz outros homens quererem acertar um soco direto na sua cara. Ele era charmoso e gracioso, e a atração entre os dois foi instantânea. Milicent e Lee começaram a namorar imediatamente.

Lee Trent nasceu em San Antonio, em uma família de arrendatários do Texas. Ele cresceu na pobreza, único filho dos pais que sobreviveu à infância. Aos 19 anos, ele decidiu que a vida na fazenda não era para ele e viajou a Chicago para tentar a sorte na indústria do entretenimento. Ele lutou durante um ano para construir um nome em Chicago, então, em 1933, foi para Detroit para fazer um teste para um novo programa de radionovela. Centenas de homens fizeram testes, mas Lee foi escolhido para o papel principal. O programa se chamava *O Cavaleiro Solitário. Isso mesmo. Aquele* Cavaleiro Solitário.

Se você não está familiarizado com ele, *O Cavaleiro Solitário* é uma história sobre um homem mascarado, um ex-Texas Ranger, que luta contra ladrões e bandidos no Velho Oeste selvagem dos Estados Unidos. Ele é ajudado pelo amigo nativo americano, Tonto, e o confiável companheiro cavalo, Silver. A frase "Hi-yo, Silver!" vem desse programa. Ele se tornou um vasto império midiático com programa de rádio, séries de televisão, filmes, livros, desenhos animados, videogames e brinquedos. Mas tudo isso começou com um programa de rádio de Detroit e Lee Trent.

Lee foi a voz do Cavaleiro Solitário pelos primeiros três anos e meio do programa. O show rapidamente ganhou popularidade, e as ambições de Lee cresceram com seu salário. Ele decidiu fazer aquilo que qualquer pessoa que tem algum sucesso na mídia faz e foi tentar a sorte em Hollywood. Outro ator assumiu a máscara preta (apesar de eu achar que isso não importa, já que era um programa de rádio) e Lee se dirigiu para a Califórnia.

Depois de alguns meses, o homem que substituiu Lee faleceu em um acidente de carro, e o estúdio de rádio pediu que Lee voltasse. Ele concordou e interpretou o papel por outros cinco anos. Eu imagino que as coisas não estavam indo bem em Los Angeles ou que lhe ofereceram muito dinheiro. Talvez os dois.

Em 1941, outro ator, o homem com o nome mais masculino do mundo — Brace Beemer — assumiu o lugar de Lee como Cavaleiro Solitário, e ele foi novamente para a Costa Oeste. Desta vez, teve mais sorte. Lee acabou atuando em vários filmes, a maioria faroestes (surfando naquela fama do Cavaleiro Solitário). Porém não houve nenhum grande papel.

Ele também viajou até Nova York para fazer algumas produções teatrais. Críticas positivas sobre a interpretação dele sempre pesavam nas descrições físicas, detalhando sua robusta cabeça de cabelos pretos e como as mulheres da audiência suspiravam por ele. Lee não era, ele mesmo admitia, um grande ator, mas era definitivamente um gato. Lee era um homem esperto. Ele intuiu que a sorte grande que havia tido no mundo do entretenimento não se repetiria, não como havia sido com o papel do Cavaleiro Solitário. Lee não era material para as telonas. Ele havia observado os homens de negócio bem-vestidos na audiência enquanto se apresentava, com inveja do que achava que eles tinham — respeito.

Lee começou a procurar outro trabalho em Nova York. Ofereceram-lhe um emprego na indústria de vestuário, que soa muito mais chique do que era. Ele se tornou caixeiro-viajante de roupas para mulheres por todo o Sul. Eu tenho certeza de que a beleza e o charme dele o ajudaram a alavancar sucesso. Construiu carreira na empresa, tornando-se então vice-presidente. Mas ele ainda queria estar na Califórnia, então se demitiu e foi para o Oeste.

De volta ao sul da Califórnia, um amigo lhe conseguiu um trabalho como gerente de vendas para outra empresa de roupas. Em 1953, Lee estava indo bem, e os olhos dele miravam ainda mais longe. Ele fez uma parceria com um amigo que trabalhava na mesma empresa e eles criaram um pequeno negócio porta a porta de cosméticos chamado Con-Stan. A Con-Stan vendia maquiagem, produtos de beleza e todo tipo de curas cosméticas suspeitas e pseudocientíficas com as quais você podia se safar nos anos 1950. Elas tinham nomes como Nutri-Moist, que soa como uma péssima marca de comida para gatos. Deixando de lado a péssima gestão de marca, a Con-Stan começou a crescer e fazer muito dinheiro. Eles compraram algumas companhias menores e logo vendiam roupas femininas, vitaminas, suplementos alimentares e materiais de limpeza. Em meados dos anos 1950, havia milhares de vendedores da Con-Stan perambulando pelo país, vendendo latas de Nutri-Moist.

Lee era um homem rico, mas ficou um pouco amargo por nunca ter conseguido sucesso em Hollywood. Ele não era fã do programa de televisão *O Cavaleiro Solitário* ou de nenhum dos filmes mais recentes. Ele se tornou um daqueles homens velhos rabugentos que lamentam constantemente o fim dos "bons e velhos tempos".[8] Mas Lee não perdeu o amor pelo glamour de Hollywood. Ele ainda se mantinha próximo dos amigos na indústria do entretenimento e ia a muitos eventos do meio em Los Angeles. Pré-estreias, eventos de caridade, festas de inauguração, você sabe como é. Foi isso que o levou a cruzar caminhos com Milicent Patrick, alguém que finalmente pudesse chamar a atenção dele.

Em Lee, Milicent havia finalmente encontrado um igual, tanto em personalidade como em conquistas. Ele gostava de fazer coisas grandiosas. O imenso senso de estilo de Milicent, seu charme magnético e amor por atividades sociais chamaram a atenção dele. Mas o que Milicent mais amava em Lee era que ele se sentia atraído pela personalidade dela. Ele a fez se sentir amada por mais do que sua beleza. Lee foi o primeiro homem que Milicent sentiu que a via além da aparência.

O ano seguinte, 1956, foi o último ano produtivo como atriz da Milicent de 41 anos. Ela esteve em uma comédia musical chamada *He Laughed Last*, da Columbia Pictures, em um papel não creditado como uma secretária. Ela também teve um pequeno papel em *Sede de Viver*, filme da MGM sobre Vincent van Gogh, estrelado por Kirk Douglas. Milicent desenhou outro retrato fantástico de Kirk, e a MGM fez uma foto promocional dela o presenteando.

Depois disso, o que ocupou a maioria do tempo de Milicent ao longo dos anos foi uma mudança. Ela e Lee se mudaram para uma opulenta casa em um bairro próximo a Beverly Glen chamado

8   A mais pura punhetagem.

Sherman Oaks, a qual Milicent tinha liberdade para decorar como quisesse. Eles ainda não eram casados, mas como duas pessoas na casa dos quarenta e com Milicent como uma mulher divorciada e, para completar, viúva, eu imagino que nenhum dos dois estivesse muito preocupado com um escândalo. Lee nunca havia se casado e não tinha filhos.

Milicent levou seu amor pelo glamour para a nova casa de maneira grandiosa. Você poderia chamá-la de extravagante e exagerada, mas Milicent cresceu nos arredores do Hearst Castle. Ela sabia fazer o excessivo ficar bonito. As paredes eram cobertas por pinturas, obras de arte e retratos de amigos lindamente enquadrados. Cada quarto era imenso e preenchido com móveis sob medida, todos em branco e dourado. Seu sofá era mais longo do que algumas quitinetes. Ela e Lee dividiam um quarto gigante com um closet e uma penteadeira separada para Milicent. Próximo dali ficava um banheiro com uma banheira grande o suficiente para caber mais de quatro pessoas.

Com maravilhosas poltronas, uma lareira de mármore, aparadores de madeira entalhada, espelhos imensos e um piano,[9] o espaço era decorado com extravagância. Graças ao olhar artístico de Milicent, a casa parecia ventilada e elegante, em vez de abafada e espalhafatosa. No quintal espaçoso ficavam uma piscina e um jardim. Amigos se referiam à casa como o "Shangri-la em Sherman Oaks" de Lee e Milicent. Milicent criou um negócio de design de interiores, por um tipo de capricho, chamado "Milicent's House of Imperial Design".[10]

Ela passou a juventude morando à sombra do Hearst Castle, admirando sua opulência. Agora Milicent finalmente tinha sua própria casa luxuosa. Ela podia caminhar pelos corredores, cobertos do chão ao teto com fotografias emolduradas de amigos e celebridades, e se

9 Milicent ainda tocava piano para se divertir.
10 Eu não consigo encontrar evidência de nenhum cliente. Gwen acha que Milicent não estava realmente falando sério sobre isso, apesar de ter mandado fazer cartões de visita.

sentir como a mulher de quem escolhera o nome. Ela se tornou sua própria versão de Millicent Hearst, desfrutando do esplendor de seu próprio castelo em miniatura, usando vestidos maravilhosos, sendo anfitriã de festas extravagantes. Ela possuía até a própria versão de William Randolph — um homem grande, alto, apaixonado por festas e com um império de negócios.

Existe sempre uma parte de nós que anseia pelas coisas que não tivemos quando crianças. Nós sempre vamos desesperadamente desejá-las. Pais ausentes, segurança financeira, coisas bonitas, irmãos. Milicent cresceu na versão mais extrema disso. Às vezes, é tão grande e indefinível como o amor. Às vezes, é opulento como seu próprio País das Maravilhas. A casa dela em Sherman Oaks não tinha o próprio zoológico ou três chalés de visita e terras até perder de vista, mas era o seu pedaço no paraíso. Era um lugar para ser admirado, para impressionar aqueles que visitavam. Mas, mais importante, era dela.

Não eram só Lee e Milicent que aproveitavam o local. Milicent nunca trabalhou tão pouco e, pela primeira vez, focava no lazer. Ela ainda criava arte e tinha um espaço designado para seu ateliê na nova casa, mas conseguia se concentrar em outras coisas que a faziam feliz. Ela amava festas e estar rodeada de amigos, então, o casal organizava festas luxuosas em casa, às vezes com mais de trinta pessoas. Sempre tinha vinho e coquetéis, e Milicent era uma excelente cozinheira gourmet. Ela era uma mulher extremamente generosa, um traço que foi reforçado pela nova prosperidade com Lee. Milicent adorava ser anfitriã e era excelente no papel. Na verdade, ela e Lee eram anfitriões fantásticos. Eles também faziam noites de jogos. Jogos de cartas, bridge, pôquer — o casal adorava receber pessoas para jogar com eles. Milicent gostava dos jogos, mas gostava mais da companhia.

Ela vinha fazendo as próprias roupas por quase toda a vida e, agora, podia realmente desfrutar do amor por um estilo opulento. Nessas festas, ela sempre vestia roupas exageradas, quase teatrais.

Ela usava peles, estolas de vison, chapéus gigantes; o closet dela era seu próprio camarim. Milicent amava organizar festas à fantasia, mesmo quando não era Halloween. Eu tenho uma foto adorável dela e George Tobias, ela fantasiada de um enorme coquetel e George vestido de Júlio César.

Uma interessante afetação que Milicent tinha era o jeito de falar. Eu não quero chamar de sotaque; era mais como uma voz de personagem. A voz dela era naturalmente grave, mas ela abaixava a frequência para deixá-la ainda mais majestosa e sonora. Ela soava como se estivesse falando com a realeza, inclusive chamando as pessoas de "querida", como se estivesse interpretando na vida real o papel de uma elegante atriz de Hollywood. Como Gwen descreveu: "Mesmo quando ela não estava atuando, estava atuando". Esse hábito se tornou mais evidente ao longo do tempo.

Milicent encontrou uma felicidade objetiva na nova vida, mas ainda lutava com a depressão. Lembre-se, depressão é um problema de saúde mental. Quando você tem depressão, não precisa de gatilhos específicos para ficar deprimida. A depressão cuida disso para você, encontrando preocupações na sua vida ou inventando razões para você estar deprimida. Você pode estar deprimida durante a época da vida em que deveria estar mais feliz, seja por causa de sucesso no trabalho, encontrar um parceiro romântico ou embarcar em uma viagem maravilhosa. Milicent também estava sofrendo com as enxaquecas que a atormentavam desde a Disney. Esses dois malfeitores às vezes a mantinham na cama por dias seguidos.

A solidão a torturava nos intervalos entre festas e visitas de amigos. Lee estava frequentemente fora da cidade a trabalho, deixando Milicent com sua arte a lhe fazer companhia. Mesmo quando Lee estava em casa, o relacionamento deles podia ser complicado. Os dois tinham personalidades fortes que se desentendiam sempre. Eles terminavam o relacionamento repetida — e publicamente —, e Lee saía da casa. Logo eles inevitavelmente se encontravam em uma festa ou evento e voltavam a ficar juntos.

Além das festas, Milicent conseguia usar seu tempo para desfrutar de outras paixões. Música estava sempre tocando na casa, a maioria clássica e discos de jazz. Ela manteve a adoração por filmes, fomentada na infância quando William Randolph Hearst os exibia. Ela amava filmes profundamente, amava a experiência de assistir a um filme.

O gosto de Milicent pelo entretenimento não era limitado às telas. Ela também era leitora. Em um dos quartos da casa e acima da sua cama gigantesca havia estantes e mais estantes de livros. Milicent amava literatura ficcional, livros de romances e históricos. Os gostos dela eram muito amplos.

Lee e Milicent permaneceram sem filhos. O fato de estar com um homem mais velho e estar no começo dos 40 anos devem ter tirado um pouco da pressão social sobre Milicent, mas não a fez parar de querer filhos.[11] Com o recém-adquirido tempo livre, ela se doou muito para obras de caridades.

Milicent sempre foi ativa no SAG (o que antes era Screen Actors Guild, mas hoje é SAG-Aftra). Era por intermédio deles que agora ela ia a eventos de caridade, a maioria deles especificamente para crianças e hospitais infantis. Lee viajava a trabalho frequentemente,[12] então, quando ele não podia acompanhá-la, ela levava George Tobias ou ia sozinha. Ela adorava sair e adorava fazer o bem para crianças. Milicent sempre oferecia seus serviços de babá para os amigos que tinham filhos. Com uma ótima piscina e uma casa lotada de coisas brilhosas, eu imagino que ela era uma escolha popular.

Além de eventos do SAG, Milicent se envolveu com a filial na Costa Oeste da ANTA (American National Theater and Academy), o Italian American International Club,[13] o American Institute of Fine Arts

---

11 Até onde eu sei, Milicent nunca considerou a adoção em nenhum de seus relacionamentos e casamentos. Eu também não sei como a infertilidade afetou qualquer um de seus relacionamentos.

12 A Con-Stan abriu um escritório no Canadá que Lee ajudou a administrar, e ele passava muito tempo lá.

13 Eu creio que ela não tentou se passar por uma baronesa italiana com esse pessoal que, presumo, conhecia melhor a Itália. Ela fez amigos por intermédio desse grupo, incluindo um casal que morava na Itália e a visitava sempre que viajava para Los Angeles.

e, em uma jogada muito chique, a Opera Guild of Southern California. O Antans era o braço de captação de recursos da ANTA, e Milicent dedicava muito tempo a ele. Ela amava o teatro[14] e queria ajudar a apoiar as artes de qualquer maneira.

Ela ainda atuava, pelo menos o suficiente para manter a inscrição no SAG, apesar de ter estado em apenas um papel por ano durante todo o resto da década — 1956, 1957, 1958 e 1959. Milicent interpretou o pequeno papel de Mulher da Ilha no filme *Terror na Ilha das Mulheres*, feito pela Regal Films, um drama sobre uma ilha apenas de viúvas e crianças, agora ameaçada por marinheiros. Em 1960, ela foi figurante em *A Árvore da Vida*, um drama da MGM estrelando Elizabeth Taylor. Dois anos depois, ela teve pequenos papéis em episódios únicos de dois programas de televisão, *Westinghouse-Desilu Playhouse* e um faroeste intitulado *The Restless Gun*, estrelado por um ator chamado John Payne, sem nenhuma relação com John Wayne. Em *Westinghouse-Desilu Playhouse*, ela apareceu no episódio "The Killer Instinct" com o ator de *O Monstro da Lagoa Negra* Nestor Paiva.

Em 1958, Camille Rossi faleceu, aos 73 anos. Ele foi enterrado em São Francisco. Camille deixou a segunda esposa, Lima, uma mulher que Milicent nunca havia conhecido. Ele com certeza deixou sua marca no mundo. E também deixou sua marca em Milicent. Ela não perdeu só o pai que a havia afastado, como perdeu a possibilidade de uma reunião, de ele se dar conta dos erros que cometera, talvez pedir desculpas e se reconciliar com ela. Camille morreu com muito ainda por dizer para todos os filhos, especialmente Milicent.

---

14 Quando Milicent faleceu, Gwen doou todas as roupas da tia para uma companhia de teatro universitário, em parte porque era o que queria e também porque só uma companhia de teatro era adequada para recebê-las. Não são muitas as pessoas que estão procurando um casaco longo de estampa de leopardo que pesa vinte quilos e um conjunto de chapéus pillbox no brechó do Exército da Salvação.

Gwen e eu passamos semanas tentando escolher um fim de semana que funcionasse para nós duas. Enfim marcamos uma data. Eu reservei um carro alugado e encarei impacientemente o meu calendário.

Enquanto isso, ainda havia lacunas para preencher. Eu estava procurando por Milicent há quase um ano e tinha muitos materiais coletados: notícias de jornais, memorandos da Universal Studios, artigos de revistas, fotos e entrevistas. Nenhum deles ia além da metade da década de 1950.

Havia uma cópia de um artigo de jornal que uma amiga havia me enviado em que Milicent era chamada de "Milicent Trent". Era um pequeno texto sobre alguns eventos de caridade, e Milicent estava listada entre os participantes. Essa era a pista mais tentadora que eu tinha. Ela só assumiu o nome Trent depois do período na Universal, o que significava que aquele artigo tinha que ser do fim dos anos 1950, talvez até da década de 1960. Infelizmente para mim, o topo da cópia estava cortado. Nenhuma data, nem nome da publicação. Esse pedaço de jornal vagava pelo purgatório das referências.

A única pista que eu tinha é que o artigo precisava ser de algum período perto do Dia de Ação de Graças, porque estava cercado por propagandas de peru. Eu não poderia nem ir à biblioteca e pedir para ver arquivos de jornais antigos sem precisar passar por cada jornal do sul da Califórnia de meados da década de 1950 em diante. Eu levaria aproximadamente uma década para fazer isso e morreria muito antes por cortes de papel ou envenenamento por tinta.

Uma tarde, eu olhei os tesouros dos arquivos mórmons que havia levado para casa no meu pendrive. Eu estava tão surtada por ter encontrado Lawrence e Gwen que tinha me esquecido completamente dos documentos que encontrara. Uma das coisas que eu salvei foi uma cópia de uma página de jornal, uma página inteira. Ao lê-la, eu notei um cartoon muito familiar de um peru sorrindo, morbidamente mostrando uma propaganda da própria carne a apenas 20 centavos o quilo. Era o mesmo artigo sobre o qual eu vinha me sentindo frustrada há meses, exceto que neste não havia nada cortado da página.

O *Van Nuys Valley News.*

Eu percebi nesta pesquisa que o buraco é mais embaixo. E fui para a toca do coelho da pesquisa.[15] Eu não havia pensado em procurar apenas por sra. Trent ou sr. Lee Trent, de alguma maneira me esquecendo como jornalistas e veículos de notícias adoram esquecer que mulheres têm nome próprio ou iniciativa. Muitos artigos apareceram, todos nas páginas sociais do *Van Nuys Valley News.*

Eu havia descoberto o que Milicent fazia durante a aposentadoria forçada da carreira como artista profissional. Ela havia puxado à mãe.

---

15 Mais tarde na minha jornada de pesquisa, eu descobri a glória de uma conta paga no Newspaper.com, uma ferramenta maravilhosa. Eu poderia simplesmente ter digitado o conteúdo daquela propaganda estúpida de peru na barra de pesquisa e o Newspaper.com teria escaneado milhões de cópias de jornais e encontrado a correta para mim.

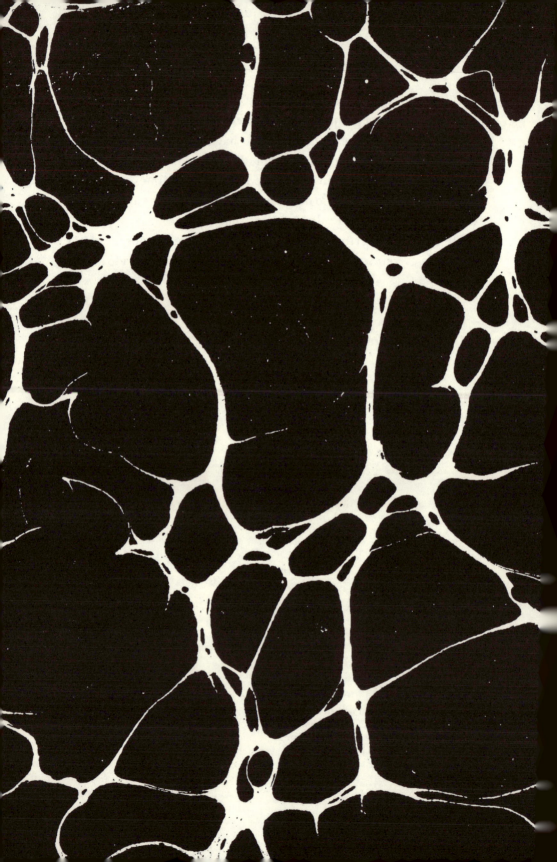

AS GARRAS DA CRIATURA

Milicent não estava mais em frente das câmeras de filmagem, ela agora sorria para os flashes dos jornalistas enquanto eles registravam os acontecimentos sociais do sul da Califórnia. Ela ingressou nos anos 1960 elegantemente, como uma dama da sociedade.

Essa década foi uma época estranha de turbulência para os Estados Unidos. A economia estava florescendo novamente, mas a Guerra Fria era o palco central da política norte-americana. Mudanças estavam se espalhando pelo país. O privilégio de ser uma mulher branca bem de vida garantia a Milicent o luxo de ignorar o tumulto que acontecia no resto do país. Ela amava ajudar instituições de caridade, mas nunca procurou aprender muito sobre os problemas que causavam a necessidade delas. Milicent nunca foi uma pessoa politizada, e o foco do mundo dela era pequeno. Enquanto envelhecia, seu mundo diminuía ainda mais.

Milicent gostava de estar perto de casa. Ela não viajava muito, mesmo para fora de Los Angeles, mesmo para fora do bairro. A maioria dos eventos que frequentava e os amigos que encontrava moravam na área de Hollywood ou Beverly Hills, a menos de 8 km da residência dela em Sherman Oaks.

Ela também parou de procurar trabalhos artísticos profissionais e passava seu tempo em retratos e pequenos projetos pessoais. Milicent desceu do intenso carrossel da bagunça criativa. Quando George Tobias queria uma capa de livro personalizada para a biblioteca de

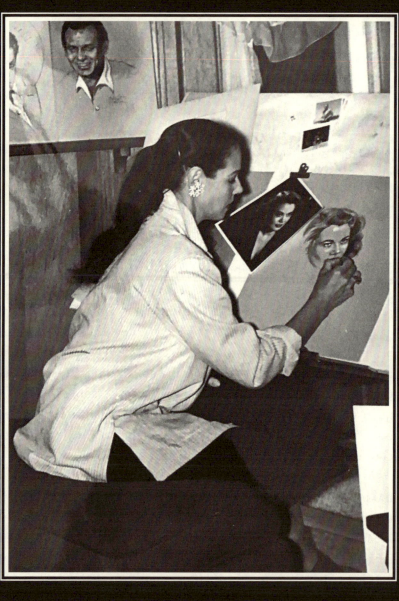

Milicent trabalhando no estúdio de sua casa,
em Sherman Oaks. (*Coleção da família*)

casa, Milicent criava uma ilustração com uma representação erudita dele.[1] Ela desenhava amigos no estúdio de casa, onde as paredes eram cobertas por retratos que ela havia completado.

Milicent se aventurou na escrita. Ela escreveu pequenos artigos não ficcionais sobre a vida em Hollywood e celebridades que ela conhecia e os enviou para várias publicações. Eles sempre foram recusados. As rejeições a deprimiam (não deprimem todo mundo?) e somavam à narrativa em sua cabeça de que ela só tinha valor por causa de sua beleza.

Apesar de não estar pegando muitos trabalhos como atriz, Milicent estava experimentando uma nova espécie de visibilidade. Ela sempre frequentava os tipos de eventos sobre os quais se escreve nas páginas da sociedade, com listas de convidados e descrições elaboradas do que as pessoas devem vestir. Milicent normalmente estava usando a roupa mais extravagante na festa, e muitas das menções a ela nessas festas e jantares descrevem suas escolhas de estilo. Um Quatro de Julho a viu coberta por um vestido arrasa-quarteirão nas cores vermelha, branca e azul.

No começo dos anos 1960, o relacionamento de Milicent e Lee estava em uma de suas constantes baixas. Durante os períodos que passavam separados, ela não tinha nenhuma dificuldade em encontrar os braços de outro homem. Ela estava com 45 anos, era extremamente sociável e ainda tinha um visual incrível. Na verdade, às vezes é difícil datar as fotografias dela; talvez Milicent tenha sido uma espécie de vampiro. Ela cuidava do visual com precisão militar, especialmente da pele. Ela não bebia com canudos porque eles causavam linhas finas e tinha um jeito peculiar de sorrir em que apertava os olhos o mínimo possível. O sorriso dela era encantador, mas, às vezes, nas fotografias parecia que ela era uma refém e estava pedindo socorro apenas pelo olhar.

---

1 Ele está fumando um cachimbo no desenho, o que é provavelmente 100% da razão pela qual eu acho que parece erudito.

Ela se encontrava, e era vista, com um executivo da indústria do aço chamado Jimmy Percival. Mas logo ela e Lee estavam juntos novamente, como um repórter disse, "pela enésima vez". Eles nunca ficaram distantes por muito tempo. Com o histórico tumultuoso de relacionamentos de Milicent, essas separações provavelmente não pareciam um grande problema. A essa altura do campeonato os dois estavam juntos, indo e vindo, há cinco anos.

O único trabalho dela para as telas naquele ano foi um pequeno papel em uma série de televisão chamada *Lawman*. Milicent interpreta a esposa nativa americana[2] de um homem branco, que se irrita com ela e a empurra para que ela caia contra rochas e morra. Eca para tudo isso. No ano seguinte, ela teve outro pequeno papel como uma garota de saloon em outra série de faroeste, chamada *Laramie*. Desta vez, ela não caiu sobre uma rocha e morreu, o que é um ponto positivo.

Apesar de não ter conseguido o trabalho que desejava como atriz, Milicent não era amarga como Lee por não ter "chegado lá" em Hollywood. Agora, já na meia-idade, ela considerava que tinha vivido muito bem a vida.

É fácil especular sobre a vida e a felicidade de Milicent. E se ela pudesse ter tido filhos? A vida dela era vazia porque ela não pôde procriar? As coisas teriam sido melhores se ela tivesse trabalhado em outra indústria, uma em que a vida dela fosse normal e comum? Como sua vida teria sido diferente sem todos os traumas de relacionamento? Mas eu não estou aqui para decidir isso. Até onde eu posso dizer, Milicent fez as coisas que ela queria da melhor maneira que pôde fazê-las e fez as pazes com as que não pôde.

Não, ela não conseguiu "ser completa" no sentido do patriarcado que as mulheres são pressionadas a querer. Ter um marido, um trabalho estável, comprar uma casa, ter filhos. Alguns desses itens, ou todos eles, são coisas que algumas mulheres podem genuinamente querer. Eu não acredito que há tipos melhores ou piores de felicidade e completude. Para uma mulher, cuidar dos filhos como mãe em

---

2   Hollywood faz os malabarismos mais impressionantes para evitar a escalação de pessoas não brancas no cinema e na televisão. Milicent também interpretou mulheres hispânicas e das ilhas do Pacífico.

tempo integral pode trazer tanta satisfação e felicidade como ser uma artista viajante pode trazer para outra. Eu e meu parceiro trabalhamos na área de criação e não temos filhos por opção. Essa é a nossa vida, e nós não sentimos que estamos perdendo nada por isso. É simplesmente o que queremos. Eu não olho para mães com famílias e sinto pena, superioridade ou ansiedade. Eu só torço para que elas encontrem a felicidade em seus próprios termos, como eu torço para todas as pessoas do mundo. Elas estão experimentando tipos de felicidade que eu não irei experimentar, assim como eu posso experimentar tipos de felicidade que elas talvez não. Algumas dessas experiências também não são mutuamente excludentes. É ridículo especular se Milicent teria ou não sido mais feliz com filhos, mais sucesso como atriz, mais trabalhos artísticos ou um histórico amoroso diferente. Uma das características que eu mais admiro sobre Milicent Patrick é a recusa dela em definir a vida baseada em qualquer coisa que não na própria satisfação. Ela se vestia da maneira como queria, trabalhou com o que queria e namorou as pessoas que queria. Essa firmeza em não abrir mão dos próprios desejos é o que importa.

A felicidade de todo mundo é diferente, e o acesso de todo mundo a essa felicidade difere dependendo de uma miríade de fatores como privilégios, saúde, sorte e personalidade. Milicent não teve escolha em alguns dos fatores que moldaram a vida dela, como a infertilidade ou a morte precoce de Syd Beaumont. Mas ela fez o melhor com o que tinha, que era ser uma linda mulher branca, talentosa, ambiciosa e saudável. Nos Estados Unidos, mesmo naquela época, isso era muita coisa. Ela se aproveitou disso o melhor que pôde.

Enquanto Milicent se fechava em Sherman Oaks, o trabalho que ela havia criado estava se ramificando fora dali.

Existem dois caminhos para dirigir pela Califórnia: o pitoresco, um trajeto costeiro em que você pode vislumbrar ondas brilhantes e praias arenosas, e o outro, que eu peguei para visitar Gwen. Quando as pessoas pensam na Califórnia, pensam sobre ela da mesma maneira como pensam sobre Nova York, que é basicamente só a cidade de Nova York.

Elas pensam em todas as grandes cidades: Los Angeles e todos os "santos". São Francisco, San Diego, San Jose. Mas existe um monte de coisa ali no meio. A Califórnia é um estado grande.

Por ser da Nova Inglaterra, onde você pode dirigir por todas as pequenas cidades do estado em um dia, eu levei muito tempo para me acostumar com o fato de que você pode começar em uma ponta da Califórnia, dirigir por oito horas e ainda não chegar à outra ponta. A maior parte das coisas pelas quais você passa são fazendas e, porque a Califórnia está em um período terrível de seca,[3] parece que você está dirigindo por uma terra devastada pós-apocalíptica.

Eu não dirijo longas distâncias sozinha porque escuto muitos podcasts sobre serial killers, então forcei meu amigo Zane a me acompanhar. Zane acordou naquela manhã se sentindo mal e precisando estudar para um teste de enfermagem, mas eu dei o meu melhor olhar de "mas talvez eu seja assassinada!", e ele concordou em me acompanhar. Provavelmente eu tive sorte por ser antes do nascer do sol e talvez ele estivesse tão exausto que teria concordado com qualquer coisa, contanto que eu lhe fornecesse café.

À medida que o dia ia passando, e nós chegávamos mais e mais perto da parte norte do estado, eu fiquei mais nervosa. E se eles não gostassem de mim e decidissem não falar comigo? E se o número estivesse errado e eles fossem, na verdade, assassinos condenados? Eu peguei o número *da internet*. E se fosse um beco sem saída?

Eu aprendi minha lição com os mórmons. Vestida da maneira mais conservadora possível, eu estava com todas as minhas tatuagens cobertas por um longo cardigã cinza e por *leggings*, não um uniforme de ladra. Durante o caminho eu deixei Zane maluco tentando decidir se mostraria ou não a minha tatuagem de Milicent para Gwen e Frank. Por um lado, eles ainda estavam se acostumando com a ideia de que uma estranha qualquer estava dedicada à sua tia o suficiente para escrever um livro inteiro sobre ela. Talvez fosse um pouco demais

---

3   O que significa que eu não estava "esquecendo de tomar banho" enquanto terminava este livro, eu estava economizando água.

arregaçar a manga e mostrar a face de tia Mid tatuada no meu braço. Por outro lado, é uma ótima tatuagem. Eu decidi seguir meu coração, e Zane voltou a dormir no banco do passageiro.

Quando estacionamos no endereço que Gwen havia me passado, minhas mãos tremeram. Eu respirei profundamente e olhei para a casa adorável em frente a um jardim bem-cuidado. Eu estava tão nervosa; eu realmente precisava impressionar essas pessoas gentis. Era como um primeiro encontro, exceto que, em vez da possibilidade de transar, o destino do projeto ao qual eu tinha dedicado o último ano da minha vida estava em jogo.

Uma mulher mais velha apareceu na varanda da frente. Eu consegui segurar o "puta merda" antes que ele voasse da minha boca. Gwen se parecia com Milicent. As bochechas, o sorriso. Isso era óbvio, essas duas mulheres tinha um parentesco próximo, e eu devia ter me dado conta disso antes. Mas olhar para essa mulher linda e sorridente fez a ficha cair. *Uau*, eu disse na minha cabeça, *essa é realmente a família dela.*

O pouco tempo que Milicent teve sob os holofotes como artista causou grande impacto no país. Pessoas que a assistiram falar sobre o trabalho dela na televisão ficaram fascinadas e inspiradas. Depois do lançamento de *O Monstro da Lagoa Negra*, ela começou a receber cartas de fãs querendo saber mais sobre ela e sua arte e de pessoas que queriam vê-la mais.

As cartas e cartões-postais demoravam a chegar a Milicent porque a única maneira que os fãs tinham de contatá-la era escrever para o departamento de maquiagem da Universal, o que significa que Bud Westmore tinha que receber elogios a Milicent mesmo depois da partida dela. Isso provavelmente ajudou a fomentar a missão de apagar Milicent da história da Criatura. As pessoas não esqueceram Milicent, não quanto Bud esperava que esquecessem.

Um grande número de cartas era de homens elogiando a beleza dela e pedindo fotos autografadas. Alguns exigiam saber por que ela não fazia mais trabalhos como atriz e perdia tempo criando monstros em vez de estar nas telas. Claro, mulheres só são boas para uma coisa. Um cara queria saber por que ela desperdiçava tempo "por trás de máscaras" em vez de se mostrar bonita para a câmera. Essa é a carta de fã equivalente a pedir que as mulheres sorriam mais. Implica que o valor de Milicent está na sua atratividade e, como uma mulher bonita, a função dela é estar disponível para que as pessoas possam olhá-la e se satisfazer. Eu posso garantir a você, esses fãs se consideravam "caras legais" que estavam apenas tentando elogiá-la. Eu também te garanto que isso é uma grande bobagem.

Mas nem todas as cartas eram de homens tarados. Muitas delas, a maioria delas, na verdade, era de pessoas escrevendo como fãs de Milicent como artista, pessoas que amavam sua personalidade e seu trabalho artístico e queriam ver mais disso.

De cartas endereçadas a Bud Westmore, na Universal Studios:

> Este cartão é na verdade para a srta. Patrick, que eu e meu marido vimos no programa de seu irmão. Ela falou com tanta calma, é tão charmosa e adorável, e nós adoraríamos vê-la em programas quando chegamos em casa.

> Querida srta. Patrick,
> Eu *nunca* escrevi uma carta de fã na minha vida, mas eu a vi por acaso no programa '*Ern Westmore*' e gostei muito da sua conversa...
> — Sr. Kaufman.

> Querida srta. Patrick,
> Depois de ver o seu trabalho manual no chocante filme em 3D da Universal International *A Ameaça Veio do Espaço*, eu pensei que era a maquiagem perfeita; mas agora eu descubro que era apenas o começo — eu falo do aterrorizante *O Monstro da Lagoa Negra*... Após ler um artigo sobre a filmagem de *O Monstro da Lagoa Negra*, eu decidi que iria lhe escrever parabenizando-a no seu criativo [sic] e originalidade...

Essas cartas vieram de homens e mulheres, garotos e garotas. Um menino de 10 anos escreveu porque ouviu a mãe dizer, depois de ver Milicent falar sobre a Criatura na televisão, que Milicent seria uma artista muito famosa. Ele queria uma foto dela para pendurar na parede.

Ao longo de meses e anos, as cartas continuavam chegando. Nem todas as cartas enviadas a Bud chegaram a Milicent (por que será?!), mas os fãs escreviam múltiplas vezes, às vezes do outro lado do oceano.

As melhores cartas são as de garotinhas que admiravam Milicent como uma artista e criadora de esquisitices. Deve ter sido tão inacreditavelmente poderoso para jovens garotas que gostavam de coisas estranhas, que apenas garotos "supostamente" deveriam gostar, ver uma mulher como Milicent Patrick falando sobre monstros em rede nacional.

Querida Milicent,

Eu assisti à maioria dos filmes nos quais os monstros que você criou aparecem. O meu favorito, no entanto, é *O Monstro da Lagoa Negra*. Eu também vi *A Revanche do Monstro*,[4] que eu gostei tanto quanto.

Eu tenho um álbum de recortes em que guardo várias coisas estranhas e eu apreciaria muito gentilmente se você me enviasse algumas fotos do Homem-Guelras para o meu álbum de recortes. Eu pagaria o custo com gosto, se houver algum...

---

4   A Criatura em *A Revanche do Monstro* (sequência de *O Monstro da Lagoa Negra*) é quase idêntica à Criatura do primeiro filme. Milicent não trabalhou diretamente neste filme, mas o design foi obviamente tirado do trabalho dela em *O Monstro da Lagoa Negra*. Os únicos membros do elenco a retornar para o segundo filme foram Ricou Browning, reprisando seu papel como a Criatura embaixo d'água, e Nestor Paiva, no papel de capitão do barco, Lucas. Jack Arnold e William Alland trabalharam juntos de novo. Não foi tão bem-sucedido como o primeiro, mas o suficiente para garantir um terceiro filme, *À Caça do Monstro*. Por mais que eu ame a Criatura, as sequências são bem mais ou menos. Você não precisa assisti-las. Elas não são boas o suficiente para apreciar e não são ruins o suficiente para rir. *A Revanche do Monstro* é notável por ter sido a estreia de Clint Eastwood nos filmes, como um técnico de laboratório não creditado.

Eu tenho 13 anos, estou na oitava série e amo desenhar...
Com muito carinho, Maria.[5]

Milicent respondia todas as cartas de fã, mesmo dos caras que só queriam fotos, enviando fotografias dela e imagens da Criatura.

O tempo passou e as cartas de fãs não pararam. Não era constante, mas continuavam a aparecer, ano após ano. Bud Westmore estava reivindicando crédito pela Criatura sempre que podia: em entrevistas para as duas sequências de *O Monstro da Lagoa Negra*, em livros (o livro do irmão dele, Frank Westmore, sobre a família não menciona Milicent e dá o crédito pelo design a Bud), em artigos de revistas sobre monstros. Mas aqueles que se apaixonaram pela Criatura e foram procurar mais podiam achar aqueles artigos originais sobre Milicent. Bud não pôde apagar totalmente o impacto dela.

Muitos dos monstros da Universal foram lançados depois do trabalho de Milicent no estúdio. *Tarântula!, O Templo do Pavor,*[6] *Rastros do Espaço, Cabeça Satânica*, entre outros. Mas a Criatura permaneceu o último grande monstro da Universal. Ela foi a última criação a se tornar ícone, integrando o panteão de monstros ao lado do Monstro de Frankenstein, a Noiva de Frankenstein, Drácula, o Lobisomem, o Fantasma da Ópera, a Múmia e o Homem Invisível.[7] *O Monstro da Lagoa Negra* tinha a combinação mágica: um filme de qualidade e um monstro único e fantástico.

Quando os anos 1950 chegaram ao fim, também chegou ao fim o reinado de filmes de monstro da Universal. A fusão da Universal com a Decca Records/MCS (Music Corporation of America) foi finalmente completada com a Decca/MCA assumindo controle sobre

---

5 Eu tentei desesperadamente encontrar quem escreveu essa carta, mas não tive sucesso. Eu espero que ela tenha construído sua vida com base em artes estranhas e coisas bizarras, e onde quer que ela esteja, merece palmas.

6 Poucos historiadores acham que alguns dos designs de Milicent foram usados nos monstros em *O Templo do Pavor*, mas eu não consegui achar nenhuma prova disso.

7 Muitos nerds de monstros têm variações nesse grupo, mas este é o meu livro e este é o meu panteão.

a Universal em 1962. A Decca/MCA não estava interessada em fazer filmes B ou nada menor do que um filme comercial, com grandes nomes e de grande orçamento. A nova Universal Studio também queria entrar naquilo que vinha drenando sua venda de ingressos há anos — a televisão. Entre esses dois objetivos, não havia espaço para filmes de monstro.[8]

A popularidade da Criatura só aumentou com o tempo. Apesar de Milicent não estar creditada e apenas uns poucos fãs dedicados saberem que ela era a designer, a criação dela assumiu um lugar permanente no hall da fama do cinema. E sempre que fãs mulheres descobriam a existência do trabalho de Milicent Patrick, ela mudava vidas.

Os anos 1960 passaram sem grandes acontecimentos para Milicent. Quando não estava aninhada em casa ou criando arte, ela estava comparecendo a eventos locais ou encontrando amigos. A coisa mais emocionante era sua relação instável com Lee. Mas, ao que parece, eles absolutamente se adoravam.

No fim de 1963, no dia 29 de dezembro, os dois decidiram oficializar o romance depois de oito anos de idas e vindas. Lee a havia pedido em casamento diversas vezes — e Milicent sempre dissera sim —, mas o noivado sempre acabava cancelado no último minuto por causa de alguma briga explosiva. Desta vez, como Milicent disse à imprensa, eles decidiram que "realmente foram feitos um para o outro".

O casal dirigiu até Las Vegas[9] para realizar um casamento pequeno em uma capela cafona, com o parceiro de negócios de Lee e a esposa como testemunhas. Com ela e Lee na meia-idade, e Milicent no terceiro casamento, por que não fazê-lo simples e divertido?

---

8   Nos anos 1960, a Universal distribuiu um filme do Godzilla e dois filmes do King Kong, mas eles foram produzidos pela Toho, produtora japonesa mais famosa por ter criado *Godzilla*. A Universal não teria nenhum filme de monstros de sucesso até 1975, com *Tubarão*. Sim, *Tubarão* é um filme de monstro. Argumente comigo.

9   São apenas quatro horas de viagem de Los Angeles, se você sair em um bom horário.

Lee e Milicent durante o casamento em Las Vegas, de alguma maneira fazendo uma capela cafona parecer elegante. (*Coleção da autora*)

Infelizmente, não havia nenhum Elvis de mentira participando. Milicent tinha 48 anos. Ela usou um vestido branco feito sob medida com uma gola alta atrás. Ela estava deslumbrante.

Lee e Milicent passaram a primeira parte da lua de mel em Las Vegas e depois viajaram pelo México. Milicent se divertiu muito lá, mas deve ter sido agridoce. Ela sempre quis ver o lugar onde o pai havia passado a juventude, mas agora ele havia falecido, e Milicent ainda era excluída pelos irmãos. O casal passou a maior parte da viagem em Acapulco, passeando e jantando. Milicent fez questão de absorver a arquitetura espanhola que a lembrava da infância no Hearst Castle.

Mas a felicidade após o casamento foi curta para Milicent e Lee. Um ano depois, eles já haviam se separado. Milicent, assolada pela solidão, nunca conseguiu se acostumar com todas as viagens a trabalho que Lee tinha que fazer. Eles haviam adotado um gato muito fofo, mas ele não era exatamente o substituto ideal para um marido.[10]

Logo ela estava sendo cortejada por Henry Morgan, popular comediante norte-americano tanto no rádio como na televisão. Milicent havia aparecido no programa de televisão dele com sede em Nova York chamado, adivinha, *The Henry Morgan Show*, dez anos antes e tinha evidentemente deixado forte impressão no homem. Henry Morgan era famoso por ser rabugento e sagaz, mas não foi muito longe com Milicent. Ela voltou para Lee bem rápido.

O último trabalho como atriz de Milicent foi em 1968, aos 53 anos. Ela havia ganhado um pequeno papel no filme de comédia e aventura *Febre de Cobiça*, da Cherokee Productions, distribuído pela Universal. O filme era sobre um fotógrafo de moda — interpretado por James Garner — em uma sessão de fotos na América do Sul que acaba caçando diamantes com sua modelo. Ter 53 anos não é ser velha, nem de longe. Mas quando seu trabalho principal consistia de papéis como Garota Sexy do Saloon ou Mulher Gostosa da Ilha, não custa muito para você ser aposentada por Hollywood.

---

10 Acredite, eu tentei!

Ela tentou se manter ativa no cinema, mas esse foi o último papel de figurante para o qual foi contratada. Trabalho havia sido pouco ou inexistente nos últimos oito anos. As enxaquecas que a perturbaram por décadas estavam piorando. Agora que não estava mais focada no trabalho de atriz, ela se virou para algo que ficara fora de sua vida por muitos anos: a família.

Enquanto eu voltava à realidade na frente da casa dela, Gwen me deu um grande abraço. Eu não conseguia acreditar no quanto ela se parecia com Milicent. Eu lhe disse isso. Ela sorriu, aceitando como "um dos maiores elogios que eu poderia fazer".

Ela nos guiou pela casa até a cozinha, onde estava se organizando. Quando ela me disse que tinha algumas coisas de Milicent, eu imaginei uma pasta com papéis, talvez algumas pequenas caixas de papelão. Porém, me esperando na cozinha estavam imensas banheiras de Tupperware, o tipo no qual você joga todas as roupas de inverno e empurra para debaixo da cama. Eu estava absolutamente sem chão. Zane estava modestamente impressionado, mas estava sob o efeito de pelo menos três remédios para resfriado e desesperado para ser deixado em paz com seu livro de anatomia.

Antes de me sentar à mesa da cozinha, Gwen me levou ao quarto de hóspedes deles. Pendurada na parede, ao lado da cama, estava uma fotografia emoldurada de Milicent quando ela estava mais ou menos com a minha idade, uma que eu nunca havia visto. Ela está olhando para fora da câmera, glamorosa em um vestido de cetim preto e uma echarpe de plumas, o cabelo escuro preso para trás em um coque baixo. Ela parecia uma Jessica Rabbit gótica, incandescente na moldura. Muito bem, ela parecia dizer, você finalmente me encontrou.[11]

Eu e Gwen conversamos por um tempo, mas eu estava quase me contorcendo de ansiedade para me jogar naquelas caixas. Elas brilhavam como um baú de tesouro ainda não conquistado em um videogame.

---

11 Uma cópia dessa fotografia agora reside em uma moldura na minha mesa e tem acompanhado quase toda a escrita deste livro.

Glamorosa em seu vestido estonteante. (*Coleção da autora*)

Quando voltei para a cozinha e me sentei à mesa, eu fiz questão de puxar a manga do meu cardigã de Pessoa Responsável abaixo da minha tatuagem da Milicent. Eu amarelei completamente sobre mostrá-la para Gwen. Tudo estava indo tão bem e eu não queria tornar nada estranho.

Gwen puxou o primeiro Tupperware e começou a tirar itens e empilhá-los sobre a mesa. A sacola estava estufada de papéis, pastas, fotografias, envelopes. Quando Milicent faleceu, deixou tudo para Gwen: a casa e todos os bens dela. O que restava naqueles recipientes de plástico era o que restava da vida de Milicent, décadas de coisas efêmeras e memórias em uma era antes da digitalização dos documentos. As respostas para quase todas as minhas perguntas sobre Milicent estavam naquelas caixas.

Eu não consigo superestimar a bondade que Gwen demonstrou. Ela se sentou comigo durante todo o tempo, quase quatro horas, com uma pausa para um almoço que gentilmente preparou. Gwen explicava — quando conseguia — o que era o item que eu estava segurando, respondia minhas perguntas, contava histórias.

Depois de quase um ano titubeando na escuridão do passado, tentando descobrir uma vida e um legado que tiveram partes propositadamente escondidas e outras apenas obscuras, eu estava impressionada. Se eu tinha uma pergunta, eu só precisava perguntar a Gwen. Eu podia *perguntar*. Que coisa maravilhosa. Como eu tinha conseguido fazer isso até agora? Era o mesmo sentimento de repentinamente existirem smartphones, banheiros dentro de casa ou óculos de grau. Tornou tudo tão ridiculamente fácil que eu mal conseguia me lembrar de como era antes disso. Eu tenho muita sorte, não só por ter encontrado Gwen e Frank, como também por eles terem recebido em sua casa uma esquisita de cabelos azuis obcecada com a tia deles e terem se oferecido para ajudar em tudo o que fosse possível.

Somado à minha felicidade estava o quão animada Gwen se sentia em falar sobre Milicent. Eu tinha mesmo encontrado a pessoa certa da família com quem conversar. Gwen simplesmente irradiava amor e admiração pela magnífica tia, mesmo quando estava falando sobre as partes mais sombrias da vida dela.

Eu tirei fotos de tudo no meu iPhone, quase oitocentos itens diferentes no total. No meio da catalogação/conversa/suspiros, Frank, marido de Gwen, voltou do golfe. Frank é um homem doce e alto, com cabelos grisalhos e gentil. Ele era tão simpático e amável quanto Gwen, com as próprias histórias sobre Milicent.

"Millie era verdadeiramente singular, e uma alma livre de verdade. Um espírito livre. Ela era um amor."

Gwen completou: "Frank, eu contei a Mallory o quanto Millie amava você. Ela estava conversando comigo, Frank entrava na sala e ela só dizia para mim: 'Eu quero conversar com esse homem bonito!'.".

Gwen e Frank se casaram duas vezes. Depois do divórcio, voltaram, ao se dar conta de que haviam sido feitos um para o outro. Quando Milicent escutou sobre o novo casamento, ela riu: "O quê? Você acha que vai ter mais maridos do que eu?".

Pela primeira vez em toda a minha pesquisa, eu sentia que estava começando a conhecer Milicent como pessoa, não apenas como artista, atriz ou heroína. Eu não quero dizer que senti a presença dela naquele ambiente. Não era exatamente isso que eu sentia. Era mais como se antes eu escutasse a voz dela ao longe, mal compreendendo as palavras. Mas agora eu a ouvia com clareza.

"Gwen, você acha que esse livro é um projeto pelo qual ela ficaria entusiasmada?"

"Oh, meu deus. Sim. Sim. Eu tenho certeza de que ela está lá no céu sorrindo, batendo as mãos e dizendo: 'Isso, Mallory! Gwen, dê a ela qualquer coisa de que ela precisar. Ajude-a'."[12]

Depois que os pais de Milicent faleceram, os irmãos dela continuaram a desaprovar seu estilo de vida, ainda que ela não estivesse mais ativa na indústria do entretenimento. No entanto, perto do fim da vida de Camille, Ruth havia deixado os filhos, Gwen e Lawrence, visitá-lo,

---

12 Eu não estou chorando, é só um cisco no meu olho.
   Talvez um livro. Ou um dos meus gatos.

apesar do fato de ainda pensar que ele era, como ela dizia para Gwen, "um homem mau". Então, quando Milicent a contatou, Ruth decidiu deixar que os filhos conhecessem a tia Milicent também.

Para Lawrence, a tia Mid era só isso, uma tia de quem não era próximo. Mas, para Gwen, ela era uma maravilha. Para uma jovem menina que vinha escutando histórias sobre essa mulher selvagem e má durante toda a vida, Milicent era fascinante. Entre a personalidade grandiosa e o glamour extravagante da tia, Gwen estava encantada por Milicent, e Milicent a amava muito. Gwen cresceu querendo ser bailarina, algo que Milicent apoiava totalmente. Milicent sabia como era querer ser artista e sua família desaprovar. Quando Gwen começou as aulas de balé, Milicent ficou muito orgulhosa.

Ruth não gostava da adoração de Gwen por Milicent, mas não queria tirar algo da filha que a fazia tão feliz. Ela estava profundamente preocupada que Gwen seguisse os passos de Milicent e se perdesse enquanto perseguia fama e beleza. Ruth estava convencida de que beleza era a única coisa que tinha valor para Milicent, que Milicent tinha uma necessidade de ser bonita e sexy. Ela não queria que esses fossem os valores de Gwen. Ruth valorizava educação e inteligência mais do que qualquer outra coisa. Mesmo quando era garotinha, quando Gwen brincava de se arrumar com as roupas de Ruth e perguntava para a mãe se estava bonita, Ruth respondia: "Beleza não importa. O que importa é o que está no seu coração. Beleza não põe a mesa".

O que ela estava ensinando a Gwen não estava errado. Mas o desdém de Ruth por Milicent empurrou a filosofia sobre beleza de Ruth ao extremo. Ser percebida como bonita não deveria ter que ser uma prioridade, mas se sentir bonita para você mesma, tudo bem, se faz você se sentir bem e não é destrutivo para outros aspectos da sua vida. Sentir-se bonita, só para você mesma, pode ser incrível.

É aí que Ruth estava errada sobre Milicent. Milicent gostava de se sentir bonita para ela mesma. Ela não seguia as tendências da moda ou gastava quantidades exorbitantes de dinheiro em marcas para impressionar outras pessoas. Ela fazia as próprias roupas de acordo com os próprios gostos porque isso a fazia feliz. Milicent gostava de ser glamorosa. Era o estilo dela. Mas ela dedicou a vida à arte e aos amigos. Era ali que seus valores residiam, o que refletia na relação que se desenvolvia entre Gwen e Milicent. Milicent era a animadora de torcida de Gwen, encorajando a carreira dela na dança e no balé.

Assim que Gwen se tornou adulta o suficiente para escrever, ela enviava cartões, cartas e fotografias de seus recitais de dança a Milicent. Milicent sempre respondia com um entusiasmo carinhoso. Ela estava tão orgulhosa da sobrinha. Mesmo quando Gwen cresceu e começou a pedir dicas de beleza (algo que não podia receber da mãe), Milicent insistia que ela não precisava mudar nada sobre si mesma. "Você é perfeita. Só seja você mesma", Milicent lhe dizia. Essa não é a resposta de alguém que só se importa com beleza.

Escutar isso significava muito para Gwen. Ela admirava Milicent. Ela achava que Milicent era "a mulher mais incrível que conheço". Não dá para ficar muito melhor do que ter a mulher mais incrível que você conhece dizendo: "Não se preocupe, você é boa como é".

Milicent estava muito feliz por ter a sobrinha e o sobrinho em sua vida,[13] embora ainda gostaria de se entender com a irmã. Mas Ruth não tinha interesse. As opiniões dela sobre Milicent não haviam mudado. Ruth não queria ter nada a ver com Milicent ou com a carreira dela. Pelo menos era assim que ela agia na frente de Milicent.

Eu mencionei mais cedo que a família de Milicent sempre assistia às aparições dela no cinema e na televisão, mesmo as coisas mais bregas. Na superfície, isso parece prova de que eles realmente a amavam e se importavam com ela. Mas para mim isso é ofensivo e horrível. Fazer com que Milicent se sentisse tão terrível sobre ela mesma, criar essas suposições a respeito da vida dela e depois virar as costas e aproveitar o fato de que alguém com quem têm parentesco estava nas telonas (ou na telinha) é, para não colocar o dedo na ferida, uma merda. Não é nem um pouco fofo. Ruth passou mais tempo assistindo a Milicent fazer algo pelo qual foi excluída do que realmente conversando com ela e a apoiando.

---

13 Ulrich e a família dele não mantiveram relacionamento com Milicent.

Eu também estou afastada dos meus próprios pais por razões similares. Minha mãe passa muito tempo seguindo obsessivamente a minha carreira no mundo criativo pelas diferentes redes sociais e não passa nenhum tempo apoiando essa carreira. Algumas pessoas tentam me convencer de que isso significa que ela realmente se importa. Não significa. É só estranho. Saber que ela vê tudo o que eu faço, mas não reconhece nada é terrível para mim. Seja ressentimento, desaprovação, inveja ou outra coisa, eu não posso entender. Eu não sei, mas a família Rossi submeteu Milicent à mesma coisa. É especialmente triste no caso de Milicent porque ela era uma pessoa tão melhor do que eu sou, perdoando a família, entrando em contato de novo e de novo durante anos. Eu só encontrei um ótimo terapeuta e adotei gatos.

Depois de tudo que ela havia passado nas últimas décadas, aquele apoio teria sido útil para Milicent. Ela iria precisar dele mais do que nunca nos próximos anos.

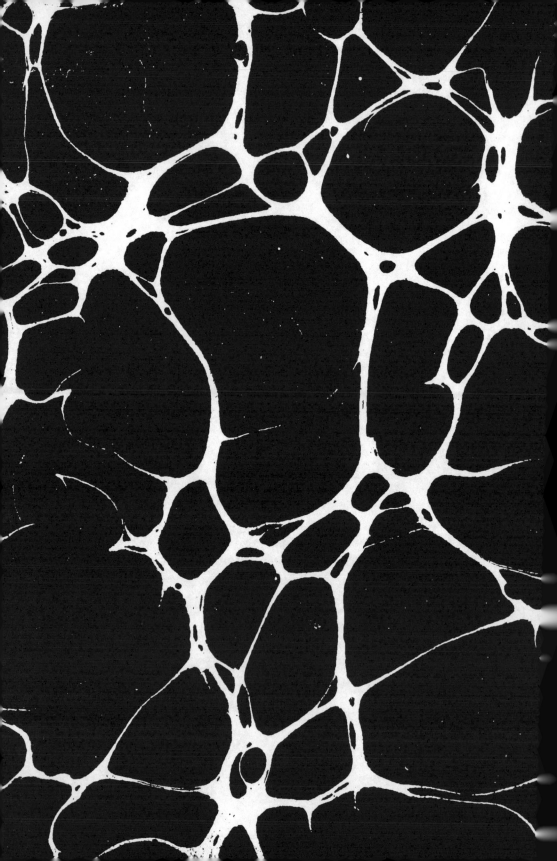

O MUNDO BATE À PORTA

No fim dos anos 1960, Lee e Milicent estavam cansados um do outro. Ambos estavam prontos para deixar seu turbulento relacionamento para trás. Após seis anos de casamento, eles entraram com um pedido de divórcio em janeiro de 1969. A essa altura, as páginas de fofocas sobre membros da alta sociedade e artistas de Hollywood já tinham perdido interesse no casal, mas ainda assim alguns jornais noticiaram a separação. Milicent disse a um repórter que "de qualquer forma, Lee passa a maior parte do tempo fora do país". Ela ficou com a casa em Sherman Oaks.

Milicent estava acostumada com os altos e baixos do amor, e não apenas no relacionamento com Lee. A única relação sólida que ela tivera havia sido com Syd Beaumont, que também terminaria sendo seu único relacionamento saudável.[1] A relação com Lee foi a de maior duração, mas também a mais tumultuada. Ainda que Paul Fitzpatrick e Frank Graham tenham feito o bastante para ser quase tão ruins quanto Lee, Lee e Milicent passaram por um ciclo de brigas e reconciliações que durou por mais tempo do que eu estou viva.

No entanto, encontrar um amor romântico verdadeiro nunca foi o foco da vida de Milicent. Ela queria que sua vida fosse glamorosa, com muitos amigos, diversão e arte. Era com essas coisas que ela realmente se importava. Agora, ao alcançar a meia-idade, vivendo

---

[1] O que também significa, infelizmente, que não encontrei muitas informações sobre Syd. Não houve grandes brigas em público e Milicent não guardou fotos ou lembranças do período da vida que dividiu com ele. Era dolorido demais.

em uma linda miniatura do Hearst Castle, circundada por amigos (e por um gato fofo) e dedicando seu tempo à arte, ela estava vivendo a vida que sempre quis. Nada mau para uma mulher cuja carreira fora destruída de propósito.

A vida de Bud Westmore, por outro lado, ia de mal a pior. Vou dar uma breve pausa na trajetória de Milicent para atualizar você sobre o que aconteceu com Bud após a saída dela da Universal.

Milicent sempre usou termos vagos para falar de Bud, contentando-se em dizer que tivera "problemas" com ele, sem nunca descrever o incidente abertamente. Ela não guardava rancor contra Bud Westmore por ele ter arruinado a carreira dela.

Já eu, tenho raiva dele sim.

Os próximos quinze anos da carreira de Bud na Universal dão a impressão de que ele foi bem-sucedido.[2] Ele seguiu tendo o nome descrito nos créditos como único responsável pela maquiagem de diversos filmes importantes e séries de TV, entre algumas obras que hoje são consideradas ícones culturais: *Spartacus*, *O Sol É Para Todos*, *Dragnet* e *Os Monstros*. Nos bastidores da Universal, entretanto, Bud estava com a corda no pescoço, e a cada dia ela apertava mais.

Os homens que acompanharam o atual movimento #MeToo[3] se surpreenderam não só pela constatação de que abusos e assédios sexuais são um problema tão disseminado, como também por saber há

---

2 Para marcar mais um episódio negativo para a história das mulheres, no ano de 1957, Bud Westmore foi contratado para criar a maquiagem original da boneca Barbie, o que resultou em crises de autoestima para gerações inteiras de jovens garotas.

3 Caso você esteja totalmente por fora das redes sociais, o #MeToo foi um movimento que viralizou em 2017, a ponto de começar a causar mudanças reais. Mulheres vítimas de assédio e abuso sexual dentro do ambiente de trabalho fizeram postagens com a hashtag #MeToo para demonstrar o quanto essa situação é disseminada, incluindo postagens minhas e de literalmente todas as mulheres que conheço. Os homens ficaram estupefatos, enquanto as mulheres não demonstraram nenhuma surpresa. O movimento levou algumas mulheres corajosas a denunciar comportamentos abusivos de homens famosos da indústria do entretenimento, entre eles, o caso mais notório foi o do produtor Harvey Weinstein.

quanto tempo se tem permitido que isso ocorra. Alguns dos homens denunciados têm se comportado como lixo ambulante por décadas a fio. E eles não agiram como vermes apenas contra mulheres e vozes marginalizadas, não. Muitos homens também fizeram denúncias de abuso pelas mãos desses mesmos dejetos de duas pernas.

Esse ambiente tóxico digno de pertencer a um pesadelo continua existindo pelo simples motivo de que essas pilhas de merda na forma de gente trazem altos lucros para os estúdios de cinema e TV. Sai mais caro e dá mais dor de cabeça mandá-los embora e resolver de verdade o problema do que encobrir a questão e se livrar das vítimas. Até há pouco, já em 2018, as vítimas corajosas o suficiente para se posicionar e delatar seus assediadores e abusadores geralmente eram tratadas com silêncio ou apenas perdiam o emprego. Outras pessoas, sobretudo mulheres, de tempos em tempos testemunhavam essas consequências negativas contra aquelas que se posicionavam, por isso decidiam aceitar em silêncio qualquer abuso de que fossem vítimas, por ter certeza de que a única consequência ao ato de denunciar um homem abusivo seria elas mesmas perderem o trabalho pelo qual tiveram de lutar tanto para conseguir. E, assim, o assédio continua. Ser vítima de assédio é algo tão comum, e essa forma de tratar as mulheres é tão difundida e perpetuada pela mídia, que muitas mulheres simplesmente acreditam que isso é parte da vida, algo tão natural quanto a chuva, ter pintas pelo corpo ou o câncer.

Eu trabalhei em um filme da Dark Dunes Productions que foi um desastre do início ao fim. Um dos principais responsáveis pelo projeto, que vendeu a ideia para o Sultan, meu chefe, era um lixo de pessoa. O cara estufou o peito e se vendeu como o tal, e Sultan aceitou financiar o filme; em pouco tempo, entretanto, ficou evidente que o orçamento que ele calculara estava bem abaixo da realidade. O projeto se tornou um saco sem fundo, no qual o dinheiro ia sumindo. Em pouco tempo, as coisas pioraram muito. O roteiro (de autoria do próprio cara zoado) era uma bagunça, o desenvolvimento do projeto estava em frangalhos e, enquanto isso, o cara ficava tentando fazer o Sultan dar ainda mais dinheiro para a produção.

Quando não estava importunando o Sultan, ele estava me assediando. Ele me ligava todos os dias, diversas vezes por dia, em tese para discutir sobre o projeto e, muitas vezes, só para falar da vida. De quando em quando, ele estava bêbado quando decidia telefonar para mim. Cada vez mais, ele me fazia perguntas sobre a minha vida social. Quando meu chefe demonstrava receio de lhe mandar mais dinheiro, ele me ligava para reclamar e ficava chamando o Sultan de "árabe sujo" e outras ofensas racistas. Então, ele passou a pedir fotos minhas, não importava o quanto eu dissesse não. Conforme o comportamento dele se tornou ainda mais impróprio, ele chegou a sugerir que, durante as filmagens do filme (que a cada dia se tornavam mais improváveis de realmente acontecerem), eu deveria dormir no quarto dele só para, sabe, economizar dinheiro da produção.

Eu sabia que o que estava acontecendo comigo era grave, mas não sabia o que fazer sobre isso. Eu tinha 23 anos (ele tinha o dobro da minha idade) e havia acabado de começar a trabalhar na indústria do entretenimento. Minha impressão era de que eu apenas teria de aguentar aquilo, da mesma forma como lidamos com assediadores ou caras bizarros na internet. Era como se aquilo fosse uma cruz que eu tinha de carregar só por ser mulher e deveria me considerar sortuda simplesmente por ter um emprego na indústria. Por meses e meses, eu não contei para ninguém sobre o comportamento dele e tentei fingir que tudo estava bem.

Por fim, ficou evidente que o projeto tinha morrido na praia. O Sultan tinha chegado ao limite e não queria mais produzir o filme. Além do que, ele não queria mais ter de lidar com aquele cara. Frank Woodward, outro dos produtores do projeto, concordou que se tratava de um desastre que devia ser interrompido.

Participando de uma reunião em Los Angeles com Frank e Sultan, nós conversamos sobre como poderíamos tirar a Dark Dunes daquela confusão. Eu falei de forma firme que apoiava a decisão deles. Acabei lhes dizendo que eu própria não queria nunca mais ter de pensar naquele filme. Tanto Frank quanto Sultan perceberam que eu estava dizendo isso de forma mais incisiva do que eles próprios e, então, me perguntaram por que eu me sentia assim.

Tive de respirar fundo, para daí contar para eles o que vinha acontecendo. A verdade é que tive muita sorte, pois eles acreditaram em mim. Meu relato foi a gota d'água, e eles cancelaram o projeto. Sultan não só me manteve trabalhando na Dark Dunes Productions, como me promoveu e me colocou na equipe de outro filme. Tive até a chance de escrever o e-mail de cancelamento do projeto para aquele idiota. Até hoje, Sultan e Frank[4] são dois dos meus amigos mais próximos. Até onde eu sei, esse projeto nunca saiu do papel.

Muita gente não tem a mesma sorte.

Na maior parte das vezes, esses projetos não são cancelados. Uma vez que um estúdio ou uma produtora tenha investido bastante tempo e dinheiro em alguém, eles passam a ver essa pessoa como um trunfo. Daí em diante, eles querem manter esse trunfo. Para a Universal Studios, Bud Westmore era um desses trunfos.

No entanto, os tempos estavam mudando na indústria do cinema. Em paralelo à aquisição da Universal pela Decca/MCA, as mudanças também ocorriam no mundo da maquiagem. Os estúdios estavam cortando gastos. Os altos executivos começaram a perceber que não era necessário manter um departamento de maquiagem gigantesco, ainda mais sob a direção de um caríssimo diretor de departamento. No decorrer dos anos 1960, Bud percebeu a mudança de maré. A reação dele foi se tornar ainda mais cruel, despedindo na hora qualquer empregado que lhe contradizia.

Em 1970, após duas décadas empregando Bud Westmore, a Universal decidiu se livrar dele em função do orçamento do estúdio, e não por uma questão moral. A indústria se transformara, havia uma abundância de maquiadores trabalhando como freelancers, sendo contratados para filmes específicos. Além disso, muitas estrelas preferiam

---

4   Frank Woodward é um diretor, roteirista e editor imensamente talentoso, o tipo de cineasta genial que já se esqueceu de mais informação sobre a indústria do que eu jamais saberei. Foi ele quem me apoiou no início e me ensinou a ser produtora e roteirista. O mundo é um lugar cheio de gente que não presta. Tem até alguns deles que são citados neste livro. Mas não perca a esperança. Neste mundo, também existe gente como Frank Woodward.

trabalhar com os próprios maquiadores, que elas traziam para as produções de que participavam. Tais maquiadores freelancers custavam muito menos do que Bud Westmore.

No momento em que o contrato de Bud ficou em risco, ele poderia ter sido salvo da demissão. Àquela altura, ele tinha quase 24 anos de casa. Em qualquer companhia ou empresa, 24 anos é bastante tempo de trabalho. Em uma situação assim, a maioria das pessoas teria feito amigos próximos, que fariam o possível para protegê-las e apoiá-las. Mas, no caso de Bud, não foi assim. Bud tinha acumulado longos anos de artistas enfurecidos, assistentes cujos trabalhos e créditos ele roubara, pessoas que ele assediara, foram anos dos membros da equipe da Universal ouvindo falar sobre seu péssimo comportamento. Por isso, ele foi demitido.

Imediatamente, Bud sofreu um declínio da saúde mental e física. Ele se tornou uma pessoa reclusa, passando a temer sair em público e ver outras pessoas em virtude de ter decaído tanto. Bud chegou a conseguir alguns trabalhos como maquiador freelancer, em função do peso de seu nome, mas tinha vergonha de executá-los após ter passado tanto tempo reinando como chefe de departamento de maquiagem da Universal. Ele confidenciou ao irmão Frank Westmore: "Não posso mais. Perdi a coragem. Não sei mais como fazer a maquiagem do dia a dia". Bud sabia que as pessoas pensavam que ele estava colhendo o que plantara.

A partir daí, ele deixou a saúde desandar e passou a ter problemas cardíacos. Em 1973, aos 55 anos, Bud morreu de ataque cardíaco.

Após sua morte, Milicent atualizou o currículo. Pela primeira vez, ela colocou o trabalho em *O Monstro da Lagoa Negra* entre seus créditos artísticos, passando a dizer abertamente que realizara o design da Criatura, além de fazer o trabalho de pintura final no traje do monstro. A *Famous Monsters of Filmland*, uma renomada revista sobre monstros feita por fãs (e reconhecida até hoje) chegou a publicar uma matéria sobre ela em julho de 1978. O nome do artigo era "A Rainha dos Criadores de Monstros", escrita pelo artista de efeitos visuais Robert Skotak. A matéria falava não apenas sobre o trabalho dela na Criatura, como também em *A Ameaça Veio do Espaço* e *Guerra Entre Planetas*. A melhor parte dessa matéria é que quase não há menções à aparência de Milicent. Trata-se de um texto mais progressivo e respeitoso do que a maioria das publicações atuais sobre artistas mulheres. O foco fica na criação do design da Criatura, e o único ponto negativo é que a revista trazia apenas um retrato de Milicent, menor do que a foto de Bud Westmore.

A partir dessa matéria, Milicent passou a receber uma nova leva de cartas de fãs, que ela respondia com muito prazer. No entanto, como a *Famous Monsters of Filmland* não é exatamente uma revista superpopular — está bem, ok, o público é só de nerds de monstros —, a história não foi mencionada em nenhuma outra publicação. Por isso, essa acabou sendo a última divulgação sobre seu trabalho artístico que Milicent veria.

Pelos próximos anos, Milicent seguiu no mesmo ritmo de vida, ainda que sem Lee. Aos 55 anos, ela ainda era descrita como "um mulherão" pelos jornalistas que escreviam sobre os eventos dos quais participava. Milicent era membro ativo da divisão feminina do Antans e tinha muitas amigas no grupo. Ela não estava apenas se arrumando e pagando entradas para jantares caros e chiques, não. Ela passara a se envolver ativamente, ajudando a desenhar os convites, criando os letreiros e planejando eventos. Aposto que as mulheres eram gratas pela sensibilidade artística e pelo talento de Milicent. Um convite de evento criado por Milicent Patrick deveria ser algo belíssimo de se ver.

Ainda mais do que focada no teatro, sua atenção estava em eventos de caridade para órfãos, que deve ser a causa mais digna de se prestar atenção, a não ser que os órfãos, além de tudo, estejam passando fome e presos nos galhos de uma árvore, segurando gatinhos. Milicent se envolveu com eventos da WAIF (Fundo Internacional Global Para Adoção), divisão dedicada às crianças do International Social Service (Serviço Social Internacional), programa internacional de adoção.

Milicent costumava ir a esses eventos sozinha ou acompanhada de George Tobias. Em vez de se identificar como senhora Trent, ela passou a usar o nome Milicent Patrick Trent. Após o casamento, ela começou a usar o sobrenome Trent, mas também inseriu Patrick de volta. Por alguns anos, ela decidiu ficar solteira, dedicando-se ao próprio trabalho e aos amigos. Desde a faculdade, aqueles foram os anos mais tranquilos para sua vida romântica. Ela até mesmo foi em uma festa de Monique Fischer, uma amiga próxima, acompanhada de Lafayette Utter, o magnata dos negócios, mas essa foi a única vez que foi vista em público com ele.

Além de Monique Fischer, Milicent tinha diversas amizades próximas. Partindo da minha própria experiência, isso pode ser um sintoma de seu afastamento da família. Algo assim faz você depender um pouco mais dos amigos, para se sentir amada e apoiada. Ainda mais sendo tão social quanto Milicent, você acaba tendo diversas amizades próximas e, além delas, um monte de pessoas que considera próximas. Isso é fruto do espaço emocional extra e do tempo que você não precisa investir na relação com pais, irmãos e, tanto no meu caso como no de Milicent, crianças. Apesar de que, tenho de admitir, Milicent passou bem mais tempo com órfãos do que eu.

A calmaria, entretanto, não durou muito. Em 1971, Milicent e Lee voltaram a se ver. A essa altura, o relacionamento deles ia e vinha há quase vinte anos. Já era praticamente um hábito. Todas as vezes que Lee voltava para a cidade por algum tempo e cruzava com Milicent, as fagulhas entre os dois se reacendiam. Agora, Lee estava morando no Canadá, ao menos por alguns períodos do ano, já que deixara a "Shangri-la em Sherman Oaks" para Milicent no divórcio. Seria impossível para ele tirar aquela casa dela.

Milicent prosseguia tentando se reconectar com a família, especialmente com Ruth. Quando Gwen se casou, aos 18 anos, Milicent foi convidada e apareceu na festa cheia de classe, para celebrar a adorada sobrinha. Ela estava vestida inteiramente de preto — salto alto, um chapéu de sol imenso, vestido, até mesmo um casaco de pele. Gwen se casou em Simi Valley, uma pequena cidade ao norte de Los Angeles, e os moradores locais não estavam acostumados a se deparar com alguém como Milicent. Todos perguntavam para Gwen quem Milicent era, espantados. "Ela é a minha tia", Gwen respondia, cheia de orgulho. Ruth ficou envergonhada pelo espetáculo da irmã, mas Gwen, por sua vez, estava radiante de receber a fabulosa tia no casamento, deslumbrando os convidados.

Milicent se mantinha firme no propósito de continuar sendo Milicent Patrick. Chegar aos 60 anos não a fez deixar de lado o pendor por entradas dramáticas, saltos altos e trajes exagerados. Aonde quer que fosse, Milicent vestia algo fantástico, com o cabelo preso em um penteado *updo*. Era o ano de 1975, fazia quase dez anos desde o último trabalho dela como atriz. Esse visual não era apenas para Milicent Patrick nas telas; era assim que ela se vestia na própria vida.

Pelo resto da década, Milicent permaneceu escondida em seu reino encantado em Sherman Oaks. A década de 1970 passou como um furacão por ela, e Milicent quase não prestou atenção ao que ocorria no mundo ao redor. Nem Nixon, nem a Guerra do Vietnã, nem a crise do petróleo tiveram muito impacto na vida dela. Pelo menos ela não teve uma fase disco.

Mas, se você passa tempo o bastante se escondendo do resto do mundo, uma hora o mundo bate à sua porta. E foi isso que aconteceu com Milicent em 1980.

Parecia que apenas meia hora ou menos tinha se passado, mas, antes que eu percebesse, cheguei ao fundo do último Tupperware cheio de relíquias da casa de Gwen. Ela passara quatro horas me contando histórias sobre Milicent. Meu iPhone já estava lotado de fotos e minha bolsa, carregada de lembrancinhas que Gwen insistira que eu deveria levar comigo. Fotos, desenhos, cópias de retratos que Milicent fizera para filmes, até mesmo dois livros de partituras de músicas para piano que Milicent amava.

Sentindo-me muito mais confortável na presença de Gwen agora do que quando chegara à casa dela, percebi que estava na hora de lhe fazer algumas perguntas mais difíceis. Acabei contando sobre as minhas dificuldades para encontrar uma certidão de óbito no nome de Milicent.

"Ah, ela não faleceu em Los Angeles. E também não foi enterrada lá, não."

"Não consegui encontrar sua lápide em nenhum dos diretórios on-line."

"É porque não existe uma. Ela foi cremada."

O mistério estava resolvido. Eu vinha procurando algo que não existia.

"Mas dá para visitá-la, de certa forma."

Gwen me contou como chegar ao local de descanso final de Milicent e me deu uma cópia do discurso que escrevera para o funeral da tia, além de um convite para o enterro que ela mesma desenhara. Gwen me deu até mesmo uma cópia da certidão de óbito de Milicent. Quando disse que não poderia agradecer o bastante por todo o carinho com que Gwen e Frank me receberam, eu não estava exagerando. Eles abriram a casa e o coração para mim, e eu serei eternamente grata.

Após guardar tudo, pedi para tirar uma foto com Gwen. Meu peito estava cheio de gratidão, tristeza, animação e um sentimento de triunfo, mas eu me contive.[5] Gwen me deu um último abraço antes que eu entrasse no carro alugado. Uma vez mais, olhei para ela e percebi o quanto se parecia com Milicent. Gwen é gentil, amável, engraçada, encantadora e afetuosa; Gwen tinha consigo os melhores traços de Milicent. Ainda que Milicent não estivesse mais viva, eu consegui encontrá-la.

O ano de 1980 começou com um golpe devastador contra Milicent. Logo no início do ano, George Tobias deu entrada no hospital. Ele vinha sofrendo de um bloqueio intestinal e não conseguia mais aguentar de dor. Os médicos chegaram à conclusão de que deveriam realizar uma cirurgia exploratória, para diagnosticar o que estava ocorrendo. Eles encontraram um tumor no estômago de George; ele tinha câncer. Milicent permaneceu ao lado dele durante a internação.

---

5 No caminho de volta para o hotel, no entanto, eu tive que parar o carro no estacionamento de uma loja de conveniência e chorei sem parar, apoiada no volante do meu carro alugado.

Um mês depois, no dia 27 de fevereiro, George morreu no hospital Cedars-Sinai, em Los Angeles. Milicent estava com ele no momento do falecimento. Depois, ela ficou disponível para os jornalistas, dedicando-se a informá-los sobre a causa da morte e reforçando que ele estava trabalhando como ator até o momento do diagnóstico. Ela organizou um funeral para George em Los Angeles, após o qual o corpo dele foi enterrado em Nova York, a cidade onde nascera. Milicent nunca chegou a visitar o túmulo dele.

Milicent perdera seu melhor amigo, com quem havia convivido por mais de trinta anos. A tragédia ocorreu durante um dos períodos de afastamento de Lee, que estava fora dos Estados Unidos. Nenhum dos dois homens com quem Milicent geralmente podia contar nos momentos de dificuldade estavam mais lá. Os outros amigos próximos de Milicent fizeram o possível para tentar animá-la, mas havia outras tragédias a caminho, prestes a tocar a campainha — na verdade, prestes a atravessar a porta.

Logo após o funeral de George, uma tempestade passou por Los Angeles e causou um deslize de terra, que acabou por inundar a casa de Milicent.[6] O dilúvio de lama espessa e escura derrubou paredes da casa e quebrou janelas, encobrindo o chão e os móveis. Do lado de fora, o jardim foi totalmente arruinado. Quase todo o fundo da casa de Milicent foi destruído. O santuário dela em Sherman Oaks se tornou um inferno de lama, mofo, vidro estilhaçado e móveis quebrados. Inconsolável, Milicent se hospedou na casa de amigos.

A tristeza de Milicent piorou ainda mais ao descobrir que seu seguro não cobriria os danos à casa. Milicent chegou a ser entrevistada pela Consumer Reports sobre o ocorrido e como estava sendo obrigada a arcar com os custos trazidos pelo desastre, mas de nada adiantou. Ela estava sozinha nessa.

---

6   Por mais que sempre precisemos de chuva no sul da Califórnia, não estamos preparados para lidar com ela. O solo, especialmente após a época dos incêndios causados (e aumentados) pela estiagem, não consegue absorver toda a água. Os deslizamentos de terra são bem comuns após tempestades e, com frequência, causam incidentes fatais, danificando propriedades e trazendo riscos à vida das pessoas.

Até ali, Milicent sobrevivera às custas de uma rotina similar à de muitos artistas independentes: ela economizava e gastava de forma consciente. Os consertos da casa lhe custaram todas as economias. Nem Lee, nem a família a ajudaram. Esse foi um período bastante estressante, e sua adversária de longa data, a enxaqueca, piorou ainda mais.

Pelos próximos anos, o foco de Milicent se tornou arrumar a casa e redecorá-la. A perda de George, o deslizamento de terra e as preocupações financeiras terminaram por abatê-la. Ela ainda se encontrava com seus amigos em festas e eventos sociais, mas deixou de participar dos elegantes eventos formais da indústria do entretenimento, dos quais costumava gostar tanto.

Em 1983, aos 68 anos, Milicent participava de uma reunião organizada por um de seus grupos de caridade femininos destinados a promover o teatro, chamado Round Table (Távola Redonda). Havia uma palestrante convidada, Adela Rogers St. Johns, uma mulher de 89 anos que era uma importante e influente escritora e jornalista na Califórnia desde 1912. A carreira dela se iniciara no jornal *San Francisco Examiner*, uma das publicações cujo dono era William Randolph Hearst. Durante seu discurso, Adela falou sobre Hearst e San Simeon, descrevendo aquele lugar de forma entusiasmada e exaltando sua beleza.

Após a palestra, Milicent foi falar com Adela. Antes disso, elas haviam se encontrado algumas vezes em eventos da indústria, por isso tinham um relacionamento amigável. Adela era também uma roteirista prolífica e talentosa, que escreveu um episódio da série *Alfred Hitchcock Presents*, além de filmes como *Hollywood* e *Mulher Singular*. Milicent contou a Adela: "Sabe, meu pai construiu San Simeon. Eu morei lá por dez anos, mas nunca mais voltei desde então".

Adela se voltou para Milicent e lhe sussurrou: "Não vá visitar aquele lugar. Você vai ficar tão desapontada".

Milicent se surpreendeu com o aviso de Adela, ainda mais depois de ouvi-la elogiando San Simeon com tanto entusiasmo no decorrer da palestra.

Aparentemente, quando o Hearst Castle foi entregue ao estado, o departamento de parques e jardins não sabia exatamente o que fazer com ele. Não é o tipo comum de parque estadual. É uma mistura de reserva natural e castelo da Disney. Quando Adela o visitou depois que ele havia se tornado um lugar histórico, ficou triste em ver quão acabado e malcuidado tinha se tornado.

É difícil imaginar um lugar tão esplêndido sendo descrito como acabado. Mas Adela estava acostumada a ver o local em seus dias de glória, quando William Randolph Hearst ainda estava lá e o espaço era vívido por causa das festas. Agora havia grades de segurança e latas de lixo fixadas em todas as trilhas. Faz sentido que Adela tenha pensado que Milicent, uma pessoa que cresceu *lá, teria uma reação ainda mais forte às mudanças.*

No entanto, quando Milicent se virou, todas as mulheres do grupo haviam acreditado totalmente no discurso de Adela. Elas queriam marcar uma viagem para o Hearst Castle e queriam que Adela fosse. Esse era um grupo de mulheres mais velhas e ricas. Mulheres ricas e idosas adoram fazer viagens em grupo.

Adela realmente não queria ir, mas depois de insistir alguns minutos antes que todas essas mulheres precisavam ver o Hearst Castle, não podia recusar. Você não pode mexer com um grupo de mulheres idosas e determinadas. Uma viagem foi agendada, e Milicent foi junto. Milicent guardou um monte de looks fabulosos, entrou no seu Cadillac gigante com a amiga Elvie e botou o pé na estrada.

As mulheres da Távola Redonda viajaram com estilo. Elas não iam ficar num hotel. O grupo alugou a casa de George e Phoebe Hearst, o local da fazenda Hearst original. Essa era uma residência que Milicent *já havia visto,* mas em que nunca havia se hospedado, e estava em ótimo estado de conservação. A viagem aconteceu em março, quando as coisas estão começando a florescer no sul da Califórnia. Por sorte, a temperatura estava agradável, já que Milicent chegou de volta ao seu lar da infância vestida como uma rainha.

Milicent diante da piscina Netuno. Olha esse chapéu fofo! (*Coleção da autora*)

Milicent não havia retornado ao Hearst Castle há mais de 55 anos. Durante esse período, ela teve uma vida agitada e de sucesso. Ela foi a Hollywood e construiu sua vida lá, trabalhando ao lado de estrelas de cinema e socializando com os ricos e famosos. Milicent retornou à propriedade com o queixo erguido, vestida com um longo vestido preto, combinado com uma capa de lã, um cordão dourado imenso e um chapéu de pele do tamanho e da fofura de um guaxinim gordo dormindo. Ela não apenas parecia como se pertencesse ali. Ela parecia ser a dona do lugar. Ela parecia com Millicent Hearst.

Adela, Milicent e o resto do grupo fizeram um tour completo pelo castelo. Milicent tirou fotos em praticamente todos os cômodos, sorrindo e posando com orgulho. Ela até visitou sua escola de apenas um cômodo na base da colina. As melhores fotos dela daquele dia são as espontâneas. Nestas ela sorri de uma maneira diferente, um sorriso menor, o efeito das memórias da infância estampadas no rosto.

Milicent estava radiante por voltar ao Hearst Castle. No entanto, quando perguntou às guias de turismo sobre o pai, ela teve a mesma experiência que eu tive. Ninguém havia escutado falar dele. Camille Rossi não era mencionado em nenhum panfleto ou prospecto sobre o castelo. Ele não estava presente em nenhuma das palestras. As realizações arquitetônicas dele sim, mas seu nome não.

Ela estava chateada. Milicent vinha dizendo às pessoas sobre o trabalho do pai no Hearst Castle por mais de cinco décadas e, finalmente, quando voltou para vê-lo outra vez, constatou o legado de Camille por todo lugar. Mas o nome dele estava ausente. Foi como se sua conexão pessoal com toda aquela grandiosidade não existisse. Ela sempre teve orgulho da infância no Hearst Castle, cobiçando e tentando emular o esplendor de lá. Foi desanimador descobrir que a própria reivindicação por aquela história tivesse sido apagada. Por quase toda a vida adulta Milicent não foi creditada pelos papéis que interpretava na história artística. Agora, graças ao comportamento repreensível de Camille, a associação dela com a história do Hearst Castle também era desconhecida. Ela conversou com alguns dos historiadores do Hearst Castle e se ofereceu para falar com eles, para contar a história do pai e, consequentemente, a própria história.

Revelar o legado de Camille se tornou o projeto de Milicent durante o ano seguinte. Ela localizou trabalhadores e artesões que conheciam o pai dela — aqueles que ainda estavam vivos e não odiavam Camille. Depois, ela os entrevistou por telefone e por carta sobre o que se lembravam de Camille e seu trabalho. Milicent escreveu um longo artigo sobre a infância em San Simeon para os historiadores do Hearst Castle. Um deles viajou até a sua agora reconstruída casa em Sherman Oaks para entrevistá-la sobre isso, a mesma entrevista que eu escutei com um par de fones de ouvido velhos, trinta anos mais tarde, na biblioteca histórica do Hearst Castle.

Milicent vinha utilizando o nome Milicent Patrick Trent, mas agora havia colocado o Rossi de volta ao nome. Ela se chamava de Milicent Patrick Rossi Trent, recuperando a própria herança e história, apesar de ter sido banida pela família. Também eram o nome e a história dela. Apesar de ter me afastado da minha própria família, eu nunca troquei o meu sobrenome. É meu nome também. Como Milicent, eu posso transformá-lo em algo meu. Essa última mudança no nome refletiu a vida extraordinária de Milicent em todas as suas mudanças e experiências, maravilhas e tragédias.

Uma jornalista do *Los Angeles Times* ficou sabendo sobre a missão de Milicent e fez um artigo a respeito no começo do novo ano, em janeiro de 1986. Esse foi o artigo que se tornou a chave para que eu encontrasse a identidade de Milicent após a Universal. Milicent contou à repórter Evelyn Wolfe tudo sobre a vida aventureira de Camille.

"Sim, ele era extravagante", Milicent sorriu. "Mas era muito mais do que isso."

Ela então falou sobre os feitos de engenharia, incluindo a famosa história da mudança da árvore.

Milicent trabalhou duro para desenterrar o legado do pai no Hearst Castle, e me entristece dizer que não teve muito efeito. Camille ainda não é mencionado nos tours da propriedade e quase não é citado em nenhum dos livros ou literatura sobre o assunto. É triste para Milicent, mas eu não sinto muita pena dele.

O que Milicent desenterrou foi a própria felicidade, algo que estava perdido desde a morte de George. Falar publicamente sobre a infância no Hearst Castle a fez sentir orgulho de sua vida outra vez. Na entrevista gravada, ela falou com entusiasmo com a historiadora sobre o trabalho como atriz e artista, apesar de admitir que não houvesse aparecido em nenhum filme recentemente. Aos 70 anos, Milicent ainda tinha o cartão do SAG.

Milicent estava revigorada e finalmente voltou para a vida social da qual havia se afastado. Não muito depois, ela cruzou caminhos com Lee. Os dois começaram a namorar, recomeçando o relacionamento de trinta anos, apesar de Lee ainda passar a maior parte do tempo no Canadá.

Um tranquilo ano e meio depois, o casal planejava se casar de novo. Legalmente, tornaria as coisas mais fáceis para eles, sobretudo com Lee fora durante tanto tempo. Romanticamente, eles decidiram que, já que estavam os dois na casa dos setenta e não conseguiam se livrar um do outro, deveriam assinar os papéis uma segunda vez. Mas antes disso, uma tragédia aconteceu.

Em janeiro de 1988, enquanto Lee estava a trabalho para a Con-Stan no Canadá, ele faleceu repentinamente.[7] Ele tinha 78 anos. Milicent ficou devastada. Ela nunca mais teria outro relacionamento sério ou se casaria outra vez.

Essa desolação marcou o começo do fim de sua vida.

---

7   Eu não consegui descobrir a causa da morte.

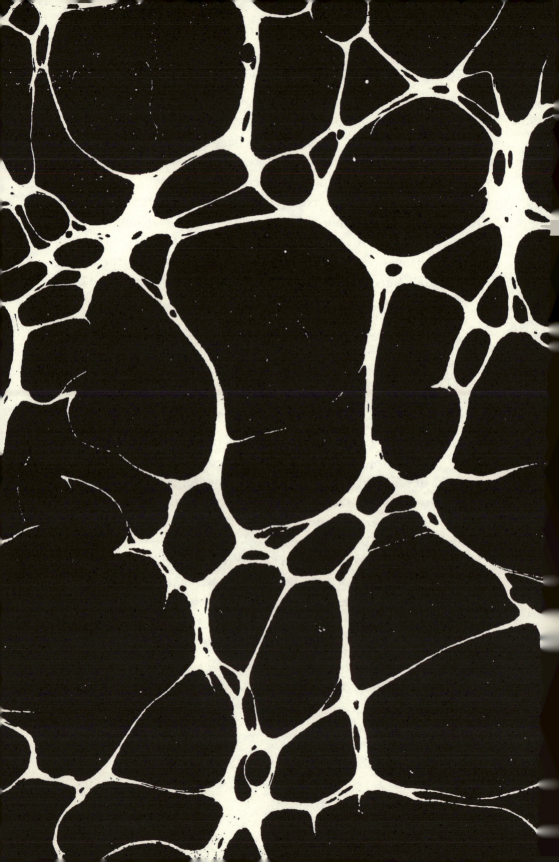

O LEGADO DE MILICENT

Em 1988, enquanto Milicent ainda estava de luto por Lee, a saúde dela começou a piorar.

Além das enxaquecas, Milicent havia desenvolvido doença de Parkinson. O Parkinson é um distúrbio neurodegenerativo, e sua progressão geralmente é lenta. Não há cura e a causa é desconhecida. Existem algumas opções de tratamento, mas há muitas complicações do Parkinson, e elas geralmente são fatais. Milicent começou a se mover mais devagar e a ter tremores, problemas com rigidez muscular e para manter o equilíbrio. Isso dificultava seu caminhar, e os membros dela doíam. Agora, para Milicent, era impossível dirigir e muito difícil viajar, e ela também não queria mais ser vista em público. Ela precisava de uma bengala para andar e trocou os amados vestidos justos e roupas glamorosas por calças pretas e folgadas e vestidos que ajudavam a escondê-la. Milicent não se sentia mais como ela mesma e raramente saía de casa.

O tempo de Milicent para se reconciliar com a irmã[1] estava se esgotando. Às vezes, Ruth acompanhava Gwen nas visitas, mas elas ainda não eram próximas. Ruth mantinha a má opinião sobre Milicent, apesar de Milicent estar com 77 anos, andando com uma bengala e definitivamente não vivendo a vida louca de Hollywood que Ruth imaginava que vivia. Ela estava preocupada que, mesmo que Gwen agora fosse uma bem-sucedida terapeuta e mãe responsável, os caminhos de Milicent pudessem corromper a filha de alguma forma.

---

1   Ulrich faleceu em 1966, sem reconciliação.

Em 1992, quando o Parkinson começou a tornar a vida dela muito difícil, Milicent ligou para Ruth e lhe pediu que ficasse com ela em Sherman Oaks. Gwen havia se mudado para o norte da Califórnia, e Milicent não era muito próxima de Lawrence. Ruth se recusou e, em um ano, aos 72 anos, faleceu.

O cotidiano se tornou difícil para Milicent. Entre o Parkinson e as enxaquecas, ela tomava uma quantidade significativa de analgésicos para se manter confortável. Ela costumava ler, assistir a filmes e dormir. Tremores nas mãos a impediam de desenhar. As canetas e os carvões estavam largados em seu estúdio de arte, agora inutilizado.

Os amigos passavam algum tempo com Milicent e cuidavam dela por breves períodos, mas há muito pouco que pessoas que não são da área da saúde possam fazer. Por fim, Milicent foi forçada a contratar atendimento domiciliar e a se inscrever no Meals on Wheels [Refeições Sobre Rodas], serviço diário de entrega de refeições para idosos.

Na vez seguinte que Gwen a visitou, ela ficou horrorizada. Milicent estava com 80 anos e morava na imundície. As pessoas do atendimento domiciliar que ela contratara estavam lá apenas para cuidar de Milicent. Eles mal faziam qualquer coisa para manter a casa limpa. Milicent, frágil e com pouca mobilidade, não podia limpar o lugar sozinha. Ela não estava comendo bem, comia um biscoito recheado no café da manhã, meia banana no almoço e o que o serviço Meals on Wheels trouxesse para o jantar.

Milicent queria que Gwen dormisse no quarto com ela naquela noite. Gwen arrumou uma cama no chão, ao lado de Milicent. Pouco depois, ela acordou com a sensação horrível de algo rastejando sobre ela. Gwen acendeu a luz e descobriu uma horda de ratos correndo por cima dela, no quarto, na casa inteira. Essa foi a gota d'água. Ela não podia deixar a tia viver assim.

Mas Milicent era inflexível sobre querer ficar na residência. Ela não queria, de jeito nenhum, mudar-se para uma casa de repouso. A casa de Milicent foi a última parte que restou da identidade dela. Era seu castelo, que ela cuidava há mais de 25 anos. Gwen conversou com as pessoas da assistência domiciliar e organizou um cronograma. Ela voava do norte da Califórnia todo fim de semana e cuidava de Milicent. Eles cuidavam dela durante a semana. Milicent ficou muito feliz em ver a sobrinha com tanta frequência, mas estava relutante em deixar Gwen assumir seus cuidados. Ela odiava ser tão impotente, sentia-se humilhada.

No primeiro fim de semana, Gwen limpou a casa inteira, de cima a baixo. Ela chamou um exterminador para cuidar dos ratos. Ela cozinhava refeições quentes e, para desgosto de Milicent, deu banhos nela. Mas, depois de alguns fins de semana, a felicidade de Milicent superou sua humilhação. A casa dela parecia um lar novamente.

No começo, Gwen não sabia dizer se Milicent estava feliz. Na primeira consulta médica à qual levou Milicent, ela conversou com o médico em particular. Ela disse a ele que Milicent nunca sorria, nunca parecia feliz. Ela queria saber se Milicent havia dito alguma coisa ao médico sobre estar chateada por Gwen estar cuidando dela.

O médico esclareceu: "Ela não consegue mais sorrir, Gwen. Os músculos do rosto dela tornam isso impossível".

Ele disse a Gwen que Milicent adorava tê-la por lá e que desejava que Gwen se mudasse para o lugar. Mas Gwen tinha um ótimo trabalho no norte da Califórnia, não podia desistir.

Depois que Gwen percebeu que Milicent só parecia infeliz, encarregou-se de se certificar de que a tia estava aproveitando a vida o máximo que podia. Gwen e Frank montaram grandes árvores de Natal e decoraram a casa de Milicent para o feriado. Eles ficaram junto dela no Ano-Novo e fizeram mimosas para ela. Milicent foi capaz de manter o bom humor.

"Querido, eu vou tomar outra." Milicent dizia para Frank, e ele servia o champanhe. Quando ele pegava o suco de laranja, ela dizia: "Oh, sem suco. Sem suco".

"Bem, Milly", ele dizia. "Isso não é uma mimosa."

"Isso mesmo", ela concordava.

Agora que a situação em casa havia melhorado tanto, os amigos voltaram a visitá-la. Casais do clube ítalo-americano, mulheres do grupo feminino e amigos íntimos, como Mara Corday, visitavam ocasionalmente. Milicent adorava entreter as pessoas com suas histórias de vida e todas as aventuras que tivera em Hollywood. Ela se divertia com esses amigos visitantes ou entretinha Gwen com histórias sobre pessoas famosas que conhecia. Ao conversar com os amigos da tia, Gwen desmentia os rumores da família.

Os amigos de Milicent ficaram horrorizados quando Gwen lhes disse que a família dela havia assumido que Milicent era prostituta. Eles não podiam acreditar no que os Rossi pensavam de Milicent, que ela levava uma vida sombria e imoral na indústria cinematográfica.

"Sombria? Mil? Não. Todo mundo a ama."

Aos 82 anos, Milicent estava vivendo confortavelmente e ainda tinha sua essência. Um dia, Gwen queria ter certeza de que Milicent estava com seus negócios em ordem, então chamou um advogado para vir falar com a tia em particular.

Quando chegou, ele era um cavalheiro alto, bonito e mais velho, e Milicent ficou imediatamente animada. Quando Gwen estava saindo da sala, ele perguntou quantos anos Milicent tinha. Ela o olhou bem nos olhos e disse: "Tenho 60 anos, querido". Gwen ficou boquiaberta quando Milicent lançou para ela o melhor olhar de "feche a boca" que conseguiu com seu Parkinson. Gwen disse: "Por favor, querida. Se você tem 60 anos, eu tenho cerca de 35", o que fez Milicent rir.

Porém, mais tarde naquele ano, as coisas pioraram. Milicent começou a perder a capacidade de se comunicar. Gwen tirou uma semana de folga do trabalho e a levou ao médico. Ele ligou para Gwen alguns dias mais tarde, depois de fazer alguns testes. Milicent tinha câncer de mama, e ele já havia se espalhado. O médico disse a Gwen que Milicent sentiria muita dor, se já não estivesse sentindo. Ela precisava ser transferida para um hospital imediatamente; o atendimento domiciliar não era mais uma opção.

O médico sabia que Milicent não concordaria em sair de casa, mas insistiu que não seria razoável deixá-la lá. Milicent não iria viver muito mais tempo, ela precisava de um hospital para controlar a dor. Gwen concordou.

Não foi apenas a dor que forçou Milicent a se mudar da casa em Sherman Oaks, foi também seu amor por Gwen. Era impossível para Gwen transformar sua vida para passar todos os dias em Los Angeles. Por isso, Milicent enfim concordou em deixar Hollywood para sempre e se mudar para uma clínica de cuidados em Roseville, Califórnia, um local próximo à casa de Gwen.

Todas as manhãs e todas as noites, Gwen a visitava na clínica. Mas estar longe de casa esgotou o pouco ânimo que Milicent ainda tinha. Nem duas semanas depois, ela começou a partir.

No dia em que Milicent morreu, Gwen deitou na cama do hospital e a abraçou. Gwen disse a ela o quanto a amava e o quanto Deus a amava. Milicent balançou a cabeça. Gwen insistiu que Deus a amava sim. Milicent começou a chorar.

"Deus não me ama."

Foi a última coisa que ela disse. Ela levou a mensagem de sua família a sério, até o fim.

Em 24 de fevereiro de 1998, aos 82 anos, Milicent Patrick faleceu.

O sol estava brilhando com todo o seu esplendor da Califórnia quando dirigi para a baía de São Francisco. Era o dia seguinte à minha visita a Gwen, e eu tinha uma pilha de papéis comigo: uma cópia da certidão de óbito de Milicent, o discurso fúnebre e o programa do funeral. Eu não queria lê-los até chegar ao local de descanso final dela.

Depois que Milicent morreu, ela foi cremada. Gwen e Frank organizaram uma homenagem para ela algumas semanas depois em uma igreja em Hollywood, para que todos os amigos e colegas dela pudessem comparecer. Em vez de lírios brancos tradicionais, Gwen pediu rosas vermelhas de caule longo. A vida de Milicent não poderia ser representada por algo recatado. Ela era uma rosa vermelha de haste longa.

O programa listava todos os nomes pelos quais ela respondera, de Mildred Elizabeth Fulvia Rossi a Milicent Patrick Rossi Trent. Independentemente do nome, ela sempre foi Milicent Patrick.

Sentei-me à beira da água e li as palavras que Gwen falou no funeral. "Ela emprestou sua presença para a arte, para a sociedade, para a humanidade e para aqueles que considerava queridos."

Gwen não enterrou Milicent em Hollywood. Ela e Frank a trouxeram de volta ao norte da Califórnia. Eles contrataram um pequeno avião para levá-la para a baía de São Francisco. Milicent sempre foi extravagante. Na morte, ela também precisava ser. É o local perfeito para ela, como parte das águas pitorescas e expansivas do Oceano Pacífico. Mas ela também é muitos outros lugares. Passei tanto tempo procurando seu local de descanso final, sem perceber que estava nele.

O local de descanso final de Milicent Patrick está em todas as camisetas de *O Monstro da Lagoa Negra*, todos os brinquedos do Mutante de Metaluna, todas as fitas vhs de *Fantasia*, todos os DVDs de *A Forma da Água*. Está na mesa de todas as animadoras e na caneta de todas as mulheres desenhando um monstro nas margens do caderno. Sempre esteve lá. Apenas foi escondido, propositadamente ofuscado.

E agora está em todas as cópias deste livro, em suas mãos ou em seus ouvidos.

Guillermo del Toro queria criar *A Forma da Água* porque, quando viu *O Monstro da Lagoa Negra* quando criança, tudo o que queria era que Kay e a Criatura terminassem juntos, que tivessem um final feliz. *A Forma da Água* é uma recriação dessa história, em que a mulher ama o monstro. Em vez de afundar no fundo daquela lagoa negra, a Criatura se torna um herói. Ela consegue seu final feliz.

Com este livro, Milicent também recebe seu final feliz. Eu não precisei reimaginar nada. Eu só tinha que trazer à luz o que sempre esteve lá.

Na homenagem de Milicent, Gwen compartilhou algo que a tia sempre lhe dizia.

"Todos são bonitos. Alguns optam por mostrar isso, enquanto outros escondem. É muito melhor compartilhar!"

A beleza da vida e do trabalho de Milicent foi, como a de muitas outras mulheres, intencionalmente escondida para seu poder e influência serem roubados. Milicent Patrick é a dama da lagoa negra e não está sozinha. Agora ela foi além disso, mas há muitas outras mulheres — em todas as indústrias, vivas e mortas — que ainda estão lá. Muitas outras histórias estão perdidas nas profundezas da história, e muitas mulheres ainda carregam o fardo do assédio e do abuso enquanto tentam criar. Graças à tecnologia e à bravura de inúmeras mulheres, as marés estão finalmente mudando.

Quando eu era adolescente, Milicent me mostrou o caminho para seguir na vida criativa que queria viver. Ela mostrou que era possível fazer a arte que eu queria fazer. Agora, como adulta, ela me mostrou o caminho a seguir para ajudar a criar o mundo no qual quero viver. Revelar a vida de Milicent durante os últimos dois anos me ajudou a ver o que preciso fazer para proteger mais mulheres desse destino. Isso me ajudou a ser corajosa, forte e me fazer ouvir.

Ter a imagem de Milicent no meu braço todos os dias não me lembra apenas que eu pertenço ao mundo dos monstros. Isso me lembra de não tolerar todas as merdas que surgem no meu caminho. Isso me lembra de não ter medo e exigir as coisas que mereço.

Milicent Patrick merece ser conhecida como a pioneira artística que foi. Mas ela também é um símbolo do motivo pelo qual precisamos trabalhar mais, tomar uma posição e ajudar outras mulheres. Milicent nunca recebeu o reconhecimento que deveria durante a vida, e ela era uma mulher branca bonita, sem deficiência, heterossexual e rica. Ela possuía todo o privilégio que uma mulher de seu tempo poderia ter, e nada disso foi o suficiente para protegê-la de homens como Bud Westmore. Só posso imaginar o número de artistas femininas e não tão privilegiadas quanto Milicent que nem sequer entraram pela porta.

Milhares e milhares de mulheres estão por aí, sentindo-se sozinhas com suas paixões criativas. Milhares nem sequer consideraram a ideia de fazer arte, porque não conseguem imaginar um lugar para si nesse mundo.

O legado de Milicent Patrick não é apenas um conjunto de trabalhos influentes. Ele também é um convite.

CENTU
PENT

CR
BLACK

Starring
RICHARD CARLSON

SUBMERGINDO AOS POUCOS
EPÍLOGO

Anos após a morte de Milicent, o legado dela ganhou um aliado interessante. A ofuscação de Bud Westmore não foi páreo para a internet.

Com o surgimento da rede, cinéfilos fanáticos começaram a publicar e compartilhar créditos mais detalhados dos filmes. Memorabilias obscuras, que viveram por décadas nos porões mofados dos fãs, agora estavam amplamente disponíveis para qualquer pessoa com acesso à internet. Por coincidência, o ano em que Milicent morreu foi o ano em que Jeff Bezos, fundador da Amazon.com, comprou a IMDB e fortaleceu o banco de dados de filmes on-line.

Os nerds de monstros que estavam em busca de informações descobriram a verdade: a Criatura não foi projetada por Bud Westmore, que tem o único crédito pela maquiagem nos créditos de tela do filme, e sim por Milicent. Agora, fãs mulheres eram capazes de conhecê-la.

Quando eu era uma adolescente fã de monstros, havia algumas mulheres cineastas do gênero horror que eu conhecia e todas elas pareciam incomuns. Anos depois, quando me mudei para Los Angeles, fiquei emocionada ao descobrir que eu estava errada. Eu conheci inúmeras outras mulheres da indústria, e na indústria de filmes de gênero! Além das atrizes, havia diretoras, colegas produtoras, diretoras de fotografia, editoras, escritoras, artistas de efeitos especiais, criadoras de objetos de cena, qualquer trabalho no cinema que você possa imaginar. Todas elas grandes fãs de horror. Era uma legião de mulheres que cresceram pensando que eram as únicas, porque a indústria cinematográfica não as exibiu nem as contratou. Percebi que elas sempre estiveram lá, criando arte, fazendo filmes e quebrando as portas daquele Clube do Bolinha. Foi então que me senti realmente em casa em Los Angeles.

Essas cineastas foram as mulheres mais inteligentes, ambiciosas e solidárias que eu já conheci. Elas trabalhavam muito e constantemente procuravam a comunidade de outras mulheres criativas para oferecer conselhos e apoio, uma comunidade que me recebeu. Pela primeira vez na minha vida, eu realmente entendi o valor da amizade feminina, de um sistema de apoio às mulheres. Não apenas para falar sobre marcas de absorventes internos e o melhor tipo de delineador preto, como também conversar sobre ser uma mulher de negócios, como você se sentia ao ser assediada, como escrever e-mails para que os homens não nos menosprezassem. Foi revolucionário. Eu senti como se um peso gigantesco tivesse sido tirado das minhas costas, um peso que eu não tinha ideia de que estava carregando.

Por muito tempo, eu pensei em Milicent como alguém sozinha em um mar de colegas homens. Mas a história dela me parece menos triste agora, quando penso nela cercada por outras mulheres criativas para compartilhar suas frustrações e alegrias — na Disney, como modelo e atriz.

Muitas das mulheres que conheci agora são minhas amigas, colegas e constante fonte de inspiração. Não consigo imaginar minha vida sem essa rede de mulheres brilhantes e criativas que estão sempre prontas para oferecer conselhos de trabalho, me escutar reclamar e me fazer rir. Como eu, algumas dessas mulheres foram inspiradas e incentivadas pelo trabalho da Milicent. Assim como eu, algumas dessas mulheres passaram a usar essa inspiração e incentivo ao entrar na indústria do cinema e da televisão.

A diretora de horror Chelsea Stardust (*All That We Destroy*, *Satanic Panic*) teve uma experiência muito semelhante ao descobrir Milicent:

Eu sou uma grande fã dos filmes de monstros da Universal desde pequenininha. *Drácula, O Lobisomem* e *O Monstro da Lagoa Negra* foram sempre os meus favoritos. Quando soube que Milicent Patrick era a verdadeira criadora do design da Criatura, isso abriu meus olhos para as possibilidades que estavam disponíveis para as mulheres na indústria do entretenimento. Ela ajudou a pavimentar o caminho para mulheres como eu, e sou eternamente grata por sua perseverança e dedicação.

Eryn Krueger Mekash, maquiadora ganhadora do Emmy, mais conhecida pelo trabalho na série *American Horror Story*, foi inspirada por Milicent em seu caminho para o sucesso no mundo dos efeitos especiais:

> Milicent Patrick deixou sua marca em Hollywood como uma verdadeira profissional completa; ela era criativa em todos os aspectos e preparou o caminho para que outras artistas continuassem sua carreira — mesmo que nunca tenha sido formalmente reconhecida por isso. Seria um caso completamente diferente hoje; ela seria aclamada como uma rainha.

A ilustradora, artista conceitual e pintora premiada Karla Ortiz foi encorajada pela existência de Milicent Patrick quando ela já trabalhava no mundo do cinema dominado por homens. Sua arte conceitual foi usada em muitos filmes, incluindo sucessos da Marvel como *Doutor Estranho* e *Pantera Negra*:

> Quando eu era mais jovem, todas as minhas inspirações artísticas eram homens. Não é algo que você faz de propósito; você simplesmente admira aquilo a que tem acesso. O desejo de pintar, de ser uma artista, para mim, era forte o suficiente para continuar, mesmo que todos que eu admirasse como artistas de sucesso não se parecessem comigo.

Eu descobri as muitas mulheres e minorias incríveis da minha área tarde demais na minha carreira, mas, mesmo assim foi profundamente emocionante... Histórias de pessoas que fizeram grandes coisas são inspiradoras e motivadoras porque nos dão a capacidade de nos ver fazendo essas coisas incríveis. Suas histórias nos dão a força de que precisamos quando a vida exige mais. É por isso que descobrir os traços de sua história e lançar luz sobre a incrível Milicent Patrick é um ato imensamente importante para muitas de nós... Ela seguiu sua paixão e foi brilhante, criando um dos monstros mais emblemáticos da história... Sua história pode, e irá, inspirar muitas de nós a abandonar nossos medos e perseguir nossa arte sem hesitar, possivelmente como a própria Milicent gostaria que fizéssemos.

Também não foi apenas a Criatura que trouxe as pessoas para Milicent. A cineasta e jornalista BJ Colangelo (*Powerbomb*) a encontrou por intermédio de seu trabalho em *Guerra Entre Planetas*:

Eu me apaixonei pelo trabalho de Milicent Patrick antes de ter idade suficiente para compreender a mulher revolucionária que ela era. Meu pai era um nerd de ficção científica e me mostrou *Guerra Entre Planetas* quando eu tinha cerca de 4 anos. O Mutante de Metaluna foi a criatura mais aterrorizante e fascinante que eu já vi. Foi um pesadelo muito real que me assombraria por anos. À medida que envelheci e comecei a aprender a mecânica do design de criaturas e os artistas por trás delas, sempre fiquei um pouco decepcionada ao ver apenas homens sendo creditados na criação dos monstros e assassinos que eu tanto amava. Eu me sentia estranha por ser uma pessoa que se identifica como mulher apaixonada por horror, que parecia ser algo moldado e mantido exclusivamente por homens. Não foi até a faculdade, quando eu caí de volta nos monstros da Universal, principalmente *O Monstro da Lagoa Negra* (o meu favorito de todos os tempos), que tomei conhecimento de Patrick e seu impacto na iconografia do horror. Perceber que meu monstro favorito foi criado por uma mulher era como um sinal do universo, fazendo-me sentir bem-vinda a um gênero que ganhou meu coração. Inconscientemente, sempre me faz sorrir um pouco mais saber que dois dos monstros que mais se conectaram comigo foram feitos por uma mulher.

O Mutante de Metaluna é amado por muitos criadores, incluindo a artista e escritora best-seller de quadrinhos e animação Kate Leth:

> Como muitos outros, eu vi o Mutante de Metaluna pela primeira vez em *O Filme Mais Idiota do Mundo*. Era um item básico em minha casa quando adolescente, a ponto de as frases do filme se tornarem parte do léxico da minha família. É claro que a equipe do Satélite do Amor estava funcionando como humor em *Guerra Entre Planetas*, mas eu desenvolvi um amor incrível por aquele filme estranho e sem sentido e seus alienígenas; particularmente o Mutante de Metaluna. Ele é uma criação tão pateta, maravilhosa e carinhosa — parte inseto, parte homem, todo lerdo. A experiência de assistir a esse filme com meus pais, muito antes de nossa família se dissolver e as coisas ficarem feias, é uma lembrança tão marcante de uma época em que eu me sentia segura e feliz. O mutante se tornou um símbolo disso para mim, eu acho. Comecei a colecionar bonecos dele nos meus vinte e poucos anos e continuo a fazê-lo até hoje. Eu tenho uma tatuagem dele que ou é confundida com os alienígenas de *Marte Ataca!* ou me faz ter um amigo instantaneamente quando as pessoas o reconhecem. Descobrir que ele foi criado por uma mulher que teve seu crédito roubado por um homem apenas aumentou minha afinidade com ele — eu entendo muito bem disso. Acho que

o amo do mesmo jeito como algumas pessoas amam O Lobi-somem ou o Monstro de Frankenstein, mas para mim ele é o mais negligenciado dos monstros da Universal. Não tem tantos produtos dedicados a ele. Ninguém está vestido como ele na Universal Studios. Ainda assim, ele é meu monstro favorito, e sou eternamente grata a Milicent Patrick por dar-lhe vida.

Mas também não são apenas mulheres. O legado da Milicent se espalhou pela indústria cinematográfica, mesmo entre os criadores masculinos.

Mike Hill — o premiado escultor e artista de efeitos especiais, o principal designer da criatura de *A Forma da Água* — foi muito inspirado artisticamente pelo trabalho de Milicent:

> *O Monstro da Lagoa Negra* é um filme de monstros perfeito... É uma história que lembra alguns dos grandes filmes de monstros, mas o que a diferenciava era a própria Criatura. É um design perfeito. Nem muito sutil, nem exagerado. Um homem-peixe, completo com armadura, brânquias e garras mortais. A mistura de um ser humano e um peixe não é tão simples quanto parece e pode facilmente parecer cartunesca ou grotesca. Mas o design de Milicent Patrick foi a fusão perfeita. Bonito, flexível, mortal e crível. O rosto em si é atraente de se olhar e, embora pareça desprovido de expressão, de alguma forma ele se comunica. Nós conseguimos entender. Uma composição extremamente convincente. Houve vários homens-peixes desde então, e no futuro certamente haverá mais, mas haverá apenas uma Criatura da Lagoa Negra.

O legado da Milicent continua no trabalho de todos esses artistas fantásticos. Continua em todas as mulheres que viram a contribuição dela para a história do cinema e perceberam que também poderiam fazê-lo. Não, Milicent não trouxe a Criatura ao mundo sozinha. Sim, ela fazia parte de uma equipe. Essa é a questão. Ela fazia parte dessa equipe. Ela estava lá. Muitas mulheres estão lá, nos bastidores da indústria cinematográfica, desde o início. Como suas contribuições foram obscurecidas e sua presença desencorajada com assédio, gerações de potenciais cineastas foram impedidas de estar lá também.

As coisas estão melhorando lentamente na indústria cinematográfica. Segundo as estatísticas do Women and Hollywood, em 2017, 11% dos diretores dos 250 filmes com maior bilheteria eram mulheres, em comparação a 2016, em que eram apenas 7%. Em 2018, Greta Gerwig se tornou a quinta mulher na história a ser indicada ao Oscar de melhor direção.

É uma melhora, mas é uma melhora insignificante; 11% é patético, especialmente quando mais da metade da população se identifica como mulher. As mulheres ainda representam uma pequena porcentagem de quase todos os papéis nos bastidores de Hollywood. Além de lutar para ser contratadas, elas lidam com abuso, assédio, medo, intimidação e roubo de créditos todos os dias. Temos um longo caminho a percorrer. A boa notícia é que temos o mesmo aliado que o legado de Milicent Patrick teve.

Graças à internet, as mulheres podem se comunicar, organizar e criar mais do que nunca. O movimento #MeToo não poderia ter acontecido sem o poder da internet. Há uma mudança radical acontecendo. O reinado de homens como Bud Westmore está chegando ao fim. Já vão tarde, filhos da mãe.

Homens brancos sempre dominaram o mundo dos monstros. Nos filmes, eles são a maioria dos que escrevem sobre eles e os projetam, esculpem, interpretam, dirigem, combatem. Isso precisa mudar. Milicent projetou um dos monstros mais icônicos de todos os tempos, mas a Criatura ainda é masculina, interpretada por caras brancos. Todo mundo merece a catarse de se ver esmagando um edifício. Todo mundo merece se ver com um poder terrível e cheio de atitude. Todo mundo também merece se ver lutando contra as criaturas com poderes terríveis e cheias de atitude. Precisamos de personagens femininas, assexuais, gordas, não binárias, queer, negras, com deficiência e transexuais, seja como monstros ou como heróis, lutando contra eles.

Por quê? Porque histórias de monstros são legais. Elas são divertidas, emocionantes e, às vezes, bregas. Mas também podem ter relevância. Como Guillermo del Toro disse durante seu discurso de vencedor do Globo de Ouro de melhor diretor em 2018:

> Sou fiel aos monstros desde a infância. Fui salvo e absolvido por eles, porque acredito que os monstros são santos padroeiros da nossa imperfeição bem-aventurada, eles permitem e incorporam a possibilidade de fracassar.

A vida de Milicent foi moldada, em parte, por monstros da vida real e os obstáculos postos em seu caminho por uma cultura patriarcal. Mas a vida de futuros artistas e criadores não precisa ser. Cabe aos cineastas continuar fazendo ótimas obras de arte. Cabe a quem encontrar sucesso manter a porta aberta para aspirantes a cineastas. Cabe aos aliados homens chamar a atenção de seus colegas desprezíveis e tornar os espaços mais seguros para as mulheres e vozes marginalizadas. Cabe aos atores exigir diversidade no elenco e na equipe de um filme com seus contratos. Cabe aos fãs exigir filmes mais inclusivos, em frente e por trás da câmera.

Milicent era uma mulher à frente de sua época. Esta época é agora.

CRIATURAS DE MÃOS DADAS
POSFÁCIO

Procurar sobre Milicent Patrick foi o pesadelo de um pesquisador. Ou talvez o sonho de um pesquisador, dependendo do quanto você é masoquista. Ela muitas vezes não recebia crédito por seu trabalho e, com a mesma frequência, inventava partes de sua vida. Entre os dois, eu precisei ter cuidado com o que poderia estipular como fato. Escrevi apenas sobre o trabalho e os eventos dos quais pude verificar a existência.

Dito isso, Milicent, da sua maneira habitual, tinha muitas versões diferentes do próprio currículo artístico.

Ela alegou envolvimento em muitos outros projetos audiovisuais — animados e live action — e, por mais que eu tentasse, não consegui encontrar evidências dela ter sido uma "especialista em Pernalonga" da Warner Brothers ou ter feito o design da maquiagem de Kim Novak para *Um Corpo Que Cai*, de Alfred Hitchcock. Alguns deles têm resquícios de verdade. Em um par de currículos, Milicent afirmou que era a figurinista mais jovem de todos os tempos da Paramount Studios aos 15 anos de idade, trabalhando como "designer fantasma". Só posso assumir que isso significa que ela trabalhou sem crédito, em vez de fazer o design de lençóis com buracos cortados para as pessoas usarem. Milicent ainda morava em San Simeon quando tinha 15 anos, então isso não pode ser verdade. Mas nas caixas dos feitos da

Milicent que Gwen me deixou ver, havia muitas ilustrações de moda. Era possível que ela estivesse desenhando figurinos em uma posição não creditada em algum momento de sua carreira em Hollywood.

Eu vou sempre manter meus olhos e ouvidos abertos para obter informações sobre Milicent e espero que um dia eu tenha mais respostas.

Embora isso não seja particularmente satisfatório, para encontrar qualquer coisa que seja, tudo o que você precisa fazer é olhar para a belíssima Criatura.

Matt Buck, o artista cuja visão para uma incrível tatuagem de Milicent Patrick desencadeou uma série de eventos que mudariam minha vida para sempre, ilustrou a capa do meu livro original. Estou te dizendo, encontrar um tatuador talentoso vale a pena.

Significou muito para mim ter Matt como artista na minha vida e na origem deste livro. É estranho que a primeira coisa que os leitores viram por aqui seja o fim de uma jornada de quase três anos, e é estranho que tudo volte ao normal. É como nos filmes.

Mas como esta história mostra, às vezes a vida só funciona assim mesmo.

FONTES

"Actor Is Found Dead in Auto". *The Independent Record*, 4 set. 1950.

BELL, JACK R. "Three Masquerade as Film 'Monsters' for Luncheon". *Kalamazoo Gazette*, fev. 1954.

"Behind the Scenes in Hollywood". *The Vidette-Messenger*, 8 jul. 1960.

BOUTELLE, SARA HOLMES. *Julia Morgan, Architect*. Nova York: Abbeville Press, 1995.

CARROLL, HARRISON. "Behind the Scenes in Hollywood". *Greensburg Daily News*, 24 dez. 1956.

CARROLL, HARRISON. "Behind the Scenes in Hollywood". *The Index Journal*, 6 out. 1960.

CARROLL, HARRISON. "In Hollywood". *Lancaster Eagle Gazette*, 16 abr. 1959.

CARROLL, HARRISON. "In Hollywood". *New Castle News*, 27 jan. 1969.

"Changes in Men's and Women's Labor Force Participation Rates". US Bureau of Labor Statistics. Acessado em 10 jan. 2007. www.bls.gov.

Chouinard: A Living Legacy. California: Chouinard Foundation, 2001.

COFFMAN, TAYLOR. *The builders behind the castles: George Loorz & the F. C. Stolte Co*. San Luis Obispo County Historical Society, 1990.

CORBY, JANE. "Science-Fictions Monster — Who Invents Them? A Girl!" *The Brooklyn Eagle*, 14 fev. 1954.

"Career Nixes Title". *The Daily Notes*, 22 nov. 1951.

"Earth Shakes for Astronauts". *Van Nuys Valley News*, 6 abr. 1971.

"George Tobias Obituary". *The Des Moines Register*, 28 fev. 1980.

"Graham Suicide Letter Interrupted by Friend". *Los Angeles Times*, 19 set. 1950.

FATE, VINCENT DI. "The Fantastic Mystery of Milicent Patrick". TOR. Acessado em 27 out. 2011. Tor.com.

HEARST CASTLE HISTORIAN. "Milicent Patrick". 17 ago. 1983.

HELMER, VANESSA. "A Quick History of Fashion Modeling". *The Balance Careers*. Acessado em 21 abr. 2018. www.thebalancecareers.com.

HILL, LIBBY. "New Study Reveals Fewer Women Working Behind the Scenes in Hollywood". *Los Angeles Times*, 12 jan. 2017.

HOWIE, WILLIAM. "Baroness Wins Makeup Fame". *Los Angeles Examiner*, 13 jul. 1952.

JOHNSON, MINDY, ET AL. *Ink & Paint: The Women of Walt Disney's Animation*. California: Disney Editions, 2017.

KASTNER, VICTORIA; HEARST, STEPHEN T. *Hearst Ranch: Family, Land, and Legacy*. Nova York: Abrams, 2013.

KASTNER, VICTORIA; GARAGLIANO, VICTORIA. *Hearst Castle: The Biography of a Country House*. Nova York: Abrams, 2000.

KAY, FRANCES RUSSELL. "Antans festival is 'gambol on green'". *Van Nuys Valley News*, 21 jul. 1977.

KAY, FRANCES RUSSELL. "Friends luncheon all for Miss 'LG'". *Van Nuys Valley News*, 12 jan. 1977.

KAY, FRANCES RUSSELL. "Never Mind Reasons Just Send Invitations". *Van Nuys Valley News*, 10 out. 1974.

KAY, FRANCES RUSSELL. "Partygoers Not Themselves When They Dress For Cause". *Van Nuys Valley News*, 2 nov. 1967.

KAY, FRANCES RUSSELL. "There's Good Looking For City's Art Lovers". *Van Nuys Valley News*, 28 nov. 1972.

KILDAY, GREGG. "Study: Women Held 18 Percent of Key Behind-the-Camera Roles in 2017's Top Movies". *The Hollywood Reporter*. Acessado em 10 jan. 2018. www.hollywoodreporter.com.

KILGALLEN, DOROTHY. "Around New York". *News Journal*, 9 dez. 1954.

LAMB, DR. FRANK W., ET AL. *San Simeon, A Brief History*. California: Poor Richard's Press, 1983.

LAUZEN, DR. MARTHA. "Still Too Few Women behind the Scenes in Hollywood". *Women's Media Center*. Acessado em 28 jan. 2016. www.womensmediacenter.com.

LEWIS, OSCAR. *Fabulous San Simeon*. California: California Historical Society, 1958.

LOE, NANCY E. *Hearst Castle: An Interpretive History of W. R. Hearst's San Simeon estate*. Companion Press, 1994.

LUBAN, MILTON. "Black Lagoon Diverting Science-Fiction Meller". *The Hollywood Reporter*, 9 fev. 1954.

MAAS, VIRGINIA. "Photos for the News". *Van Nuys Valley News*, 24 jun. 1971.

MALLORY, MICHAEL. *Universal Studios Monsters: A Legacy of Horror*. Nova York: Universe Publishing, 2009.

MARLOWE, PETER. "A Brief History of Modelling". *The Model Archives of Marlowe Press*. Acessado em nov. 2016. www.modelscomposites.com.

MELGAREJO, A. "The Greatest Volcanoes of Mexico." *National Geographic*, set. 1910.

"Memorable Night at the Theater in Offing for ANTANS". *Van Nuys Valley News*, 11 jan. 1970.

MORGAN, JULIA, ET AL. *San Simeon Revisited*. California: The Library Associates, California Polytechnic State University, 1987.

"Mrs. America: Women's Roles in the 1950s". Public Broadcasting Service. www.pbs.org.

MUSCATINE, DORIS. *Old San Francisco: The Biography of a City from Early Days to the Earthquake*. Nova York: Putnam, 1975.

"Obituary, George Tobias, 78". *Asbury Park Press*, 28 fev. 1980.

PERINE, ROBERT. *Chouinard, an Art Vision Betrayed: The Story of the Chouinard Art Institute, 1921-1972.* California: Artra Publishing, 1985.

PHILLIPS, HELEN CHARLOT. *Pink and Blue Laughter.* Los Angeles: Hollywood House, 1944.

"Radio's Graham Commits Suicide". *The Independent*, 4 set. 1950.

"Radio Star Graham Commits Suicide". *Los Angeles Times*, 4 set. 1950.

RUBIN, JOAN SHELLEY; CASPER, SCOTT E. *The Oxford Encyclopedia of American Cultural and Intellectual History.* Nova York: Oxford University Press, 2013.

SKOTAK, ROBERT. "Queen of the Monster Makers". *Famous Monsters of Filmland*, jul. 1978.

SMITH, MARGARITA GRIGGS. *The San Simeon Story: The Romantic Story of San Simeon, 1827-1958.* Minneapolis: Star-Reporter Pub. Co., 1958.

TAYLOR, ETHEL M. "San Fernando Valley Living". *Van Nuys Valley News*, 26 jan. 1967.

"The Beauty Who Loves the Beasts". *Mirror Magazine*, fev. 1954.

WADSWORTH, GINGER; MORGAN, JULIA. *Julia Morgan, Architect of Dreams.* Minneapolis: Lerner Publishing Group, 1990.

"WAIF Makes Waves on Benefit Cruise". *Van Nuys Valley News*, 15 out. 1970.

WEAVER, TOM. *The Creature Chronicles: Exploring the Black Lagoon Trilogy.* North Carolina: McFarland, 2017.

WESTMORE, FRANK; DAVIDSON, MURIEL. *The Westmores of Hollywood.* Filadelfia: Lippincott, 1976.

WINCHESTER, SIMON. *A Crack in the Edge of the World: America and the Great California Earthquake of 1906.* Nova York: HarperCollins Publishers, 2006.

WOLFE, EVELYN DE. "Daughter Traces Builder's Role at Hearst Castle". *Los Angeles Times*, 12 jan. 1986.

"Women in Animation: Numbers on the Rise". Animation Career Review. Acessado em 27 mar. 2017. www.animationcareerreview.com.

"World Book Online Reference Center". World Book. www.worldbookonline.com.

ENTREVISTAS

Gwen Ankers, jun. 2016
BJ Colangelo, mar. 2018
Mike Hill, jun. 2018
Kate Leth, maio 2018

Eryn Krueger Mekash, maio 2018
Karla Ortiz, jun. 2018
Chelsea Stardust, mar. 2018

ÍNDICE

Números de páginas em itálico se referem a fotografias.

A

Abbott e Costello Encontram o Médico e o Monstro (filme) 193, 196
Adams, Julie 16, 172, 225, 227, 241, 255
al Darmaki, Sultan Saeed 42, 140, 309, 310
Alland, William 192, 201, 206, 207, 208
Amato, Allan 124
Ameaça Veio do Espaço, A (filme) 174, 191, 196
Anderson, Darla K. 121
animação 93, 99, 105, 112, 113, 120
animação em cores 112, 113, 118
Anjos da Noite (filme) 178
Ankers, Gwen 273, 291, 298, 300, 301, 302, 315, 325, 328
Aprendiz de Feiticeiro, O (sinfonia) 101, 102
Arnold, Jack 17, 192, 219
assédio. *ver* discriminação
assédio sexual 43, 119, 120, 252
Átila, o Rei dos Hunos (filme) 216
atores, salários dos 170

B

Baker, Rick 17, 19
Bambi (animação) 113, 117, 118
Beaumont, Syd 180, 195, 237, 268, 307
Beckinsale, Kate 178
Bela e a Fera, A (animação) 17
Benchley, Robert 114
Biblioteca de Pesquisa em Animação 98
Biblioteca de Pesquisa Hearst 76
Bill, Conrad 30
Blyth, Ann 165, 166
Bradbury, Ray 191, 192
Branca de Neve e os Sete Anões (animação) 97, 128
Breen, Joseph 206, 207
Browning, Ricou 173, 207, 211, 212, 223, 256
Buck, Matt 26

C

California Institute of the Arts (CalArts) 121
Carlson, Richard 175, 217
Casa del Mar 56
Casa del Monte 56
Casa del Sol 56
Case, Tom 221
Cavaleiro Solitário, O (radionovela) 274
censura 206, 245
Chaney, Lon 183
Chapman, Ben 211, 212, 213, 223, 256
Chapman, Brenda 120
Chernabog 100, 101, 105, 113
Chouinard Arts Institute 86, 87, 89, 91, 93, 95
Chouinard, Nelbert 86, 87, 88, 89, 91, 92, 93, 95, 107, 115, 117, 121, 346
Código Hays 206
Colangelo, B.J. 337
concept art 185
Contatos Imediatos de Terceiro Grau (filme) 196
Corday, Mara 151
Corvo, O (filme) 148
Crônicas Marcianas, As (filme) 191
Cuesta Encantada. *ver* Hearst Castle

D

Dark Dunes Productions
41, 42, 140, 309, 310
Davies, Marion 67, 68
del Toro, Guillermo
243, 330, 341
demissão, Bud Westmore 311
demissão, Milicent Patrick
249, 252, 257, 258
departamento de arte-
finalização e colorização 106
desenvolvimento, filme 170
design de maquiagem
184, 222, 242
Despertar dos Mortos
(filme) 17
diretores, filme 340
discriminação
    assédio sexual 43,
    44, 252, 308
    etarismo 269, 270
    #MeToo 119, 308, 340
    mulheres na indústria
    do cinema 106, 113, 118,
    120, 204, 269, 334, 340
    por gênero 19, 20, 41,
    44, 53, 118, 120, 252
    racismo 197
    sexismo na indústria do
    cinema 15, 19, 20, 41,
    172, 173, 176, 234, 271
Disney, Walt 92, 93, 98, 113
Douglas, Kirk 267, 268
Drácula 13, 16, 177
Dragão Relutante, O
(animação) 114, 115, 117, 121
Dukas, Paul 101
Dumbo (animação)
115, 118, 128

E

Eagle-Lion Films 164
efeito pastel 112
efeitos especiais,
artistas 16, 182, 183
efeitos especiais,
reconhecimento por 222, 242
efeitos visuais, artistas 182
Ellis, Madeline 89
espuma látex 185, 186
Essex, Harry 192, 204

estágios da produção
de filmes 170
etarismo 269, 270
Examiner (jornal) 48
Exorcista, O (filme) 17

F

Fantasia (animação) 99,
113, 114, 115, 118, 128
Farra dos Malandros,
A (filme) 266
ficção científica, crescimento
do gênero 190
Figueroa, Gabriel 201
filmes de monstro, papel
na sociedade 20, 177, 190
films 3D 17, 190, 191, 203, 217
Fischer, Monique 151, 314
Fitzpatrick, Paul 107,
116, 128, 307
Flynn, Errol 166
Forma da Água, A (filme)
243, 244, 330, 339
Foulkes, Llyn 89
Frankenstein (filme) 17, 183
Frankenstein, monstro
de 16, 177, 193
Frozen (animação) 121

G

Garoto Amarelo, O (tirinha) 49
gênero, discriminação por 19,
20, 41, 44, 53, 118, 120, 252
Glendale Junior College 84, 86
Godzilla 16, 177, 178
Goetz, William 165, 181, 184
Graham, Donald 89
Graham, Frank L. 152, 307
Green, Lawrence 265, 271
Green, Ruth (nascida Rossi)
265. ver também Rossi,
Ruth Rose
greve dos animadores 116
Guerra Entre Planetas
(filme) 219, 257
Gwen (Ankers) 272, 273,
290, 291, 298, 300, 301,
314, 315, 325, 328, 329

H

Halloween: A Noite
do Terror (filme)
    A Noite do Terror (filme) 20
Hawks, Howard 143
Hawks, William 143, 146
Hearst Castle
    como local histórico 318
    orçamento 54, 62
    projeto e construção
    47, 50, 53, 62
    tamanho 59, 72
    visitas ao 58, 80
    zoológico 69
Hearst, George 48
Hearst, Millicent 51, 67, 68
Hearst, Phoebe 53
Hearst, William Randolph
    começo de carreira 48
    e Marion Davies 67, 68
    e Millicent Hearst 67, 68
    falecimento 79
    sobre 48, 65
Helffrich, Stockton 245
Hill, Mike 244, 339
Homem Invisível 193
Homem Sem Rumo (filme) 266
horror (gênero), papel na
sociedade 20, 177, 190
House of Westmore 162
Howard, John Green 53
Hudson, Rock 230

I

imagens geradas por
computador (cgi) 182, 183
indústria do cinema. ver
específicos Monstro da
Lagoa Negra, O (filme)
Israel, Sam 232

J

James, Marcia 109
Johnson, Mindy 104, 105
Jones, Doug 243
jornalismo amarelo 49

K

Karloff, Boris 183, 193, 194
Kevan, Jack 211, 219, 256
Kids vs Monsters (filme) 41
Killer Instinct, The
(programa de tv) 281
King Kong (filme) 16, 177
Kouyias, Doris 89
Krausgill, Elisabeth 30

L

La Casa Grande 62
Lancaster, Elsa 179
Laughton, Charles 163
Lee, Jennifer 121
Leth, Kate 338, 339
Lewis, Jerry 266
Lieberman, Leo 202
Lobisomem 13, 16, 177
Lobisomem Americano em
Londres, Um (filme) 17, 19
Lobisomem, O (filme) 17, 183
Loorz, George 79
Luks, George 49

M

Mahan, Shane 244
Martin, Dean 266
McReynolds, Brady 29
Mekash, Eryn Krueger 336
Mickey Mouse 92
Minha Vida com
Caroline (filme) 143
Monstro. ver também Monstro
da Lagoa Negra, O (filme)
apelidos 218
compaixão pelo
220, 255, 256
fantasia do monstro
207, 212
modelo em escala 185
problemas técnicos 213
publicidade 175
sobre 16
Monstro da Lagoa Negra, O
(filme). ver também Monstro
agenda da turnê de
divulgação 239
censura 206

comerciais de tv 244
conotação sexual em 206
estreia em Detroit 241
fim da turnê de
divulgação 252
orçamento 203
prévias 217
produção 215
publicidade 217, 244, 245
resposta da imprensa
239, 241
sucesso 254
turnê de divulgação
em Michigan 238
turnê de divulgação em
Nova York 238, 242
Monstro do Mar, O (filme) 201
Morgan, Henry 297
Morgan, Julia 47
carreira após o
Hearst Castle 79
conflito com Camille
Rossi 62, 77
e Milicent Patrick 66
Hearst Castle e 50, 51, 53, 54
sobre 55
Morgan, Sam 27, 28, 29
Motion Pictures Association
of America (mpaa) 206
Mueller, Chris 44, 211,
219, 222, 240, 256
Muhl, Edward 181
mulheres, assédio sexual
de 43, 119, 120, 137, 252
mulheres, e sexismo na
indústria do cinema 15,
20, 172, 173, 176, 271
mulheres na indústria
do cinema 106, 113, 118,
120, 204, 269, 334, 340
Múmia 13, 193
Múmia, A (filme) 183
Mundo em Seus Braços,
O (filme) 156
Mutante de Metaluna
220, 330, 337, 338

N

New York Morning
Journal (jornal) 48
New York World (jornal) 49
"Night on Bald Mountain"
(poema sinfônico) 99
Nims, Ernest 204

O

O'Hara, Maureen 166
Ortiz, Karla 336, 337

P

Paiva, Nestor 205, 281
Palhaços Assassinos do
Espaço Sideral (filme) 177
Parker, Eddie 194
Pateta 101
Patrick, Milicent
afastamento da família
80, 129, 154, 195, 325
amizades 151, 154,
196, 314, 327
autopromoção 132, 134, 237
caridade 281, 285, 313
cartas de fãs 291, 292, 313
casamentos 129, 180, 295
como atriz 150, 151,
197, 266, 268, 269,
276, 281, 288, 297
como escritora 287
como freelancer 230
como mulher da
sociedade 285, 287
como tia 302, 314, 326
crédito por O Monstro da
Lagoa Negra 209, 312, 334
demissão 249, 252, 258
desenhos no set 148
design de roupas 278
design do traje da
Criatura 209, 215
e animação 109, 110,
116, 117, 118
e Bud Westmore.
ver Westmore,
Hamilton (Bud)
e Chernabog 105
e etarismo 269

e Fantasia. *ver* Fantasia
(animação)
e Frank L. Graham 152
e George Tobias 195,
271, 280, 285, 313, 316
e Henry Morgan 297
e Jimmy Percival 288
e Julia Morgan 65, 66
e Lee Trent 273, 279, 288,
295, 307, 313, 314, 317, 323
em Beverly Glen 196
e Millicent Hearst 66
e moda 84, 109, 131, 186,
277, 278, 287, 302, 315
em San Simeon 56, 59
em Sherman Oaks
276, 315, 317
ensaios fotográficos
167, 231, 300
e o legado de
Camille 321, 322
e Paul Fitzpatrick 128, 132
falecimento 315, 316, 329
filiação ao sag 280, 281, 323
infância 36, 61
maquiagem e efeitos
especiais 166, 182, 184, 257
nascimento 29, 36
no departamento de
arte-finalização e
colorização 106
no Glendale Junior
College 84
no Walt Disney Studios
106, 113, 116
salário 180, 229
saúde 66, 116, 269, 279,
298, 318, 325, 328
Syd Beaumont e 180,
195, 237, 268, 307
tempo livre 278
trabalhos como modelo
124, 125, 126
turnê de divulgação 226,
232, 238, 242, 244, 246, 248
vários nomes de 29, 36, 57,
66, 132, 148, 282, 313, 322
visita ao Hearst
Castle adulta 318
Percival, Jimmy 288
Peters, Chelsea 335
Phillips, Helen Charlot 131
Pickford, Mary 161
Pierce, Jack 17, 183, 184
Pink and Blue Laughter
(livro) 131

pós-produção, filme 170
Powell, William 165
pré-produção, filme 170
produção, filme 170
Production Code
Administration 206
produtores de set 41
produtores executivos 41
promoção de filmes 243
Pulitzer, Joseph 49

R

racismo 197. *ver*
também discriminação
Ramsay, Clark 228
Red Hot Riding Hood
(animação) 152
Ross, Arthur 202, 204
Rossi, Camille Charles
afastamento das filhas
80, 131, 154, 195
amizade com Hearst 52
barragem de La Boquilla 34
com o estado da
Califórnia 84
conflito com
empregados 77, 80
conflito com Julia
Morgan 52, 62, 63, 77
e Angeles Crest
Highway 194
e Atomic Energy
Comission 194
falecimento 281
Hearst, castelo de.
ver Hearst Castle
juventude 29, 30, 33
novo casamento 281
reconciliação com Ruth 195
ridigez de 61
rigidez de 70
zoológico Hearst 70
Rossi, Elise Albertina
(nascida Bill)
falecimento 195
juventude 30, 33, 34
Rossi, Ruth Rose
afastamento de Milicent
Patrick 195, 302, 303
nascimento 37
reconciliação com
Camille Rossi 301
Rossi, Ulrich Conrad
Marion 37, 56, 61, 195

S

salário dos atores 170
Sangue Rebelde (filme) 230
San Simeon, crescimento
55, 59, 62
San Simeon, edifícios.
ver Hearst Castle
Savage, Ada 162
Savini, Tom 17
Schow, David 148, 157
Scott, Retta 110, 117
Screen Actors Guild
(sag-Aftra) 280
seguros para sustos 225
Selig Polyscope Company 160
sexismo na indústria
do cinema 15, 20,
172, 173, 176, 271
Shue, Ken 103
Simonelli, Charles 253
Smith, Dick 17
Sombra Passou Por aqui,
Uma (filme) 191
Spielberg, Steven 196
Stokowski, Leopold 101
Strode, Laurie 20
supervisores de produção 41
Swenson, Charles 89

T

Technicolor 182
Terror na Ilha das
Mulheres (filme) 281
teste Bechdel 179
teste de audiência 171
The Creature Chronicles
(livro) 157
The Westmores of
Hollywood (livro) 221
Thunder in the Pines
(filme) 146
Tobias, George 195, 271,
279, 280, 285, 313, 316, 317
topo da colina.
ver Hearst Castle
trailers de filmes 244, 245
trailers, filmes 244, 245
Trent, Lee 273, 274, 288, 295,
297, 307, 314, 317, 318, 323

U

Universal Studios
demissão de Bud
Westmore 311
demissão de Milicent
Patrick 249, 252, 257, 258
filmes de baixo
orçamento e 181
filmes de ficção
científica 191
Milicent Patrick na 166,
167, 180, 181, 184
Monstro da Lagoa Negra,
O. *ver* Monstro da Lagoa
Negra, O (filme)
turnê de divulgação 226,
234, 238, 242, 244, 246, 249
Westmore em 164

V

Vapor Willie, O (animação) 92
Viver Sonhando (filme) 146

W

Walt Disney Studios
artistas mulheres e 106,
108, 113, 118, 120
artistas, treinamento
de 93, 95, 98, 113
Dumbo 115, 118, 128
Fantasia (animação).
ver Fantasia (animação)
greve de animadores 114, 115
greve dos animadores 116
Milicent Patrick em
106, 108, 113, 116, 118
primeiros dias 92
sucesso do 97
Weaver, Tom 204
Weinstein, Harvey 251
Welles, Orson 201
Wells, Michele 102
Westinghouse-Desilu
Playhouse (programa
de tv) 281
Westmore Beauty Book,
The (livro) 230
Westmore, Ernest 162, 164
Westmore, Frank
162, 221, 311, 312
Westmore, George
160, 162, 163
Westmore, Hamilton (Bud) 162
começo da carreira
na Universal 165

como artista de
maquiagem 183
crédito por O Monstro da
Lagoa Negra 228, 254, 294
críticas à Criatura 220, 221
demissão da Universal
Studios 311, 312
demissão de Milicent
Patrick 249, 252, 257, 258
e o Mutante de
Metaluna 220
falecimento 312
personalidade 165, 221, 312
saúde debilitada 312
sobre 160, 162, 163
sucesso 308
turnê de divulgação
229, 238
Westmore, Monte 162
Westmore, Percival 162
Westmore, Walter 162
Woodward, Frank 310

X

Xenomorfo 174

Z

Zimm, Maurice 202

AGRADECIMENTOS

Puta merda!

Contar a história de Milicent exigiu muita ajuda nos bastidores, e tenho muitos seres humanos magníficos para agradecer. Primeiro, meu maravilhoso agente, Brady McReynolds. Você é um campeão, e este livro não existiria sem você. Nunca poderei agradecer o suficiente à agência literária JABberwocky. Meu editor, Peter Joseph. Desde a primeira vez que conversamos sobre este livro, você realmente entendeu. Obrigada por ser tão maravilhoso e transformar este livro em algo muito melhor. Obrigada por fazer minhas piadas sobre pênis de peixe mais engraçadas. Natalie Hallak, Linette Kim, toda a equipe da Hanover Square Press. Vocês todas são preciosas. Laura Gianino, você ajudou a trazer este livro ao mundo, e serei eternamente grata.

David Schow, foi você quem passou a tocha para mim. Mil agradecimentos e mil fatias de torta. Tom Weaver, por toda a ajuda inicial que me colocou no caminho certo. Bibliotecários, historiadores e guias turísticos do Hearst Castle, por todo o seu tempo e ajuda. Ned Comstock, da Cinematic Arts Library da USC. Você se superou. Os inúmeros bibliotecários públicos de Los Angeles. Vocês são todos heróis. Mindy Johnson, sua deusa maravilhosa, pela riqueza de informações e bondade. Michele Wells e Ken Shue, vocês salvaram a minha vida. Carol McKenzie, por seus maravilhosos serviços de transcrição.

Para os inúmeros amigos que viajaram comigo e fizeram conexões para mim, obrigada, obrigada, obrigada. Kate Gaffney e Mick Ignis, especialmente. Belinda Cases e Chuck Martinez, vocês ajudaram tanto eu quanto este livro a pousar em terra firme em Los Angeles. Ross Blocher, pelas primeiras leituras, caçando erros de digitação e finalmente me levando à Disney. BJ

Colangelo, Chelsea Stardust, Eryn Krueger Mekash, Kate Leth, Karla Ortiz, Jovanka Vuckovic e Mike Hill. Vocês são todos uns filhos da mãe incríveis. Obrigada por compartilharem seu amor pelo trabalho de Milicent e por trazer a arte de vocês para o mundo.

Meu terapeuta, Chris. Eu não seria capaz de escrever este livro se você não estivesse sempre impedindo meu cérebro de ter uma combustão espontânea.

Todos os ouvintes incríveis do *Reading Glasses*, obrigada por participarem desta jornada comigo e por todo o apoio que vocês deram para este livro. Brea Grant, por ser uma anfitriã incrível e uma amiga ainda melhor.

Adam e Candace Cultraro, por ser minha família na Califórnia. Sultan Saeed al Darmaki, meu irmão de outra mãe. Tenho sorte de tê-lo como meu chefe, e ainda mais de tê-lo como meu amigo. Frank Woodward, não tenho ideia do que faria sem o seu apoio, sua amizade e sua sabedoria. Que o Urso Fantasma nunca te pegue. À família de Milicent, sua gentileza, paciência e generosidade foram profundamente apreciadas de uma forma que jamais poderei expressar.

Matt Buck, caramba. Sua visão de uma tatuagem incrível começou essa coisa toda, e sua capa linda para a edição original deste livro concluiu tudo isso. Obrigada por todas as tatuagens e obrigada por fazer parte deste projeto.

Meu clã de sereias, minhas melhores amigas, minhas damas, minhas rainhas da arte, Lauren Panepinto e Allison Cimino. O amor de vocês, incentivo e inspiração não apenas tornaram este livro melhor, como também me fizeram uma pessoa melhor. Lauren, você recebeu 1 milhão de notas de agradecimento por toda a ajuda que me deu em todas as partes deste livro. Ficarei feliz em passar o resto da minha vida as falando para você. Barbara e Joe — os Parentpintos — por todos os abraços e apoio.

Allan Amato, seu maravilhoso filho da mãe. Você é meu energético com ambrosia. Tanto este livro quanto eu ganhamos força com seu amor e seu brilhantismo. Meu parceiro gênio louco, nós vamos longe.

MALLORY O'MEARA é produtora e roteirista da Dark Dunes Productions, apresentadora do podcast *Reading Glasses*, ao lado da atriz e diretora Brea Grant, e escritora. Seu primeiro livro, *A Dama e a Criatura*, biografia da artista Milicent Patrick, se tornou um best-seller do Los Angeles Times, ganhou o Prêmio SCIBA 2019 de Biografia, o Prêmio Rondo 2019 de Livro do Ano e foi indicado ao Prêmio Hugo e Locus. Ao recuperar a história perdida de Milicent Patrick, Mallory O'Meara mergulhou nos arquivos de Hollywood e contribuiu de maneira significativa para o reconhecimento de uma artista ímpar do século XX. Saiba mais em malloryomeara.com.

"O COMEÇO É SEMPRE HOJE."
— MARY SHELLEY —

FEAR IS NATURAL ©MACABRA.TV   DARKSIDEBOOKS.COM

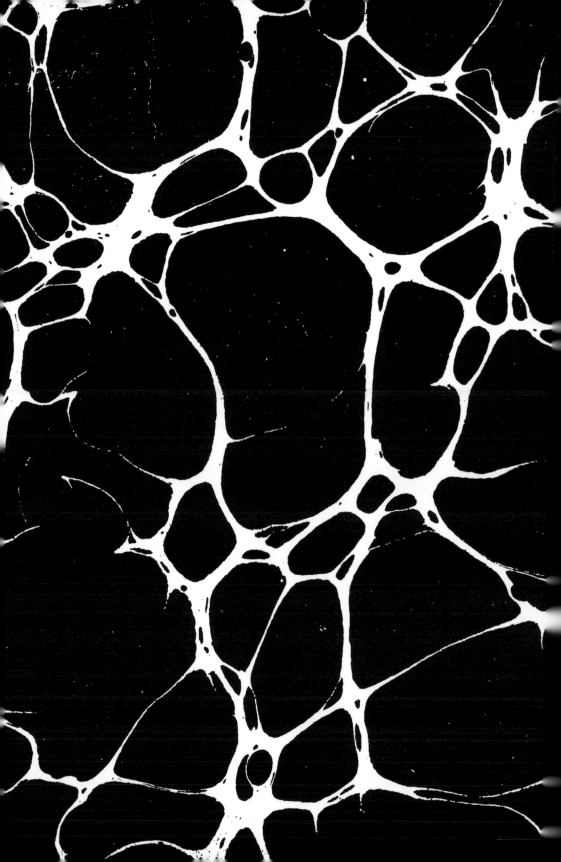